역사의 파편

역사의 파편

지은이 | 윤기묵
펴낸이 | 문창길

초판 인쇄 | 2024년 7월 3일
초판 펴냄 | 2024년 7월 9일

펴낸곳 | 도서출판 들꽃
주소 | 04623 서울 중구 서애로 27 서울캐피탈빌딩 B2-2호
전화 | 02)2267-6833, 2273-1506
팩스 | 02)2268-7067
출판등록 | 제2-0313호
E-mail | dlkot108@hanmail.net

ISBN 978-89-6143-239-9 (03810)

* 잘못된 책은 구입하신 서점에서 바꾸어 드립니다.

값 20,000원

역사의 파편

또 다른 한국인의 초상, 몽족의 슬픈 역사

윤기묵 역사에세이

차례

프롤로그 또 다른 한국인의 초상, 몽족의 슬픈 역사 **6**

제1부 베트남 비즈니스 이야기

하노이 프로젝트 **17**
방한의 목적 17 | 사회주의 국가의 인민들 19 | 햇볕정책과 벼랑 끝 전술 22 | 반쪽 도이모이 24

목쩌우 가는 길 **29**
노벨평화상을 거부한 레둑토 29 | 완벽한 사업제안서 33 | 레로이 왕의 전설 35 | 역사와의 전쟁- 디엔비엔푸 38 | 몽족을 만나다 41

해외플랜트 타당성조사 **46**
강력하고 간결한 한 장의 기획서 46 | 가장 긴급한 프로젝트 48 | 기업존재의 이유 51

대우처럼 **56**
베트남 활동거점 56 | 한국어 통역자들 59 | 산 하나 넘기가 그렇게 힘들다 62 | 국제입찰의 속사정 67 | 호찌민으로 도배한 나라 69 | 사이공에서 호찌민으로 74

알 유 프롬? **78**
한류열풍 78 | 식전 녹차는 건강에 좋다 81 | 우선협상 대상자 86 | "알 유 프롬?" 88

남은 기록들 **92**
럭키맨 92 | 해피 뉴 이어 96 | 남은 기록들 103

제2부 몽족의 역사를 만나다

먀오족에서 몽족으로 **109**
역사의 파편 109 | 명나라 남쪽 국경 남방장성 111 | 120년에 걸친 먀오족의 3대 투쟁 116

베트남의 독립투쟁과 몽족 **122**
몽족 왕국 122 | 호찌민과 미국과의 인연 125 | 냉전과 도미노이론 129 | 1차 인도차이나전쟁 131 | 디엔비엔푸 전투 135

라오스 몽족의 끝나지 않은 전쟁 **144**

아편을 위한 몽족의 선택 144 | 그 나라의 쓸모 148 | 왕빠오의 몽족군 152 | 사라진 항아리평원 156 | 미국의 캄보디아 라오스 침공 160 | 몽족의 끝나지 않은 전쟁 163

식민지 유산, 아편 **170**

CIA의 아편사업과 용병사업 170 | 인류 역사상 가장 더럽고 추악한 전쟁 176 | 국민당 잔당 177 | 골든 트라이앵글 180

먀오족과 몽족은 고구려 유민인가? **185**

고칠 것은 고치고 버릴 것은 버렸다 185 | 중국으로 끌려간 백제, 고구려 유민 188 | 심사心史— 자기 마음대로 고쳐 쓴 역사 194 | 또 다른 역사해석— 고씨전대리국정 200 | 먀오족과 몽족은 고구려 유민인가? 203

제3부 역사의 파편

소설 속의 먀오족과 몽족 **215**

션충원의 소설『변성』216 | 도빅투이의 소설『영주』227

영화에서 만난 몽족 **235**

멜 깁슨의〈에어 아메리카〉236 | 클린트 이스트우드의〈그랜 토리노〉245

먀오족과 몽족의 복식문화 **254**

화포 이야기 254 | 먀오족과 만주족 261 | 먀오족과 몽족의 복식문화 264

탈주와 도피의 역설 **269**

동남아시아 산악지대 조미아 269 | 국가에 대항하는 역사 273 | 조미아의 먀오족과 몽족 276 | 탈주와 도피의 역설 279

에필로그 어두어진 등불 **284**

참고 문헌 **295**

[프롤로그]

또 다른 한국인의 초상, 몽족의 슬픈 역사

평범한 중국 음식인 줄 알면서
중국에 가면 먀오족 식당에서 밥을 먹었다
독하기만 한 베트남 술인 줄 알면서
베트남에 가면 꼭 몽족 술집에서 술을 마셨다
나는 고구려 음식도 모르고 술 맛도 모르지만
먀오족과 몽족이 고구려 유민일 가능성이 높다기에
그들의 밥과 술을 조상의 음식인양 챙겨 먹었다

사실 한국에서도 중국에서도 베트남에서도
자신을 고구려의 후예라고 믿는 사람은 거의 없다
그런 역사가 다 무슨 소용이냐고 묻는 사람만 있을 뿐

그럴 때마다 나는 역사의 쓸모를 생각한다
역사는 생산자보다 소비자에게 더 큰 효용이 있음을
반복된다는 전제와 만약이라는 가정 아래
역사야 말로 밥이 되고 술이 되는 배움의 성찬임을

설마 밥과 술이 무슨 소용이냐고 묻는 사람은 없겠지

- 졸시 「역사의 쓸모」 전문

  2003년 여름. 베트남 북부 손라성의 작은 도시 목쩌우에서 사진으로만 보았던 몽족을 처음 만났다. 좁은 산비탈길을 자동차가 가까스로 통과할 때였다. 한켠에 비켜서서 길을 안내해 주었던 그들은 내가 탄 차가 무사히 협곡을 건너가자 수줍은 미소를 지으며 연신 손을 흔들어 주었다. 모두 검은 옷을 입고 있었고 화려한 모자를 쓰고 있었지만 대부분 신발을 신지 않은 맨발 차림이었다. 저마다 크고 작은 망태기를 하나씩 메고 있었다.
  베트남 사람들이 그들을 메오족이라 불렀기에 한동안 나도 그렇게 기억했는데 메오는 중국 먀오苗(Miao)족을 부르는 동남아식 발음이었다. 그들은 스스로를 몽(Hmong)족이라 불렀다. '자유로운 사람'이라는 뜻이라 했다. 먀오족의 또 다른 이름인 몽족은 베트남뿐만 아니라 라오스, 버마, 태국 북부 산간지역에 살고 있었다. '자유로운 사람'이라기보다는 '고립된 사람'이라는 표현이 더 어울리는 그들이었다. 그들의 삶이 나의 역사인식과 시심詩心에 어떤 영감을 주었던 것일까?

김포 집 거실에 걸려 있는 베트남 몽족 그림. 검정옷을 입는 몽족이라는 뜻의 몽덴족(흑몽족) 그림이다. 라오까이성 사빠지역 소수민족의 53%를 차지하는 대표적인 몽족이다. 20년 전 목쩌우 출장에서 처음 만났던 몽족도 흑몽족이었다. 이들의 복식은 여러 차례 인디고 염색을 하여 검정에 가까운 짙은 청색인데 목부위와 소매부분만 자수를 놓아 전체적으로 세련된 느낌을 준다. 토시와 각반도 검정색인데 보온과 제충 효과가 있다고 한다. 흑몽족 여자는 원형의 터빈과 체크 문양의 스카프를 머리에 두르고 다양한 목걸이와 귀걸이 은팔찌를 착용한다. 그들이 걸을 때면 어디선가 짤랑거리는 소리가 들린다.

베트남 출장 중에 가끔 하노이시 중심 짱티엔 거리 갤러리에 들러 그림을 감상하거나 선물용 소품을 사곤 했는데 충동적으로 60호가 넘는 제법 큰 그림 3점을 구입한 적이 있다. 그중 2점 그림의 화제畵題가 몽족이다. 검은 옷에 화려한 모자를 쓰고 망태기를 메고 있는 몽족 그림은 김포집 거실에 걸려 있고 노새의 등에 짐을 잔뜩 싣고 산길을 내려 오는 몽족 여인의 몽한적인 그림은 정선집에 걸려 있다. 가장 비싼 대가를 치르며 충동적으로 구입한 베트남 마지막 황후 '남프엉(Nam Phuong)' 초상화는 회사의 아카이브방에 고이 걸어 두었다.

베트남 비즈니스는 2000년부터 2006년까지 6년에 걸쳐 50여 차례의 출장으로 마감되었지만 첫시집 『역사를 외다』에 실려 있는 12편의 베트남 시와 하노이 프로젝트의 에피소드를 기록한 「베트남 비즈니스 이야기」가 2004년 시 전문 계간지 『시평』에 연달아 게재되면서 나는 아시아적 서사를 가지고 시를 쓰는 시인으로 소개되었다. 그리고 아무도 기억하지 않은 역사의 뒷모습을 시로 기록하는 시인들의 사시史詩 또한 잃어버린 역사의 한 페이지가 된다는 것을 역사에세이를 쓰면서 알게 되었다. 20년 세월을 함께 해온 그림과 먀오족과 몽족의 역사를 알기 위해 읽었던 책들이 여전히 내 삶의 언저리에 남아 있는 이유도 그러한 시심이 나만의 문학적 감수성이었기 때문일 것이다. 졸시 「역사의 쓸모」도 그런 마음으로 썼다.

베트남 비즈니스를 시작하면서 제일 먼저 읽었던 책이 찰스 펜(Chals Fenn)이 쓴 『호치민 평전』(2001) 이었다. 찰스 펜은 제2차 세계대전 동안 미국중앙정보국 CIA의 전신인 OSS에 근무하면서 당시 항일, 항불투쟁을 벌이고 있던 호찌민과 직접 접촉하였고 전쟁이 끝난 후에는 AP 통신기자로 동북아시아에서 활동하였기 때문에 아시아 역사의 흐름과 정세 분석에 탁월한 안목을 가지고 있었다.

그는 프랑스가 베트남을 식민지화하면서 프랑스 점령지역 전체를 '인도차이나'라고 부르는 것부터 못마땅해 했다. 베트남이 중국의 지배를 오래 받아서 문화적으로 일부 동화되기는 했으나 엄연히 민족성이 다르고 더군다나 인도와는 아무 상관없는 민족이었기 때문이다. 다만 베트남 소수민족인 남부의 참족이 힌두의 기원을 자신들의 문화에 반영하여 힌두 유적을 남기긴 했다. 하지만 이러한 문화적 동질성 때문에 인도차이나라고 제멋대로 명명하지는 않았을 것이다. 프랑스의 오랜 경쟁상대인 영국이 인도를 점령하고 중국에 영향력을 행사하자 거기에 대응하는 차원에서 자신들의 점령지역 전체를 인도차이나라고 부르지 않았나 생각된다.

프랑스는 인도차이나를 다섯 개 나라로 분할하여 통치했다. 북부의 통킹, 중부 연안지대인 안남, 동남부의 코친차이나, 남서부의 캄보디아 그리고 서쪽 끝 라오스가 그것이다. 베트남을 세 개의 나라로 분할한 이유는 간단했다. 베트남 정복이 싫지 않았던 만큼 베트남 국민들의 독립의지를 꺾기 위해 베트남이라는 나라 이름을 아예 지워버린 것이다. 더욱이 베트남인, 캄보디아인, 라오스인 사이에 심지어 남과 북 베트남인 사이에 증오감과 분열을 조장하는 통치를 함으로써 국가간 지역간 대립을 심화시켰다.

프랑스의 캄보디아, 라오스, 코친차이나의 정복은 대체로 수월하게 이루어졌다. 그러나 안남과 통킹의 정복은 쉽지 않았다. 특히 북부 산악지역에 흩어져 살고 있는 몽족의 저항이 만만치 않았는데 찰스 펜은 언급하지 않았지만 1,000년 넘게 외부 세력과 싸워온 몽족은 그들이 살아온 방식대로 고립될지언정 프랑스의 통치에 순응하지 않았다. 훗날 인도차이나 전쟁에 개입한 미국은 이러한 몽족의 삶의 방식에 주목하였고 그들을 베트남전쟁의 용병으로 끌어들였다. 몽족이 난민 신세로 전락하여 세계 곳곳으로 흩어지게 만든 이 더러운 전쟁 이야기는 본문에서 좀 더 살펴볼 것이다.

베트남 비즈니스가 한창일 때 유재현 작가의 역사문화기행『메콩의 슬픈 그림자, 인도차이나』(2003)가 발간되어 베트남과 캄보디아, 라오스의 근현대사를 이해하는데 많은 도움을 주었다. 그해 여름 베트남과 라오스 국경 근처에서 만난 몽족에 대한 관심이 막 고조될 때였으므로 라오스 기행에서 언급한 라오스 몽족의 불행한 과거가 가슴을 아프게 했다. 모든 불행의 시작은 아편이었다. 라오스는 세계적으로 가장 활발하게 양귀비를 재배하는 나라 중 하나였고 지금도 버마와 아프가니스탄에 이어 세계 3위의 헤로인 수출국이다. 양귀비에서 생아편을 추출하고 이 추출물로 모르핀을 만들거나 헤로인 같은 마약을 만든다. 손쉬운 환금작물인데다 척박한 땅에서도 재배가 가능하기 때문에 아편은 오랫동안 동남아시아 고산지역의 특용작물이었다. 그 고산지역에는 몽족을 비롯한 다양한 소수민족이 살았다.

몽족이 재배하는 아편은 프랑스 인도차이나 식민세력, 이후에 등장하는 미국과 남베트남 세력, 그리고 태국과 라오스의 군부세력의 재정적 원천이 되었다. 그러므로 몽족은 아편을 매개로 이들과 어떤 식으로든 관계를 맺어야 했다. 이러한 내용을 포함하여 몽족에 관한 민족학 연구 차원에서 접근하고 분석한 임봉길 강원대 교수의 저서『아편을 재배하는 사람들』(2005)은 몽족을 개관하는데 많은 도움을 주었다.

먀오족과 몽족에 대한 관심이 폭발한 것은 김인희 박사가 쓴 『1,300년 디아스포라, 고구려 유민』(2010) 때문이었다. 그의 주장은 놀랍게도 먀오족과 몽족이 고구려 유민의 후예라는 것이었다. 668년 고구려가 나당연합군에 의해 멸망하고 이듬해인 669년 20만명에 이르는 고구려 유민이 중국으로 끌려갔는데 그중 10만명이 중국 남방으로 이주하여 먀오족의 기원이 되었고 명·청시대에 이들의 일부가 동남아시아로 남천하여 몽족이 되었다는 것이다. 그는 19가지의 증거를 들어 먀오족의 중심세력이 고구려 유민임을 증명했는데 오늘날 먀오족이 중국에서 차지하는 위상과 함께 그의 주장에 귀 기울여 보고자 한다.

미국 예일대 제임스 스콧(James Scott) 교수가 쓴 『조미아, 지배받지 않는 사람들』(2015)에서도 먀오족과 몽족이 등장한다. '동남아시아 산악지대 아나키즘의 역사'라는 부제가 붙어있는 이 책에서 말하는 조미아(Zomia)란 베트남, 라오스, 태국, 버마에서 중국 남부의 윈난, 구이저우, 광시, 쓰촨 성, 인도 동북부에 걸쳐 있는 해발 300미터 이상의 고원 지대를 말한다. 역자의 후기에 따르면 세계 역사에서 별다른 주목을 받지 못했던 동남아시아 산악지대 조미아가 역동적인 해방공간으로 재탄생하고 소수민족이 역사의 주역으로 등장한 이유를 진지하게 분석한 대작이라고 소개하였다.

스콧 교수는 야만과 미개의 모습으로 규정된 소수민족의 탈주와 도피 문화를 주동적이고 적극적인 삶의 전략으로 보았고, 이동식 경작방식인 화전농법을 국가와 지배의 눈을 피하기 위해 선택한 대표적인 생계방식으로 보았으며, 카사바, 감자, 고구마 같은 '도피 작물'을 친환경적이고 지속가능한 삶의 원천으로 보았다. 그러면서 한국에도 조미아라 불릴만한 지역과 공간이 있었을 것으로 보고 유력한 후보지로 아리랑 발상지인 강원도 정선을 답사하기도 했는데 조미아가 국가 주도로 휴양지, 카지노로 탈바꿈한 강원랜드 하이원 사례를 몹시 흥미로워 했다고 한다.

그무렵 자신만의 쪽빛과 화포를 찾아 조미아를 여행한 작가가 있었다. 그 지역의 염색문화와 일상을 두루 관찰하여 『쪽빛으로 난 길』(2016)이라는 한편의 그림 같은 예술기행을 쓴 사람은 전통 염색가 신상웅이다.

그는 발품을 팔아가며 조미아 중에서도 주로 먀오족과 몽족마을의 염색문화를 주의 깊게 관찰하였다. 혹시 그도 먀오족과 몽족이 고구려 유민일 가능성을 의식하고 있었던 것은 아닐까? 그래서 우리 민족의 화포와 같은 질감의 화포를 먀오족과 몽족의 화포에서 발견하고 싶었던 것은 아니었을까? 그가 예술기행 중간중간에 먀오족과 몽족의 슬픈 역사를 언급할 때마다 왠지 그런 생각이 들어서 나의 가슴도 덩달아 먹먹해지곤 했다.

중국 남방에서 소수민족의 전통을 유지하며 살았던 먀오족은 중원을 차지한 명·청 세력의 한화정책에 반발하여 수없이 반란을 일으켰으나 번번이 패하여 대부분 죽임을 당했다. 이런 수난속에서도 먀오족의 어떤 이들은 그 자리에 남아 끈질긴 생명력으로 고유한 염색 문화를 이어갔고, 또 어떤 이들은 국경을 넘어 더 남쪽으로 안정된 삶을 찾아 떠났다. 신상웅은 그들을 찾아 중국에서 태국으로 라오스와 베트남으로 흙벽으로 둘러싸인 도시와 마약왕이 살았던 마을, 도시 자체가 하나의 사원인 곳으로 걸음을 옮겨가며 그곳 사람들 속으로 들어갔다.

이 모든 것이 먀오족에서 몽족으로 이어지는 전통과 거기에 서려 있는 희로애락을 만나기 위함이었다.

오직 푸른색과 흰 문양 때문에 촉발된 그의 여행은 이렇게 소수민족의 삶과 섞이며 은은하고 그윽해져 갔기에 타인들의 삶을 관찰자의 시선으로 무리하게 보정하지 않고 함께 사귀고 마시고 대화하며 날것 그대로 받아들이게 되었다. 그의 책 『쪽빛으로 난 길』은 이렇듯 목적이 분명한 여행의 진수를 역시 날 것 그대로 보여 준다.

이 글을 쓰는데 많은 영감과 울림을 준 책이 있다. 한겨레21 정문태 기자가 쓴 『전선기자 정문태 전쟁취재 기록』(2017)과 『국경일기』(2021)가 그것이다. 본문에서도 언급했지만 역사의 완고한 빗장을 열었던 우리 시대의 뛰어난 저널리스트를 꼽으라면 현대 중국의 탄생을 생생하게 기록한 『중국의 붉은 별』의 에드거 스노와 베트남전쟁의 실체를 적나라하게 보여준 『베트남 10000일의 전쟁』의 마이클 매클리어 그리고 한반도 전문가로 명성이 높은 『코리안 엔드게임』의 셀리그 해리슨과 더불어 분쟁지역 전문 전선기자로 아시아 언론의 지평을 열었다는 평가를 받고 있는 정문태를 꼽을 수 있을 것이다. 그만큼 아시아를 바라보는 그의 안목은 넓고도 깊다. 오늘도 제국주의가 남긴 유산으로 인해 여전히 분쟁을 겪고 있는 아시아 역사의 숨겨진 사실과 진실을 찾아 전선을 누비고 있을 것이다.

그럼 몽족을 처음 만났던 20년 전 「베트남 비즈니스 이야기」를 시작으로 또 다른 한국인의 초상인 몽족의 슬픈 역사를 만나보자. 거기엔 IMF 구제금융이라는 국가부도 사태를 극복하기 위해 해외시장 개척에 진력했던 한국의 한 사업가의 젊은 시절이 몇 편의 시와 함께 빛바랜 사진으로 남아 있으며 베트남전쟁의 결과로 세계 곳곳으로 흩어져야 했던 몽족의 기구한 운명이 파노라마처럼 펼쳐져 있다.

제1부
베트남 비즈니스 이야기

하노이 프로젝트

방한의 목적

하노이 프로젝트는 2003년 5월 코트라(KOTRA: 한국무역투자진흥공사) 하노이 무역관 이성길 차장의 전화 한 통화에서 시작되었다. 베트남의 수도 하노이시에서 건설예정인 '하노이식품가공기술공단'의 관련인사 5명이 한국의 식품가공기술과 식품가공플랜트에 대한 전반적인 시장조사를 위해 한국을 방문할 계획을 가지고 있는데 그 중 한 사람이 관용 여권이 없어 부득이 한국기업의 초청장이 필요하다는 배경설명과 함께 협조를 부탁한다는 취지의 전화였다. 그리고 그 사람은 하프로시멕스 사이공이라는 국영기업의 투자부장으로 이미 작년에 한국구매사절단의 일원으로 한 차례 한국을 방문한 경험이 있으며 그때 자신이 사절단을 인솔했기 때문에 그 사람의 신원은 무역관에서 보증하겠노라고 했다.

코트라의 지사화사업 프로그램에 의해 코세인(KOSAIN: 필자가 운영중인 식품가공 기계플랜트회사)의 베트남지사 역할을 수행하고 있는 하노이 무역관의 부탁인 만큼 당연히 협조해야겠지만 식품가공플랜트에 대한 전반적인 시장조사를 위한 방한이라면 코세인에게도 유력바이어와 접촉할 수 있는 좋은 기회가 되므로 마다할 이유가 없었다. 더군다나 그 회사는 생면부지의 회사도 아니었다. 전화를 끊고 나서 그 전해 베트남 업무일지를 살펴보았다. 7월에 나는 하노이시 중심에 있는 그 회사를 방문하여 투자부장인 응엔만쥐(Nguyen Manh Duy), 식품부장인 응엔후호안(Nguyen Huu Hoan)과 상담했던 기록이 있었다. 두 사람의 발언을 기억하기 위해 생소한 이름대신 응엔1, 응엔2 로 표기했던 흔적도 보였다.

베트남에서 응엔阮(Nguyen)이라는 성은 우리나라의 이李씨 성만큼 흔하다. 함께 왕조를 일군 성씨라는 점도 같다. 베트남의 국부國父라 불리는 호찌민(Ho Chi Minh)의 본명도 응엔신쿵(Nguyen Sinh Cung)으로 응엔가문 출신이었다.(호찌민은 중국식 이름으로 그가 중국에서 사용했던 가명 중의 하나다)

업무일지에는 그들이 자료를 요청했던 15가지 식품의 제조공정과 제조설비의 목록이 빼곡히 적혀 있었다. 그리고 곧 사업계획이 확정될 예정이므로 구체적으로 검토해 달라고 했던 그들의 말에 서너 줄의 밑줄이 쳐 있었다. 그러나 당시의 판단으로는 각 식품가공 프로세스가 서로 연관성이 전혀 없어 투자에 따른 시너지효과를 기대할 수 없는데다 사업규모도 너무 방대하여 실현가능성을 의심했던 것이 사실이었다.

코세인의 베트남 에이전트인 부이황홍(Bui Hoang Hung)에게 그들의 방한계획을 알리고 구체적인 체류일정을 알아보라고 지시했다. 이미 베트남 국제입찰 시장에 진출한 코세인으로서는 그들의 사업계획을 선점할 수 있는 좋은 기회였다. 부이황홍의 보고에 의하면 그들은 한국식품공업

협회를 방문하여 한국의 식품공업에 대한 전반적인 현황을 설명 듣고 관련 자료를 수집한 후 몇몇 식품공장을 방문 할 계획이며 특히 그들은 인스턴트 누들(라면) 생산설비 견학이 방한의 최대목적이라고 알려왔다.

그러나 며칠 후 체류일정을 협의하기 위해 한국식품공업협회 담당직원과의 통화에서 뜻밖의 답변을 들었다. 협회는 그들을 초청한 사실도 업무적으로 협의한 사실도 없다는 것이었다. 그들이 방한하여 언제 협회를 방문하겠다는 '하프로'라는 회사의 일방적인 방한 일정 공문만 접수한 상태인데 마침 그들이 방문하겠다는 시점에 협회의 중요한 행사가 있어 협회 차원의 안내와 견학이 불가능하다는 것이었다.

하노이 무역관에서는 그들의 방한 배경과 목적을 설명하고 협회의 협조를 요청하는 공문을 발송했으나 협회와의 최종적인 협의가 안 된 상태에서 일정이 확정되는 등 혼선이 있었던 모양이다. 나중에 이 소식을 접한 하노이 무역관은 무척 난감해 했다. 하노이시 무역부의 정식요청에 의해 외교적 관례에 따라 추진된 방한일정이었기 때문이다. 결국 이 문제를 해결할 수 있는 대안으로 코세인에서 그들의 방한 목적에 상당하는 모든 일정을 소화하기로 하고 예정대로 그들의 한국 방문계획을 진행시켰다.

사회주의 국가의 인민들

쩐뚜안통(Trinh Tuan Tong)으로부터 한국 도착 사실을 통보 받은 것은 그들이 한국에 입국한지 3일째 되던 2003년 5월 18일 일요일 오후였다. 그들은 신림동 서울대 인근의 숙소에 묵고 있으며 그 동안 남대문시장을 비롯하여 서울시내 관광을 했노라고 했다. 이튿날 아침 그들은 몹시 서먹

한 얼굴로 코세인 인천공장을 방문하였다. 인솔단장 격인 찐뚜안통은 하노이산업수출관리공단 부사장 겸 국제변호사로 북한 김책공과대학에서 7년 동안 유학을 했던 지한파로 한국어에 아주 능통했다.

부이빈탕(Bui Binh Thang)은 '하프로'의 새로운 투자부장으로 코세인에서 초청장을 보내준 당사자였다. 일행 중 가장 연장자로 어딘가 경직되어 보였으나 얼굴엔 항상 미소를 잃지 않았다. 황티응엣(Hoang Thi Nguyet)은 중년의 여자로 하프로의 부사장 직함을 가지고 있었다. 그녀는 일행 중에 가장 열성적으로 설비를 관찰하고 메모하여 주위 사람들에게 깊은 인상을 심어주었다.

다우티투후엔(Dau Thi Thu Huyen) 또한 중년의 여자로 하노이시 재정부장 직함을 가지고 있었다. 그녀는 스스로를 하프로의 돈줄이라고 소개하였다. 응엣과 달리 사치스러운 구석이 있어 보였다. 응엔둑꽝(Nguyen Duc Quang)은 하노이시청에서 공단관리업무를 맡고 있는 말단 공무원이라고 자신을 소개하였다. 일행 중 가장 젊었으며 농담을 잘하여 곧잘 좌중의 폭소를 터트리곤 했다. 농담 내용이 궁금하여 찐뚜안통에게 물었더니 역시 여성이 주인공인 그렇고 그런 농담이었다.

베트남사람들의 관습대로 오전 11시 30분 식당으로 이동하여 맥주를 곁들인 식사를 하였다. 찐뚜안통과 부이빈탕을 제외한 나머지 3명은 한국 방문이 처음이라 그런지 한국음식을 먹는데 매우 서툴렀다. 맥주를 몇 병 비우고 나서야 조금씩 음식을 먹기 시작했다. 베트남의 고도古都인 후에 지방의 음식이 가장 한국음식과 비슷하다고 설명하자 베트남 어느 곳이 가장 인상 깊었는지 물어왔다.

그동안 방문했던 북부의 박장과 하이퐁, 중부의 다낭과 빈딘 그리고 남부의 띠엔장과 롱쑤엔에 있는 거래처와 그 지방의 식문화를 소개하자 그들은 자신들보다 베트남을 더 잘 안다고 연신 건배를 제의해 왔다. 2시간에 걸친 긴 점심식사가 끝났을 때 그들의 표정이 한결 밝아졌으며 서먹함도 사라졌다. 오후엔 주로 라면과 라면제조기술에 대해 서로의 의견을 주고받으며 열띤 토론을 이어갔다.

천연 알칼리 간수를 사용하는 중국의 전통국수에다 웨이브를 주고 기름에 튀긴 후 바싹 말린 것이 라면이며 원산지는 중국이지만 상업적으로 개발에 성공한 나라는 일본이고 라면의 소비가 가장 많은 나라는 한국으로 1인당 연간 약 80개, 전체적으로는 연간 약 40억 개의 라면을 소비한다고 소개하자 그들은 매우 놀랍다는 표정으로 베트남은 1인당 연간 평균 20개 정도를 먹는다고 했다.

또 라면제조의 핵심기술은 생면을 찌는 공정과 튀기는 공정에 있는데 먼저 찌는 공정은 밀가루의 주성분인 녹말을 호화 시켜 소화흡수가 잘 되도록 알파녹말로 만드는 공정으로 면발의 쫄깃함 여부가 여기서 결정되며 튀기는 공정은 생면을 찔 때 흡수된 수분을 제거하여 장기간 유통이 가능하도록 하는 공정으로 튀기는 온도와 함수율이 라면의 품질에 매우 중요하다고 설명하자 그들은 연신 고개를 끄덕이며 메모하기에 정신이 없었다.

기술미팅을 끝내고 한국의 가공식품을 견학하기 위해 김포공항 옛 국내선 청사에 새롭게 단장한 이마트로 이동하였다. 아직까지는 비교적 사람이 많지 않아 시장조사를 하기엔 이곳이 제일 적당했다. 그들은 주로 라면을 비롯한 면류와 인삼주를 비롯한 주류 그리고 소스 등의 조미식품과 화장품을 구매하였다. 이곳은 품목별로 자금 회전이 빠른 상품이 주로 판매되는 곳으로 여기서 판매되는 상품은 대부분 치열한 경쟁을 뚫고 시장 진입에 성공한 제품이라고 소개하자 그들은 전혀 이해할 수 없다는 표정이었다. 박리다매를 통해 이윤을 추구하는 유통회사의 생리를 설명 듣고서야 겨우 고개를 몇 번 끄덕였을 뿐이었다. 개혁개방을 통해 시장경제 원리를 받아들였다고는 하지만 여전히 그들은 사회주의국가의 인민들이었다.

햇볕정책과 벼랑 끝 전술

다음날 새벽, 그들이 묶고 있다는 신림동 숙소를 찾아갔다. 지방의 몇몇 식품공장을 견학하고 다시 상경해야 하는 바쁜 일정이라 서둘러야 했다. 이른 시간이었지만 그들은 이미 모든 것을 준비하고 아침식사까지 마친 상태였다. 대전-통영 간 고속도로 인삼랜드 휴게소에 도착할 때까지 그들은 자다 깨다를 반복하며 연신 졸았다. 애매한 2시간의 빠른 시차 때문이었다. 6시에 출발하기 위해 5시에 일어났다면 베트남 현지시간으로는 새벽 3시였다. 그런 와중에도 찐뚜안통은 당시 북한에서 공부한 몇 안 되는 한국통답게 남북관계에 대한 전망을 줄기차게 물어왔다.

2차 세계대전 후 포츠담회담(1945)과 제네바회담(1954)에 의해 남북이 분단되기는 한국이나 베트남이나 마찬가지였다. 분단된 남북이 전쟁을 한 것도 서로 같았다. 그러나 베트남은 10,000일의 전쟁 끝에 종전을 했지만 한국은 1,000일의 전쟁 끝에 휴전을 한 것이 달랐다. 미, 소간의 냉전 시대에 휴전은 분단의 고착화를 의미했다. 또한 휴전은 독재정권에 항거하는 민중의 민주화 열망을 탄압하는 보도寶刀로 활용되기도 했다. 그러한 휴전상황이 50년 지속되는 동안 남, 북은 각기 경제개발과 군사우위를 목표로 불안한 평화를 유지해 왔다. 그러나 구소련의 해체(1991)와 함께 냉전이 종식되고 세계경제가 미국을 중심으로 블록화되면서 군사대국을 지향했던 북한은 상대적으로 고립될 수밖에 없었다. 더군다나 재래식무기에 의한 남한과의 군비경쟁에서도 이미 그 지위를 상실한지 오래였다.

북한은 세계의 비난 여론에도 불구하고 핵개발을 서둘렀다. 미국의 선제공격에 대한 두려움과 남한에 배치된 전술핵무기에 대응하기 위한 자기 방어적 차원이었다. 그러나 이러한 북한의 핵 개발은 한반도에서 긴장을 더욱 고조시켰으며 한편으로 미국과 남한 등 국제사회로부터 핵 개발 포기의 반대급부로 경제지원을 받아 내는 전술로 활용하였다. 관련학자들은 이러한 북한의 전술을 고립에서 벗어나기 위한 고육책의 하나로 이해하고 흔히 '벼랑 끝 전술'이라 불렀다.

한동안 북한의 이러한 전술은 효과가 있어 보였다. 더군다나 남한의 김대중 정권은 역대 정권에 비해 북한에 우호적이었으며 북한을 국제사회의 일원으로 끌어들이기 위한 노력의 일환으로 햇볕정책을 주창했다. 그리고 마침내 실로 50년 만에 남북정상이 만나 역사적인 6·15공동성명을 발표(2000)하면서 남북관계는 휴전 이래 가장 평화다운 평화를 누릴 수 있었으며 국제사회는 이러한 그의 노력을 인정하여 노벨평화상을 수여했다. 그러나 한반도의 평화는 역시 미국의 손에 달려 있었다. 미국이야말로 북한과 휴전했던 당사자로서 냉전종식 이후 세계 유일의 경찰국가의 맹주盟主가 되어 있었다.

다시 한반도 평화에 어두운 그림자가 드리게 된 계기는 2001년 미국 뉴욕에서 발생한 9·11테러사건이었다. 2차세계대전 당시 일본에 의한 하와이 진주만 폭격사건 이래 미국 본토에서 발생한 가장 충격적인 이 사건은 미국으로 하여금 그들의 잣대로 정한 불량국가에 대한 대대적인 응징에 나서게 했다. 테러와 직접적인 연관이 있는 나라로 아프가니스탄을 지목하여 무력침공함으로써 탈레반 정권을 무너뜨렸으며 곧이어 북한과 이란, 이라크를 대량살상무기를 가진 '악의 축'으로 규정하고 마침내 국제사회의 거센 반전反戰 여론에도 불구하고 이라크를 침공하여 후세인 정권을 축출하였다.

함께 '악의 축'으로 규정된 이라크 후세인 정권이 붕괴되는 모습을 보면서 당연히 위기의식을 느낀 북한의 김정일 정권은 다시 핵개발 카드를 꺼내 들었다. 핵과 미사일을 무기로 미국과 체제보장과 불가침조약체결, 경제제제 해제 등을 일괄타결하려는 그야말로 벼랑 끝 전술이었다.

반쪽 도이모이

남북관계도 지금 벼랑 끝에 서 있으며 그 해법으로 여전히 햇볕정책이 가장 유효하다는 점을 강조하자 찐뚜안통은 이제 막 잠에서 깨어난 자신의 일행들과 한참을 이야기하더니 옳은 판단이라고 그러나 문제는 여전히 미국이라고 힘주어 말했다. 20년 이상 미국과 전쟁을 치른 나라로서 그리고 유일하게 미국에게 패배를 안겨준 나라로서 베트남 사람인 그들의 얼굴엔 과거의 영욕이 떠오르는 듯 한동안 무거운 표정으로 말이 없었다. 일행 중에 제일 연장자인 부이빈탕의 표정이 특히 그랬다. 이번엔 찐뚜안통이 베트남의 '도이모이'를 화제로 올렸다. 북한이 체제를 유지하면서 고립에서 벗어날 수 있는 방법의 하나로 일종의 베트남식 사회주의 개

혁을 참고할 필요가 있다는 것이다.

　우리가 흔히 쇄신(개혁개방)이라고 부르는 베트남의 도이모이는 구소련의 '페레스트로이카'를 연상시키지만 시기적으로 베트남이 조금 빨랐다는 것 이외에 방법론에서도 많은 차이가 있다. 페레스트로이카가 말 그대로 경제재건을 위한 일련의 정책(연방을 해체하여 재정적자를 떨어내고 냉전유지를 포기함으로써 군비를 감축한 정책 등)이라면 도이모이는 자본주의 시장경제 도입과 대외개방을 통한 지도자본주의(도이모이)로의 전환이라고 말할 수 있다. 정치적 혼란을 우려하여 일당제를 계속 고수하고는 있지만 당과 정부를 분리하여 권력을 분산시킨 것도 도이모이의 핵심내용 중의 하나이다.

　찐뚜안통은 이를 반쪽 도이모이라고 표현했다. 이어서 그는 그럼에도 불구하고 여전히 궁핍하고 모순된 베트남 사회구조를 혁신하기 위해서는 공산당의 지도에 의한 국가운영 시스템을 과감하게 포기하고 얼마간의 혼란을 감수하더라도 새로운 시스템을 도입해야 한다고 주장했다. 그러나 그 새로운 시스템에 대해서는 말할 입장이 아니라고 했다. 한동안 베트남 역사와 정치, 경제에 대해 찐뚜안통과 열띤 토론이 이어졌다.

　1,000년 동안 중국의 지배를 받았던 오랜 과거의 역사로부터 라오스, 캄보디아와 함께 인도차이나라는 이름으로 프랑스 식민지 지배를 받으면서 북부는 통킹, 중부는 안남 그리고 남부는 코친차이나라는 이름으로 갈라지고 분열된 근래의 역사까지 특히 제네바협정에 의해 남북으로 분단되어 20여 년 동안 전쟁하면서 더욱 심화된 민족간의 갈등과 반목을 극복하고 완전한 통일국가를 만들기 위해 많은 정치적 실험과 경제적 실패에도 불구하고 당시 호찌민의 사회주의를 표방한 민족주의가 옳았고 옹

엔반린(Nguyen Van Linh)의 지도자본주의(도이모이)가 옳았다고 말하자 그는 무척 놀랍다는 표정으로 한국 사람으로서 베트남을 너무 잘 이해하고 있다고 감탄해 했다. 곧 그는 자신의 일행에게 토론내용을 길게 설명했고 한참 동안 대화를 나누더니 그들 중에 가장 연장자인 부이빈탕의 말을 받아 조금 상기된 표정으로 다음과 같이 통역했다.

"우리는 만장일치로 당신의 베트남 비즈니스를 적극 돕기로 했습니다. 당신은 우리의 파트너가 되기에 모든 면에서 충분한 식견을 가지고 있다고 판단됩니다. 아마 베트남 공산당 간부도 당신만큼 베트남의 현실을 이해하지 못하고 있을 겁니다."

영우냉동식품은 지리산 뱀사골로 들어가는 인월 초입에 있다. 이곳은 〈정감록〉에 십승지로 기록될 만큼 오지이지만 오히려 한국 현대사의 아픔을 많이 간직한 곳 중의 하나로 그 의미가 베트남의 호찌민루트와 같은 곳이라고 소개하자 아픔이 많은 곳이 원래 인심 좋고 경치 좋은 곳이라고 대답하여 함께 웃었다.

박주홍 상무의 안내로 병 음료, 우동, 만두 생산현장과 아이스크림과 양갱이 생산현장을 둘러보았다. 그들은 해썹(HACCP)에 의한 작업의 동선動線, 구획구분, 위생설비시스템을 중점적으로 둘러보고 ISO9000에 의거한 작업표준매뉴얼에 대해 질문하기도 했다. 특히 하프로의 부사장인 호앙티응엣이 가장 적극적이었다. 원칙적으로 사진촬영을 금지하였지만 그녀의 열성에 일부 허용하기도 했다.

생산현장 견학을 끝마치고 차를 마시면서 식품제조회사가 점점 장치산업화 되는 이유에 대해 토론하였다. 결론적으로 원가절감을 통한 경쟁력 제고도 중요하지만 그보다 더 중요한 것은 바로 식품의 위생 때문이며 사람에 의한 식품오염을 줄이기 위해서라도 최소한의 인력으로 운영되는 시스템으로 바꿔야 한다는 말에 모두 동의하였다.

문제는 초기투자 비용이었다. 두 번째 견학장소인 순창으로 이동하는 동안 그들은 이 문제를 가지고 갑론을박하는 것 같았다. 특히 하노이시 재정부장인 다우티투후엔과 하프로의 투자부장인 부이빈탕의 목소리가 크게 들렸다. 투자에 따른 고용증대 효과와 위생적인 식품제조를 위해 최소인력 운영이라는 상반된 견해가 부딪치고 있었다.

순창에 도착하여 전통고추장민속마을에 있는 문옥례식품을 방문했다. 문옥례식품은 순창에서 6대째 고추장을 가전비조家傳秘造해온 이 지역의 대표적인 전통고추장 명가이다. 그들은 전통한옥과 단아한 정원 그리고 엄청난 숫자의 항아리에 매료되었는지 우선 사진 찍기에 바빴다. 조경현 사장의 안내로 소스 생산현장을 둘러본 뒤 그들은 궁금해서 도저히 못 참겠다는 표정으로 항아리를 열고 간장, 고추장, 된장을 손가락으로 찍어 맛을 보더니 이내 짜고 맵고 메케한 표정으로 한국의 장맛을 음미하였다. 의식동원醫食同原이라는 말이 있다. 밥이 곧 보약이라는 뜻이다. 이런 의미를 설명하면서 선조들이 물려준 전통식품이야말로 가장 과학적인 문화유산이라는 점을 특히 강조하였다. 회사에서 준비한 고추장 선물을 받고 그들은 어린아이처럼 기뻐했다.

돌아오는 길에 40년 전통의 한정식 식당에서 한국방문을 결산하는 회식자리를 마련하였다. 한 사람씩 이번 출장에서 느낀 소회를 피력했다. 먼저 제일 연장자인 부이빈탕은 한국에 와서 좋은 파트너를 만났다는 것이 가장 큰 성과라고 말했고 하프로의 부사장인 호앙티응엣은 한국적 품질과 시스템을 접목하는 것이 베트남 시장에서 경쟁력이 있을 것 같다고 말했다.

통역을 담당한 찐뚜안통은 우선 코세인의 환대와 업무협조에 대해 감사를 표시하고 이제 첫걸음을 시작했으니까 잘 협조하여 유종의 미를 거두었으면 좋겠다고 말했다. 그의 한국어 표현력은 언제나 한국사람 수준과 조금도 다르지 않았다. 다우티투후엔 역시 많은 것을 보고 배웠으며 상부에 보고할 보고서를 잘 만들어 적극적으로 돕겠다고 했고 응엔둑꽝은 라면공장을 견학하지 못하여 아쉽지만 대신 많은 식품의 생산현장을 볼 수 있어서 나름대로 성과가 있었다고 말했다.

30여 가지의 반찬과 찌게 그리고 맥주와 동동주로 차려진 한정식 만찬을 끝으로 그들의 방한업무를 모두 종료했다. 그들은 내일 주한베트남 대사관을 방문할 예정이며 저녁 비행기로 귀국할 예정이라 했다. 모두들 피곤했는지 서울로 돌아오는 동안 내내 깊은 잠에 빠져 있었다.

목쩌우 가는 길

노벨평화상을 거부한 레둑토

사스(중증급성호흡기증후군)가 진정된 후 다시 베트남을 오가는 항공기는 만원사례다. 비즈니스석까지 대기자 명단에 올려놓고서야 겨우 좌석을 배정 받았다. 작년(2002)에 베트남에 투자한 국가 중에 1위는 놀랍게도 한국이었다. 베트남과 미국간 역사적인 무역협정이 2001년 12월 발효된 결과다. 섬유, 신발 등 대미 쿼터협상의 주요품목을 중심으로 우회수출이 가능한 노동집약적 산업들의 베트남 진출이 한창 러시를 이루고 있는 것이다.

해외출장을 갈 때마다 심적 부담과 흡연의 욕구를 잠재우기 위해 술을 마신다. 와인 2잔과 맥주 2캔을 마시면 3시간 정도는 숙면을 할 수 있다. 지난 봄 미국의 LA와 페루의 리마를 거쳐 칠레의 산티아고까지 가는 26시간 동안의 비행에도 이런 방법으로 견뎌냈다. 일종의 자학自虐에 가까운 금연(?)의 실천이었다. 노이바이 공항에 도착하니 코트라 하노이무역관의 이동숙씨가 승용차를 가지고 마중 나와 있었다. 지사화 업체를 관리하는 담당자로서 당연히 해야 하는 업무 중의 하나라고 그녀는 웃으면서 말했지만 밤 10시(한국시간 밤 12시)가 넘은 시각이라 미안했다.

베트남의 수도 하노이는 베트남전쟁 당시 미국에 의해 철저하게 파괴된 도시이다. 차라리 인류의 파괴라고 전 세계가 비난했던 1972년 크리스마스를 전후한 미국의 폭격은 일본 히로시마에 투하되었던 원자폭탄의 5배가 넘는 가공할 위력이었다. 포로로 붙잡힌 미군폭격기 조종사는 지상에 내려와 보니 군사시설은 물론 폭격해야 할 아무 목표물이 없음을 알고 경악했다고 한다. 베트남 전쟁에 지친 미국이 휴전협상에 북베트남 정부를 끌어내기 위해 저지른 이러한 살육을 보상하려는 듯 노벨상 위원회는 휴전협상의 두 당사자인 베트남의 레둑토(Le Duc Tho)와 미국의 키신저(Kissinger)에게 노벨평화상을 공동 수상여했다. 그러나 베트남의 레둑토는 수상을 거부했다. 우리에겐 아직 진정한 평화가 오지 않았다는 이유로.

    그의 일상은 거리를 바라보는 것
    시클로를 타고 가며 손 흔드는 백인여자
    뒤에서 페달을 밟는 소년의 수줍은 미소
    그것은 바람이 지나 간 흔적, 기억의 저편
    모르는 사람들에게 손 흔들어 주는 일.

    그의 일상은 거리에서 기다리는 것
    네이팜탄에 그을린 폐부 오래 앓은 기침

노을 속으로 먼 길 떠난 사람들의 지워진 얼굴
사진 한 장 걸어놓고 그 이름 부르며
장보사거리 자전거 바퀴에 바람 넣어 주는 일.

- 졸시 「장보사거리」 전문

하노이의 밤거리는 조용하고 평화로웠다. 스콜이 지나갔는지 도로는 젖어있었고 덕분에 공기는 상쾌했다. 호떠이와 호안끼엄 호수 주변을 내달리던 오토바이도 거의 보이지 않았다. 이번 출장은 3박 4일의 짧은 일정이다. 대부분의 일정이 하노이와 인근 하이퐁에서 진행되기 때문이다.

새롭게 통역을 맡은 이동숙 씨에게 일정을 간단히 설명하자 그녀의 표정이 이내 어두워졌다. 그렇게 중요한 협상을 통역할 자신이 없다는 것이었다. 그 중요한 협상이 곧 일상이 될 테니까 걱정하지 말라고 그녀를 위로하였다. 사실 국가기관이든 국영기업이든 각 사안마다 전원합의를 도출하기 위해 토론하고 설득하고 협상하는 것이 이 나라의 오랜 관행이자 일상이다. 거기엔 인내심 이외 다른 대안이 없다.

이튿날 베트남 에이전트인 부이황흥을 앞세워 하이퐁에 있는 하롱캔식품회사를 방문, 주로 생선통조림 살균을 위한 고압 멸균기 계약서에 서명하는 것으로 베트남에서의 업무가 시작되었다. 베게티지에 이어 베트남에서의 두 번째 수주였다.

하노이로 돌아오는 길에 찐뚜안통의 전화를 받았다. 그는 저녁식사 약속장소에 붉은악마 티셔츠를 입고 나타났다. 우리는 반갑게 인사를 나눴다. 한달 만의 재회였다. 그는 우선 '하프로'와의 선약이 되어 있는지 물었다. 시간은 결정되지 않았지만 내일쯤 만날 예정이라 대답하자 그는 그전에 먼저 만나야 할 사람이 있다고 말했다. 그가 하노이 프로젝트의 중요한 열쇠를 갖고 있다고 했다. 그러나 그는 그 사람이 누구인지 선뜻 말하려 하지 않았다. 자신에게도 또 다른 열쇠가 있음을 과시하려는 듯 베트남에서는 시작이 중요하다는 말만 되풀이했다. 몇 차례 부이황훙의 재촉을 받고서야,

"우리는 내일 하노이시 부시장을 만나야 합니다. 그가 당신을 만나고 싶어합니다"

전혀 예상치 않았던 뜻밖의 답변이었다. 정말이냐고 재차 물었을 때 그는 다음과 같이 배경설명을 했다.

하노이시 당국은 3년 전부터 시 근교에 식품가공기술공단을 건설할 계획을 가지고 있었으며 오랜 심의 끝에 하프로를 주관기업으로 선정했다. 또한 농촌개발부에 조사를 의뢰하여 시급하게 건설해야 할 아이템을 확정했다. 그리하여 2004년엔 육가공 공장을 완공할 예정이고 설비는 독일에서 수입하기로 했으며, 이어서 라면공장과 과일, 야채가공공장, 그리고 칠리소스 공장을 준공할 예정이다.

라면생산설비는 일본과 한국제품을, 그리고 퍼(베트남 쌀국수) 생산설비는 중국설비를 검토하고 있다. 라면생산설비 견학을 위해 하프로 사장이 얼마 전 일본을 방문했으며 부사장은 한국을 방문하여 코세인을 만났다. 이 모든 견학 프로그램은 하노이시 주관 하에 이루어졌는데 그것은 부시장의 지시였다. 그 때문에 우리는 부시장에게 한국방문 결과와 코세인에 대해 보고해야 했다. 일본을 방문했던 하프로의 사장은 일본의 라면생산설비를 선호하고 있었으나 부시장은 코세인에게 관심이 있었다.

완벽한 사업제안서

다음날 찐뚜안통은 오후에 비서실을 경유하는 정식절차 없이 부시장과 면담할 수 있을 것이라며 연락을 기다려 달라고 했다. 오전엔 이번 출장의 중요한 또 다른 목적인 목쩌우유업의 입찰과 관련하여 주관사인 베트남 낙농협회를 방문, 사장인 짠테쑤옹(Tran The Xuong)과 제반 문제에 대해 논의했다. 그는 목쩌우 유업은 베트남 낙농협회의 46개의 자회사 중 하나이며 목쩌우 유업과 같은 규모로 7개의 유가공회사가 전국에 곧 건설될 예정이므로 그때마다 입찰에 참가해 달라며 인사말을 했다.

이에 대해 입찰초청서류 중 기술적인 부분이 앞뒤가 맞지 않아 입찰금액 산정은 물론 플랜트 자체를 이해할 수 없는 고충을 설명하고는 그 대안으로 제품생산흐름을 나름대로 설계하였으니 검토해 달라고 부탁했다. 그러나 그는 기술적인 부분은 유럽의 유명한 유가공 플랜트회사인 테트라 팩에서 설계한 것이며 입찰초청서류를 만드는 과정에서 충분히 논의되었으므로 자신은 그것에 대해 코멘트 할 입장이 못 된다고 정중히 사양했다. 그와는 겉도는 대화에서 무언가 석연치 않은 구석이 있음을 느꼈으나 목쩌우 유업 사장과의 미팅이 예정되어 그 정도에서 그와의 논쟁을 끝냈다.

곧 찐뚜안통의 호출로 그의 집 근처 약속장소로 달려갔다. 그의 집은 직장인 하노이산업수출관리공단 맞은편에 있었다. 그는 하노이 부시장과의 면담시간이 불과 30분 정도이므로 이 짧은 시간 동안에 그에게 강렬한 인상을 줄 수 있는 발언을 해야 한다는 점을 강조했다. 자기는 완벽하

하노이시 **부시장 응엔테꽝과의 첫 만남**. 찐뚜안통이 가운데서 통역하고 있다.

게 통역하겠노라고 했다. 시청에 도착하여 대기 장소에서 30분 정도를 기다린 후 2층에 있는 접견실로 안내 되었다. TV에서나 볼 수 있었던 국가 정상들의 회담장소 같은 분위기의 접견실이었다.

이어 인민복을 입은 응엔테꽝(Nguyen The Quang) 부시장이 찐뚜안통의 안내를 받으며 접견실로 들어섰다. 간단한 자기소개와 함께 명함을 주고받은 뒤 곧바로 나란히 앉아 서로의 관심사항과 협력방안에 대해 의견을 교환했다.

그는 한국의 기업인들이 베트남 하노이에서 처음 사업을 시작할 때 의례적으로 자신과 만났던 과거 경험을 먼저 이야기했다. 그는 4명의 부시장 중에 공업 부분을 담당하는 부시장이었다. 그리고 아직도 한국과 베트남은 서로 협력해야 할 사업이 아주 많다는 점을 특히 강조했다. 지금까지는 한국의 대기업들의 역할이 컸지만 이제는 각 부분의 직접 당사자들이 문제를 스스로 해결할 수 있는 그런 방향으로 협력이 이루어져야 상호이익이 된다고 말했다.

찐뚜안통의 부연설명에 의하면 하노이식품가공기술공단 건설과 관련하여 베트남에 진출한 각 나라의 몇몇 대기업과 접촉해 보았으나 전문성도 부족하고 관심도 크지 않았다고 한다. 해서 관련국가 유관기관의 협조를 받아 각 분야의 전문회사와 직접 접촉하는 것이 오히려 상호이익이 되겠다고 판단되어 한국과 일본을 방문한 것이라고 했다.

이제 코세인을 소개할 차례였다. 먼저 한국에서의 사업영역과 프로젝트 수행능력, 그리고 베트남에서 진행되고 있는 공사내용을 소개하였다. 이어 농업국가인 베트남의 국가경쟁력을 강화시키는 사업으로 농산물가공공장 건설의 당위성을 설명하고 이 사업을 통해 경제적인 이익과 신뢰가 구축되면 한국기업은 반드시 베트남에 재투자할 것이라고 말하자 응엔테꽝은 소리 없이 웃으며 '완벽한 사업제안서'라고 했다.

고집스러워 보이는 그의 입술이 미소로 열리자 찐뚜안통이 다가와 그에게 귀엣말을 건넸다. 이에 응엔테꽝은 몇 번 고개를 끄덕이더니 휴대폰을 꺼내어 어딘가 전화를 했다. 하프로 사장과 통화 중이라고 찐뚜안통이 귀띔해 주었다. 통화를 끝낸 응엔테꽝은 다시 찐뚜안통을 가까이 불러 무언가를 당부하는 듯한 표정으로 한참을 이야기했다. 그리고 하프로 사장이 기다리고 있을 테니 곧 만나 보라고 했다.

레로이 왕의 전설

하프로는 하노이시 중심가인 호안끼엠 호수 근처에 있었다. 호안끼엠은 환검還劍의 베트남 식 발음이다. 즉, '칼을 돌려주다'라는 뜻인데 이러한 이름은 후여조를 건국한 레로이(Le Loi)왕의 전설과 관련 있다. 당시 베트남은 중국 명나라의 지배하에 있으면서 언어와 풍습이 말살당하는 등 중국의 압정에 시달리고 있었다. 이에 전국 각지에서 봉기가 일어났는데 레로이도 그 중 한 사람이었다. 어느 날 레로이 군대의 한 병사가 탕롱(하노이의 옛 이름)의 따봉(호안끼엠의 옛 이름) 호수에서 고기를 잡다가 명검名劍을 발견하고 이 검을 레로이에게 바쳤다. 이 명검을 소유한 레로이는 이후 명나라와의 전투에서 승승장구하여 마침내 1428년 베트남을 중국으로부터 해방시키고 남쪽의 찬파왕국을 제압함으로써 후여조를 건국하였다.

그러던 어느 날 레로이 왕이 따봉호수에서 뱃놀이를 하던 중 거북이가 나타나 명검을 돌려 달라고 하였다. 그 검은 호수의 수신水神이 베트남의 해방과 통일의 과업을 이루기 위해 레로이 왕에게 잠시 빌려준 것이라 했다. 이후로 사람들은 이 호수를 환검(호안끼엠)호수라고 불렀으며 당시 검을 돌려받은 거북이가 수명을 다하여 물위로 떠오르자 옥산신사玉山神祠를 지어 안치하고 호수 한복판에 거북탑을 세웠다.

하프로의 3층 회의실에 들어서자 사장인 응엔후탕(Nguyen Huu Thang)을 비롯한 회사 임원들과 함께 한국을 방문했던 시청공무원들이 우리를 기다리고 있었다. 일면식이 있는 그들과 반갑게 인사를 나누는 동안 응엔후탕은 어색한 표정으로 우리를 지켜보고 있었다. 자리가 정리되자 그는 먼저 지난번 하프로 직원들의 한국방문과 관련하여 코세인의 환대와 협조에 대해 감사를 표시했으며 익히 알고 있는 하노이식품가공기술공단 건설계획을 설명하기 시작했다.

그는 주변에 앉아있는 회사 간부들보다 젊었으며 매우 공손하고 침착

하프로 회의실에서 다시 만난 방한인사들. 하프로 사장 응엔후탕(가운데 넥타이를 맨 사람)이 우리를 바라보고 있다.

했다. 회의는 원론적인 수준의 대화에서 더 이상 진전되지 않았다. 회사 소개, 신뢰와 협력, 그리고 한국과 같은 품질시스템, 기술이전과 판매지원 방법 등 여느 미팅과 조금도 다르지 않은 단어들로 채워졌다.

상견례로 만족해야 했다. 그러나 찐뚜안통은,

"오늘 이 회의는 코세인을 하노이프로젝트의 파트너로 인정하기 위한 공식 절차의 하나로 마련된 자리입니다. 그것을 지시한 부시장의 말을 하프로 사장인 응엔후탕과 이 자리에 참석한 모든 사람에게 방금 전달했습니다. 이제 일본회사와의 경쟁만 남았습니다. 코세인의 정책과 비전을 빠른 시간 안에 잘 준비해 주시기 바랍니다."

라고 말하면서 한국어를 아는 자신이 누구 편이겠느냐고 반문하며 크게 웃었다. 조금씩 속내를 드러내는 그의 눈빛은 웃음 속에서도 날카롭게 빛나고 있었다.

역사와의 전쟁- 디엔비엔푸

　돌아오는 길에 내일 스케줄을 확인하던 부이황홍이 아무래도 우리가 목쩌우로 가야 할 것 같다고 난감한 표정으로 힘없이 전화를 끊으며 말했다. 목쩌우 유업 사장도 현재 지방출장 중이어서 하노이에서 만나기엔 물리적으로 불가능하며 그 중간인 목쩌우에서 만났으면 좋겠다는 것이다. 그동안 입찰참가 서류를 준비하면서 고생한 것을 생각하면 당장 못 갈 아무런 이유가 없었지만 문제는 내일 밤에 한국으로 돌아가야 하는 일정상의 어려움과 통역을 위해 코트라 하노이무역관의 이동숙씨가 거기까지 출장을 가야 한다는 점이 마음에 걸렸다.

　목쩌우는 하노이에서 서북쪽으로 약 200Km 거리에 있으나 왕복 14시간이 소요되는 산간벽지의 작은 마을이다. 이 작은 마을은 항불抗佛 유적지인 손라와 디엔비엔푸로 가는 길목이면서 아직도 검은 옷만 고집하는 소수민족의 집단 거주지라고 했다. 이동숙 씨는 말로만 듣던 역사적인 장소를 가볼 수 있게 되었다며 적극적으로 상사의 허락을 받아냈다. 고마웠다. 곧장 출발하여 밤새 달려가면 내일 한국으로 귀국하는데도 별 문제가 없을 것 같았다. 모두들 낯선 땅에 대한 여행의 설레임으로 서둘러 호텔로 돌아가 체크아웃을 하고 차를 빌려 목쩌우를 향해 출발했다.

　한국 사람들은 디엔비엔푸를 잘 모른다. 하지만 베트남과 라오스 국경 근처의 이 작은 마을은 세계사 교과서에도 수록되어 있을 만큼 유명한 곳이다. 한국 사람들은 보응엔지압(Vo Nguyen Giap)을 잘 모른다. 하지만 그는 마오쩌둥毛澤東, 체게바라(Che Guevara)와 함께 세계 3대 게릴라로 불리고 있는 유명한 사람이다.

서구 열강들의 식민지 쟁탈이 한창일 때 베트남은 프랑스에 점령당한 후 인도차이나 식민지의 한 지류로 편입되었다. 그러나 제국주의간의 식민지 재분할을 놓고 2차 세계대전이 일어나 프랑스가 독일에 패하자 일본이 베트남을 점령하였다. 이후 일본이 미국에 항복하자 포츠담회담의 결과로 베트남은 북위 16도 군사분계선을 중심으로 북베트남엔 중국군이 남베트남엔 영국군이 점령하였고 영국과 프랑스의 합의에 의해 남베트남의 통치권은 다시 프랑스로 넘어갔다.

호찌민은 1,000년 동안 중국의 지배를 받았던 조국의 역사를 잘 알고 있었다. 그는 영원히 머무를 수도 있는 장제스蔣介石의 중국군을 몰아내기 위해 북베트남의 치안을 프랑스군대가 맡는다는 연합군의 제안을 거부하지 않았다. 결국 베트남은 라오스와 캄보디아처럼 프랑스 연합 내에서의 하나의 공화국으로 정의되면서 다시 프랑스의 인도차이나 식민지의 한 지류로 편입되었다.

디엔비엔푸는 프랑스에 대항하여 게릴라전을 벌이고 있었던 호찌민 군대 즉, 베트민의 중요 거점이었다. 라오스와 통하는 주 통로이자 중국공산당과 연결된 주요 보급로였다. 프랑스군대가 이곳을 봉쇄한 것은 그동안 베트민과의 간헐적이고 비정규전을 치르면서 보이지 않는 적들과의 재래식 전투로는 승산이 없다고 판단했기 때문이었다.

베트민은 대중 속에 있었다. 이들은 어디서나 볼 수 있었지만 막상 전투가 시작되면 어디에서도 볼 수 없었다. 프랑스군은 언제 어디서나 처음에는 우세한 화력을 전개했지만 곧이어 베트민에게 밀리는 상황이 반복

되었다. 프랑스는 미국의 군사적 지원과 함께 한국전쟁의 정전협정을 모델로 하여 베트민을 협상테이블로 끌어낼 방안의 하나로 제한적인 전쟁이 필요했다.

디엔비엔푸의 봉쇄는 프랑스가 정치적, 이데올로기적 의미로 선택한 최후의 방법이었다. 곧, 미국, 소련, 영국, 프랑스 등이 한국과 인도차이나를 포함한 전후 냉전문제를 토의하기 위해 제네바극동평화회의를 개최할 계획을 가지고 있었기 때문이었다. 디엔비엔푸 전투는 군사적 승리를 통해 협상의 주도권을 가질 수 있다는 측면에서 프랑스나 베트민에게 중요한 전투일 수밖에 없었다.

55일간 계속된 전투는 치열했다. 강력한 화기와 제공권을 쥐고 있던 프랑스군은 전투가 시작되자 여전히 보이지 않는 적들과 싸워야 했다. 베트민의 대포가 화력을 퍼붓는 순간에도 프랑스 포병은 포탄이 날아오는 위치조차 파악할 수 없었다. 프랑스군이 예상했던 것 보다 훨씬 가까운 거리에서 베트민이 공격하고 있었다. 그곳은 험한 산속이었으며 정글 속이었다. 대포를 운반할 수 있는 곳이 아니었다.

베트민 사령관인 보응엔지압은 초인적인 힘으로 이곳까지 대포를 끌고 왔다. 그들은 걸어서 하루 밤 사이에 50Km를 달려왔으며 자전거 한대로 300Kg의 쌀을 운반해 왔다. 정글 속에서는 1인당 5Kg의 쌀을 운반했다. 1Kg은 전선의 병사들에게 전달하고 4Kg은 운반하는 도중에 먹었다. 분명 베트민 병사들은 프랑스 병사와 전쟁을 하고 있었지만 프랑스 병사들은 베트남 역사와 전쟁을 하고 있었다. 그들은 결코 천년 넘게 외세와 싸워온 베트남 역사를 이길 수 없었다.

1954년 5월 7일. 마침내 프랑스는 항복을 선언했다. 그들의 항복조건은 백기를 올리지 않는다는 것이었다. 이로써 인도차이나에서 80여 년간의 프랑스의 식민지배는 막을 내리게 되었다. 그러나 제네바극동평화회의는 베트남을 완전한 독립국가로 인정하지 않았다. 베트남은 다시 남북으로 분단되어 새로운 전쟁을 준비해야 했다. 미국과의 20년 전쟁을.

몽족을 만나다

얼마나 잤을까. 차가 갑자기 멈춰서는 바람에 잠에서 깼다. 피곤한 운전기사가 잠시 눈 좀 부치겠다고 했다. 새벽 4시였다. 모두들 깊은 잠에 빠져 있었다. 담배를 피우기 위해 차에서 내렸다. 도로는 비포장 길이었다. 캄캄한 산길의 어둠 속에서 하늘 가득 별들만이 희미하게 빛나고 있었다. 은하수였다.

이 길은
디엔비엔푸 가는 길과 같다.
하룻밤 사이에 걸어서 오십 킬로미터를 가고
삼백 킬로그램의 쌀을 자전거 한대로 싣고 갔던
그 길과 같다.

끝없이 산과 계곡으로 이어지는 이 힘든 산길은
그래서 밤이면 아무것도 보여주지 않는다.
오직 하늘 밖에
저 하늘의 별들 밖에

누구나 죽으면 땅에 한 줌 흙을 보태겠지만
여기서 죽으면 인도차이나의 별이 된다는 것을
이 길은 알고 있었다.

새벽을 깨운 것은
산과 계곡을 감싸고 불어오는 바람이었다.
별들이 떠난 하늘엔 붉은 권운만 가득하다.
여기서 길은 다시 두 갈래로 나뉜다.
서쪽으로는 디엔비엔푸 지나 라오스 가고
남쪽으로는 호찌민 루트 따라 크메르 간다.
죽음의 땅 킬링필드로 간다.
빛바랜 군복에 날을 세워 고된 충성을 했던 군인들이
디엔비엔푸의 영광을 짓밟고 갔던 그 길.

이젠 목쩌우엔 별이 뜨지 않는다.
죽어서도 눈을 감지 못하고 구천을 떠도는
이름 없는 별들의 굶주린 눈빛만 희미할 뿐.
여기서 사는 메오족이 검은 옷만 고집하는 까닭이다.

- 졸시 「목쩌우 가는 길」 전문

    호텔에서의 2시간의 짧은 수면이었지만 맑은 공기와 시원한 바람 탓에 몸은 오히려 가벼웠다. 목쩌우 유업은 마을 한복판에 있었고 회사라기보다는 관공서 같은 건물 2층에 사장실이 있었다. 목쩌우 유업 사장인 짠꽁

디엔비엔푸 전투에서 포로로 잡힌 11,721명의 프랑스군 병사들. 이 중에서 고작 3,290명만이 살아서 프랑스로 돌아갔다.

찌엔(Tran Cong Chien)은 우리를 반갑게 맞았다. 자신도 금방 도착했노라고 했다. 그는 이렇게 멀고 험한 곳까지 그것도 밤을 새워가며 와준 것에 대해 너무 고맙다고 연신 감사의 인사를 했다.

방문 목적을 설명하고 준비해간 한국의 우유생산업체의 생산설비를 노트북을 이용하여 동영상으로 소개했다. 이어 입찰초청서류의 기술적 문제점을 지적하고 코세인에서 설계한 생산흐름도면을 참조하여 입찰서류 중 기술적인 부분을 재구성해줄 것을 요구했다. 그러나 그는 확정된 시방은 아직 없다고 단언하였다. 우리는 단지 생산하고자 하는 제품의 종류와 용량, 그리고 무균포장방식만 제시할 뿐이라고 말했다. 그렇지만 힘들게 여기까지 오셨으니 생산흐름도면을 적극 검토해 보겠다고 했다. 부이황홍이 무균포장방식에 대해서 질문하자 스웨덴의 테트라 팩이나 독일의 콤

비블록 모두 상관없다고 하면서 현재 베트남에는 무균 팩 공장이 없으므로 팩을 원활하게 공급해줄 수 있는 업체의 포장기를 우선적으로 채택하겠다고 했다. 듣기에 따라서는 테트라 팩을 염두에 두고 하는 말 같았다.

 잠시 자리를 비운 그는 느닷없이 맥주를 들고 왔다. 방문에 대한 답례와 지속적인 관계증진을 위해 건배를 하고 싶다는 것이 이유였다. 그래서 우리는 아침부터 서너 잔의 맥주를 마셔야 했다. 곧 그의 안내로 기존 유가공 공장을 둘러보았다. 공장은 예상했던 대로 알파라발, 에이피브이 설비가 대부분이었다. 규모는 작았지만 치즈 생산라인까지 갖춘 아담한 공장이었다. 짠꽁치엔은 몇 달 전 한국으로부터 중고 밀크로리를 구입했는데 아주 좋다고 하면서 지금 운행 중이라 했다. 우유 생산라인은 이미 생산이 종료되어 씨아이피(CIP Cleaning In Place)를 하고 있었다.

 이어서 그는 일행을 베트남 음식이 잘 차려진 식당으로 안내했다. 치즈와 소고기로 만든 요리를 안주 삼아 우리는 대낮부터 위스키를 마셔야 했다. 자신을 축구광이라고 소개한 짠꽁찌엔은 작년 한·일월드컵 경기에서 한국 선수들의 선전에 깊은 감동을 받았다고 연신 건배를 제의해 왔고, 이탈리아 선수들의 고의성 반칙을 성토하며 분개하기도 했다. 그러한 그의 행동이 약간은 과장되어 우습기도 했지만 기회가 된다면 목쩌우 유업 직원과 코세인 직원간의 100달러 내기 축구시합을 한번 하자고 화답하였다.

 목쩌우의 풍광은 아름다웠다. 마을을 조금 벗어나자 경주 신라고분 대릉원을 닮은 산들이 연달아 나타났다. 말 그대로 연산連山이었다.

 그중에는 산 전체가 녹차밭이었으며 푸른 목초지가 산을 지나 끝없이 펼쳐저 있었다. 또 다른 산은 온통 기암절벽으로 한 폭의 그림 같았다. 차가 달리는 동안 맨발과 검은 옷의 소수민족 사람들이 망태기를 메고 지나

공장을 안내하며 공정을 설명하고 있는 목쩌우 유업 사장 짠꽁찌엔(가운데)과 이를 통역하고 있는 부이황홍(좌). 우측은 필자.

갔다. 이곳 사람들은 그들을 메오족, 또는 몽족이라 부른다고 했다. 베트남은 다민족 국가이다. 정부에서 공식적으로 인정하고 있는 민족만 54개에 달한다. 인구의 대다수는 킨족(베트족)이며 나머지 53개는 소수민족으로 불린다.

소수민족의 대부분은 몽족처럼 산악지대에서 화전경작으로 생계를 이어가고 있으며 비교적 주거분리와 민족간 불간섭 원칙이 잘 지켜지고 있어 민족간의 분쟁에 의한 갈등은 없다고 한다. 그렇게 통역하면서 이동숙 씨는 단일민족이면서도 남과 북, 동과 서로 분열된 한민족이 부끄럽다고 했다. 그런 그녀의 억센 경상도 사투리가 아프게 가슴에 꽂혔다.

해외플랜트 타당성조사

강력하고 간결한 한 장의 기획서

해외플랜트 타당성조사(FS, Feasibility Study)지원사업이란 해외 프로젝트 개발 초기단계에서부터 국내기업의 참여를 촉진시킴으로써 해외플랜트 수주 기회를 확대하고 국내기업이 해외 프로젝트 개발을 위하여 수행하는 프로젝트의 타당성조사 비용을 정부가 지원함으로써 플랜트 수출의 활로를 개척하고자 하는 정부의 수출지원 프로그램 중의 하나이다. 이것은 A라는 회사가 B제품을 생산하기 위해 공장을 건설하고자 할 때 검토해야 할 모든 부분을 사전에 조사하고 분석하여 그 사업이 과연 타당성이 있는가를 최종 판단하는데 필요한 보고서를 작성, A로 하여금 투자에 대한 확신을 갖게 하는 일종의 컨설팅 사업이다.

즉 공장의 입지조건, 원부자재수급, 인력수급, 자금조달, 판로, 생산설비 규모, 유틸리티 범위 등 전 분야에 걸친 조사와 분석은 물론 개발영역까지 컨설팅 하므로 A라는 업체는 이러한 FS를 수행한 회사에게 발주를 하지 않을 수 없게 되는 것이다. 그러나 이러한 타당성조사를 수행하는 데는 적잖은 비용과 시간이 소요되므로 사전에 A라는 회사와 양해각서를 체결하여 FS 결과에 대해 보장을 받을 필요가 있다.

하노이 프로젝트를 정부의 수출지원 프로그램의 하나인 FS 지원사업과 연계해서 추진하기로 하고 먼저 이 프로젝트 내용을 익히 알고 있는 이동숙 씨를 통해 코트라 하노이 무역관장의 추천서를 부탁했다. 아무래도 유관기관의 추천서인만큼 FS 신청서에 첨부할 경우 심사 받는데 유리할 것 같았다. 또한 하프로에 제안서를 제출할 때도 큰 도움이 될 것 같았다.

그러나 귀국하여 FS 지원사업 관련공고를 확인해 보니 접수 마감일까지 불과 3일밖에 남아있지 않았다. 그것도 토요일, 일요일을 포함한 3일이었다. 사업제안서를 작성하기엔 너무나 부족한 시간이었다. 특히 프로젝트 개요를 설명함에 있어서 자금조달계획과 총투자금액은 하프로로부터 관련 자료를 받아야 작성이 가능한 부분이었다. 난감했다. 고민 중에 문득 최근에 읽었던 패트릭 G. 라일리의 『The one page proposal』이 생각났다. 우리말로 '강력하고 간결한 한 장의 기획서'라고 번역된 이 책은 왜 사업제안서가 한 페이지 분량으로 작성되어야 하는지를 명쾌하게 설명하고 있다.

현대인들은 정보의 홍수 속에서 살고 있다. 그리고 그들은 늘 바쁘다. 더군다나 사업제안서를 검토하고 심사할 위치에 있는 사람들은 더더욱 그렇다. 그리고 그들은 영리하기까지 하다. 그들은 세심한 부분까지 철저하고 완벽하게 작성된 사업제안서를 요구하지만 역설적으로 그러한 제안서가 많은 분량으로 작성되는 것을 원치 않는다. 그들은 제한된 시간에

처리해야 할 과다한 업무 때문에 많은 분량의 제안서를 정독할 시간이 없을 뿐만 아니라 적어도 그 분야에 전문가라면 한 페이지의 제안서에 핵심적인 내용을 간결하면서도 함축적으로 표현할 수 있어야 한다고 믿고 있기 때문이다.

사업제안서는 10부를 제출하도록 되어 있었다. 평가위원이 10명 정도의 인원으로 구성되어 있다는 의미이다. 물론 평가위원 개개인의 성향이 모두 다르겠지만 되도록이면 간결한 제안서를 만들기로 했다. 평균 7~8업체가 이 사업에 참여하기 위해 신청서를 제출하고 있으며 그들의 사업제안서는 프로젝트 규모가 큰 만큼 분량도 방대하다는 사실을 이미 들어 알고 있었다.

하프로의 투자부장인 부이빈탕과 접촉하여 그들의 자금조달계획과 총투자예산을 파악, 메일로 송부하라고 베트남 에이전트인 부이황홍에게 긴급 지시하고 베트남 농촌개발부에서 입수한 농촌개발 10주년 계획을 검토 하면서 프로젝트의 필요성, 긴급성 및 파급효과에 대해 논술하였다.

가장 긴급한 프로젝트

베트남은 농업국가이다. 인구의 80%인 6천만 명 이상이 농, 수, 축산업에 종사하고 있으며 모든 산업의 기초가 되고 있다. 주요 수출품도 커피, 쌀 등 농산물이다. 흔히 안남미安南米라고 불리는 베트남 쌀은 도이모이 이후 국가소유의 토지를 농민들에게 장기 임대하여 실질적으로 자작농 형태로 운영되면서 급속히 증산, 베트남을 태국에 이어 세계 제2위의 쌀 수출국으로 만들었다.

과일과 야채도 주변 아시아 국가에 비해 월등히 높은 생산량을 자랑하고 있다. 그러나 농산물을 수확하고 선별, 보존하는 방법이 낙후되어 수확 후 손실률이 20~25%에 달하고 있으며 가공률도 총생산의 5~7% 정도로 미비한 실정이다. 더군다나 가공제품은 주변 국가들에 비해 10~15% 낮은 가격으로 수출되고 있다.

이에 베트남 정부는 농업경쟁력이 곧 국가경쟁력이라는 인식아래 1999년 농촌개발 10주년 계획을 서둘러 발표하고 유럽의 선진농업경영과 한국의 농촌새마을운동 그리고 다른 아시아 국가들의 농산물 가공시스템을 배우고 접목하기 위해 동분서주하고 있었다. 하노이 프로젝트인 하노이식품가공기술공단의 건설은 이러한 현실에서 비롯된 국가전략 사업인 것이다.

또 다른 이유로 사실 그동안 하노이시는 베트남의 수도임에도 불구하고 호찌민시(옛 사이공)에 비해 모든 면에서 열악했다. 우선 베트남 전쟁 당시 아시아의 파리라고 불리던 사이공은 도시가 온전히 보전된 반면 하노이는 미국의 북폭北爆에 의해 완전히 폐허가 되었다. 뿐만 아니라 전후 복구사업에 뛰어든 외국 기업들 또한 인구 350만인 하노이 시보다는 인구 900만을 상회하는 호찌민시에 당연히 집중 투자했다. 이는 사이공이 베트남 최대 항구도시이고 메콩델타를 중심으로 농업이 발달하여 교역이 활발하게 이루어 졌던 전통적인 상업도시였기 때문이다. 이후로 하노이시는 행정도시로 호찌민시는 경제와 관광중심의 도시로 발전하게 되었다.

이러한 국토개발의 불균형을 해소하기 위해 베트남 정부는 하노이 시를 중심으로 한 새로운 경제블록을 건설하기로 하고 외국 투자자본과

ODA(선진국의 개발도상국에 대한 정부의 개발원조) 자금을 하노이와 하이퐁에 집중 유치하고 있었다. 그러므로 여기에 농촌개발 10개년 계획까지 맞물려 있는 하노이식품가공기술공단 건설이야말로 베트남 정부가 추진하고 있는 가장 긴급한 프로젝트가 아닐 수 없었다.

FS 지원사업 신청서 마감일인 월요일 오전, 부이황홍으로부터 기다리던 메일이 왔다. 그는 놀랍게도 하프로의 자금조달계획과 총투자예산뿐만 아니라 하노이 프로젝트에 대한 일본 후지사의 제안서 내용까지 입수하여 보내왔다. 이것을 간략하게 정리하여 사업제안서에 첨부하였다.

신청서를 접수한 지 이틀 만에 3차 평가위원회에 참석하라는 한국플랜트산업협회의 공문을 받았다. 1, 2차 평가위원회 심의 결과 프로젝트에 대한 구체적인 내용검토를 위해 FS 사업 책임자의 설명이 필요하다는 내용이었다. 3차 평가위원회는 평가위원들이 사업제안서를 충분히 검토한 다음 평가 항목을 사전에 배포하여 이에 대한 질의에 사업 책임자가 답변하는 일종의 청문회 형식의 사업성 검증 평가회의이다. 공문에는 코세인 이외에 3차 평가위원회에 참석할 업체명단이 시간대 별로 기록되어 있었다.

LG상사(정유공장), 한성크린텍(하수처리장), 엠이에스테크(백판지 공장), 삼성물산(수출전용 정유공장), 한국가스공사(천연가스 배관망), 성보기업(중조선소 산업단지건설), 엔케이(천연가스 충전소), 코세인(라면, 소스, 음료플랜트) 순이었다.

하노이 프로젝트를 추진하기 위한 또 다른 방법의 하나로 관련업체와 유기적인 협조체제를 구축할 필요가 있었다. 특히 각 분야마다 한국을 대표하는 회사로서 해외에서도 높은 인지도를 가지고 있는 회사와의 협조체제가 무엇보다도 중요했다. 라면과 관련하여 우선적으로 선택한 회사가 농심이었다.

농심은 한국의 대표적인 라면과 스넥 제조회사로서 계열사로 엔지니어링회사를 소유하고 있어 더욱 안성맞춤이었다. 하노이 프로젝트를 개괄적으로 설명한 FS 사업제안서를 가지고 농심엔지니어링을 방문하였다. 예상 밖으로 담당부장과 팀장은 간결하면서도 구체적인 사업제안서에 많은 관심을 보였다. 그들에게 베트남은 아직 미개척시장이었던 것이다. 그러면서도 그들은 중소기업으로부터 오퍼 제의를 받는 것을 달가워하지 않는 눈치였다. 어차피 내부적인 검토도 필요하고 상호 이해관계도 따져봐야 하는 문제였다.

그러나 자신들이 아직 진입하지 못한 시장에 누군가가 선점하고 있다면 그 누군가와 전략적으로 제휴할 필요가 있다는 데는 공감하고 있었다. 가장 경쟁력 있는 오퍼를 제시하고 프로젝트에 참여하되 농심의 모든 권한을 코세인에게 위임하며 공장견학을 요청할 경우 적극 협조할 것 등을 제의하면서 추후 다시 만나 이 문제를 구체적으로 협의하기로 했다.

기업 존재의 이유

예상보다 3차 평가위원회 회의는 길어지고 있었다. 휴식시간도 없이 30분 간격으로 신청업체의 프로젝트를 심사하는 일정이었으나 저마다 질문하고 답변하는 시간이 계획된 시간을 초과하여 1시간씩 지연되고 있었다. 간간히 추가보완 자료를 복사하려고 심사업체 직원들이 회의실을 드나들면서 고개를 가로젓는 모습이 보였다. 심사가 까다롭게 진행되고 있는 모양이었다.

마침내 코세인의 차례가 되었다. 회의실에 들어서자 예상대로 10여명의 평가위원이 테이블을 사이에 두고 길게 앉아 있었다. 우선 간략하게 코세인 회사와 하노이프로젝트를 소개하고 위원들의 질문을 기다렸다. 이 자리가 처음이 아니라서 심적인 부담은 조금 덜 했지만 긴장되기는 마찬가지였다.

먼저 한 위원이 FS 비용이 과다하게 책정된 것을 지적하면서 선경험에 의해 FS 지원사업의 요령을 터득한 것이 아니냐고 질문하였다. 또 한 위원이 FS 사업기간과 수주 예상일이 맞지 않음을 지적하면서 사업기간이 긴 이유를 설명하라고 다그쳤다. 이에 대한 답변은 궁색했다. 사실 FS 비용과 사업기간을 정량적으로 산술하기란 거의 불가능했다. 추정치라고 고백하지 않을 수 없었다.

다음 위원은 작년 말에 지원한 FS 사업의 결과를 먼저 물었다. 현재 FS가 진행중이라고 답변하자 이번엔 코세인의 회사규모와 전년도 매출액을 물었다. 그가 의도한 질문은 중소기업으로서 하나의 FS도 감당하기 어려운 가운데 불과 몇 개월 만에 또 다른 FS를 하겠다는 것이 과연 현실적으로 가능한 일인지를 설명하라는 것이었다. 그러면서 그는 현재 진행중인 FS를 수주로 연결시킨 후에 다음 프로젝트를 진행시키는 것이 어떠냐고 물었다.

아픈 질문이었다. 하지만 하노이 프로젝트에 참여하고 있는 일본 후지사와 동등한 조건에서 수주경쟁을 하기 위해선 한국정부의 자금지원 여부와 상관없이 FS를 수행할 수밖에 없는 상황이며 독자적으로 수행하기가 어렵겠다고 판단되면 관련업체와 컨소시엄을 구성하여 각 분야의 전문 인력을 활용할 생각이라고 대답했다. 그리고 그 예로 농심에게 제안했던 내용을 소개했다. 그러자 다른 위원이 농심 정도라면 이미 중국에 진출할 때 FS를 수행하지 않았겠느냐고 반문하면서 농심의 관련 자료를 활용하면 별도의 타당성 조사 없이도 수주경쟁에 참여 할 수 있을 것이라고 말했다. 이에 대해 많은 위원들이 동감의 표시로 고개를 끄덕였다. 별도의 반론이 없으면 이쯤에서 회의를 종료하겠다는 의미이기도 했다.

탈락이 예감되는 순간이었다. 즉각적인 반론이 필요했다. 그러나 전문가인 그들과 FS 수행에 따른 세부내용을 가지고 논쟁을 한다는 것은 어리석은 일이었다. 그동안 수없이 많은 해외건설, 플랜트 국제입찰에서 FS수행능력이 수주에 어떤 영향을 미치는지 너무나 잘 알고 있는 그들이었다. 또한 사업성에 우선순위를 두고 옥석을 가려왔던 그들이었다. 궁색한 반론에 얽매이고 싶진 않았다. 하지만 분명한 사업의지만은 밝혀야 했다.

"기업의 존재 이유는 고객만족과 고객감동입니다. 이 말에는 모든 기업 활동의 순기능이 함축되어 있습니다. 해외플랜트 타당성조사사업 역시 고객감동을 위한 고도의 영업 전략입니다. 그러므로 일정규모의 프로젝트를 수행하기 위해서는 고객감동을 위한 필수 수주전략 차원에서 FS를 이해해야 합니다. 하노이 프로젝트 역시 전문적인 FS가 필요한 베트남 국책사업입니다. 사업제안서에서 이미 밝혔듯이 하노이 시의 경제개발과 베트남 농촌개발부의 농촌개발 10개년 계획에 의해 추진되고 있는 사업인 것입니다. 이 사업의 주관기업인 하프로는 한국의 코세인, 일본의 후지와 동등한 조건으로 FS를 위한 기본합의서를 체결했습니다. 여기서 단언하건대 일본에는 정부차원의 FS 지원 프로그램이 없습니다. 그럼에도 불구하고 양국 기업간에 FS를 수행하는 능력에는 분명한 차이가 있을 겁니다. 회사규모 면에서 혹은 선진적인 FS 시스템 운영 면에서 일본은 한국보다 한 수 위에 있기 때문입니다.

그러나 보십시오. 한국은 정부 차원에서 FS사업을 지원하고 있습니다. 이것은 한국정부가 직, 간접적으로 고객의 프로젝트에 관심을 가지고 있으며 기업차원이 아닌 국가차원에서 지원하고 있다는 것을 의미합니다. 충분히 고객에게 감동을 줄 수 있는 모멘트입니다. 더군다나 코세인의 고객은 베트남입니다. 굳이 이 자리에서 베트남전쟁과 전후 복구 사업에 대해 논하지 않더라도 국책사업인 하노이 프로젝트를 한국정부차원에서 지원한다는 의미는 그들에게 특별한 것입니다. 완벽한 FS 이상으로 그들을 감동시킬 수 있는 좋은 기회입니다."

다음날 한국플랜트산업협회 임남섭 과장으로부터 고생했다는 위로의 전화가 왔다. 한국정부의 수출자금지원사업에 대해 곱지 않은 시선으로 감시하고 있는 WTO와의 관계도 있고 또 국민의 혈세가 특정기업을 위해 지원되는 사업인만큼 엄격한 심사를 하지 않을 수 없었다고 했다. 대부분의 업체가 탈락되었다는 말도 덧붙였다.

건조한 그의 목소리에는 어제의 피곤함이 묻어 있었다. 여름 휴가기간이라 평가위원 전원이 참석하는 차기 회의일정을 잡기가 어려워 종합평가회의를 심사 당일인 어제 늦게까지 한 모양이었다. 그의 위로에 힘입어 해외프로젝트를 객관적으로 평가 받을 수 있는 좋은 기회였으며 오히려 사업에 가편加鞭이 되었다고 말하자 갑자기 그의 목소리에 생기가 넘쳤다.

"평가위원들이 코세인에 대해 긍정적으로 말하는 이유를 이제야 알 것 같습니다. 모두들 코세인을 한 번 더 믿어 보자고 했습니다. 그리고 여름 휴가도 있고 해서 사업을 빨리 진행시킬 예정입니다. 곧 좋은 소식이 있을 겁니다."

며칠 후 그의 말대로 FS 지원사업자로 선정되었다는 공문이 왔다. 사업기간은 그대로인데 반해 신청한 FS 비용은 무려 40% 삭감되어 있었다. 소요비용에 비해 프로젝트 규모가 작다는 이유에서였다. 그러나 어쨌든 고마웠다. 이 사실을 농심엔지니어링에 전하자 그들은 기다렸다는 듯이 코세인의 제안을 모두 받아들이겠으며 내일까지 관련서류를 준비해 놓겠노라고 했다. 그들도 관심을 가지고 지켜 본 모양이었다.

대우처럼

베트남 활동거점

　한국사람들이 하노이를 방문할 때면 으레 한번쯤 하노이 대우호텔에 투숙한다. 돌솥비빔밥과 김치를 먹을 수 있는 한국호텔이기 때문이다. 주변에 동물원을 끼고 뚤레호수가 한 폭의 그림처럼 펼쳐져 있어 풍광도 아름답다. 호텔 1층 비즈니스센터에는 '도전, 창조, 희생'을 강조한 대우그룹의 사훈이 아직도 걸려 있다. 대우가 이곳에 호텔을 비롯한 대하大河 비즈니스센터와 아파트를 건립한 것은 지난 1996년이었다. 이미 전설이 되어버린 대우의 세계경영의 하나의 축으로서 호텔을 비롯한 비즈니스 센터의 건립은 금융사업과 함께 로컬 제품의 성격이 강한 사업이었다.
　즉 세계경영 차원에서 현지 활동거점이 필요했다. 또한 도이모이 이후 베트남시장을 선점하기 위해 몰려드는 각국의 상사들과 현지 주재원의 가족을 위해 종합 비즈니스센터와 아파트는 이미 그 수요가 충분히 예상되는 사업이기도 했다. 여기에 하노이 대우호텔이라는 최고급 호텔을 접목하여 완벽한 대우타운을 건설한 것이다.

출장 전날 KBS 9시 뉴스 화면에 하노이 대우호텔이 클로즈업 되었다. 탈세와 26조원에 달하는 외화를 도피시킨 혐의를 받고 있는 김우중 전 대우그룹 회장이 그동안 은신처였던 프랑스의 모처를 떠나 베트남 하노이 대우호텔에 머물고 있다는 의혹이 제기되면서 다시 한번 그의 행방이 인구의 회자가 된 것이다.

"정말 김우중 회장이 이 호텔에 묵고 있습니까?"

코트라 하노이무역관에서는 지사화 업체들이 하노이를 방문할 때면 베트남 출장업무를 지원하기 위해 종종 식사를 겸한 간담회를 갖곤 했는데 이날의 화제는 한국에서처럼 당연히 김우중 회장의 거취였다. 그래서 무역관의 정원준 과장에게 물었다. 그는 몹시 조심스런 표정으로 소문은 무성하지만 사실 여부는 아직 밝혀진 것이 없다고 대답했다.

"언젠가 도올 김용옥 기자가 김우중 회장을 만나 인터뷰한 기사를 보았는데 김회장 옆모습과 함께 실린 배경사진 속의 풍경은 영락없는 베트남의 농촌풍경이었습니다. 특히 주변 집들을 유심히 보니 베트남의 전통 농촌가옥이었습니다. 그가 현재 여기 베트남에 있는지 없는지는 잘 모르겠지만 해외로 도피한 지 벌써 4년이 다 돼가는데 한번쯤은 베트남에 와보지 않았겠습니까? 대우가 투자한 나라 중에 그래도 베트남에 있는 기업들은 아직도 건재하고 베트남 정부에서도 여전히 그를 국빈대우한다고 들었습니다."

또한 그의 입, 출국 절차 및 기록을 베트남 정부에서 관리하기 때문에 설사 베트남에 왔었다 하더라도 그 흔적은 철저히 비밀에 부쳐질 것이라는 말도 덧붙였다. 그의 신변과 거취를 거론하는 것은 일종의 금기처럼 들렸다. 적어도 이곳 베트남에서는.

오후엔 베트남 에이전트인 부이황홍이 미리 봐둔 쇼룸을 둘러보기로 했다. 코세인의 베트남 활동거점인 대표사무실을 쇼룸 형태로 임대하기로 한 것이다. 그가 근무하는 사무실은 호안키엠 호수 북쪽 구시가지 이른바 하노이 36거리에 있다. 이 거리는 1010년 이조李朝 건국 이래 약 800년 동안 베트남의 수도로서 번성했던 곳이었으나 보존구역에 묶여 개발이 제한되는 바람에 길이 좁고 건물이 낡아 쇼룸으로서는 적합하지 않았다.

부이황홍은 레닌공원 근처 2곳과 하노이 대우호텔 근처 2곳을 물색해 놓았다. 그는 정작 이 쇼룸에서 근무할 당사자였기 때문에 업무와 관련하여 노이바이 공항과 연계가 쉽고 국제전시장과 가까우면서도 대우호텔과 한국식당이 주변에 있는 어느 신축건물에 마음을 두고 있었다. 발품을 팔면서 여기저기 둘러본 결과도 마찬가지였다. 집 주인과 임대료를 비롯한 입주 시기 등의 협상을 그에게 일임하자 그는 신바람이 나서 뛰어다녔다. 고대하던 코세인의 베트남 대표사무실이 현실화되고 있는 것이다.

문득 처음 베트남에 출장 왔을 때 대우호텔 13층에서 내려다 본 하노이 시가지가 떠올랐다. 오토바이의 물결로 출렁이던 도심의 거리들과 비좁은 어깨를 나란히 하고 미로처럼 얽혀있는 건물의 지붕들, 저마다 스테인레스 물탱크를 위태롭게 매달고 있는 옥상의 빨래들, 낯설었지만 결코 외면하고 싶지 않았던 이국의 풍경들이. 그러나 이제 코세인은 스스로 그 풍경의 일부가 되어가고 있는 것이다. 대우처럼.

한국어 통역자들

하노이 프로젝트의 한 축으로서 찐뚜안통의 역할에 대해 좀더 많은 정보가 필요했다. 그는 단순한 한국어 통역자가 아니었다. 하노이산업수출관리공단 부사장이라는 그의 직함이 말해주듯 직, 간접적으로 하노이 프로젝트에 관여하고 있음이 분명했다. 간간히 그와의 대화에서 조국 베트남에 대한 날카로운 비판과 동시에 무한한 애정을 느낄 수 있었다. 그를 어디까지 신뢰해야 할지 판단이 잘 서지 않았다.

그는 주로 힐튼호텔 커피숍 '오페라'에서 만나기를 원했다. 프랑스에서 투자한 이 호텔의 프랑스 지배인과도 막역한 사이인 것 같았다. 한국어와 영어를 유창하게 구사하는 그는 도대체 베트남에서 어떤 일을 하는 것일까? 그는 베트남전쟁이 한창이던 1965년 북한으로 유학을 떠났고 김책공과대학에서 7년 동안 공부를 했으며 다시 스웨덴에서 3년 동안 공부를 한 다음 스위스와 프랑스에 있는 베트남 정부기관에서 잠시 일했다고 한다.

당시 프랑스를 비롯한 유럽에는 제2차세계대전 중에 베트남에서 차출된 수만의 병사들과 그의 후손들이 고국으로 돌아가지 못하고 소련, 스위스 등지에서 흩어져 살고 있었는데 그의 업무는 이들과 관련이 있는 일 중의 하나라고 했다. 아마 인력 수송과 인력 재배치 등 노동력 수출과 관련된 업무였던 것 같다. 귀국 후 하노이산업수출관리공단에서 일하면서 주로 북한과의 교역업무를 관장하고 있다고 하였다.

그는 말끝마다 '북한은 이미 한국의 상대가 되지 못한다.'며 북한을 평가절하했고 '베트남은 한국을 배워야 한다.'며 스스로 친한파임을 자부했다. 주한 베트남 대사는 2년 선배이고 하노이외국어대학 한국어과 과장은 북한 유학 동기라는 사실을 자랑스럽게 소개하기도 했다.

그러나 무엇보다도 관심을 끌었던 것은 베트남의 획일적인 계획경제에 대한 비판과 회의를 통한 합의체제로 운영되는 시스템에 대해 분통을 터트리는 발언이었다. 그는 이것을 '무능한 사회주의 시스템'라고 불렀다. 이러한 그의 발언은 하노이 프로젝트의 진행방향을 암시하는 대목이기도 했다. 또 그와의 장시간 대화에서 하노이시 부시장인 응엔테꽝과의 연결고리를 발견할 수 있었다. 그는 유독 대우그룹의 베트남 투자사업에 자신과 응엔테꽝이 깊이 연관되어 있었다는 사실을 강조하려고 애를 썼다.

"김우중 회장도 만나 보셨습니까?"

"물론입니다"

그의 말과 표정에는 자기존재의 과시가 충분했다는 만족감이 배어 있었다. 하노이 프로젝트는 작은 시작에 불과하며 곧 러시아에서 같은 아이템으로 다시 만나게 될 것이라는 말로 자신의 업무가 코세인과 계속 관련 있음을 은근히 내비쳤다.

그와 내일 다시 만나기로 하고 돌아오는 길에 딘하이엔(Dhin Hai Yen)의 전화를 받았다. 한때 코세인의 베트남 여직원이었던 그녀의 한국식 이름은 정해연이다. 하노이외국어대학 한국어과를 졸업한 그녀는 재학 당시 한국가요를 제일 잘 부르는 베트남 학생으로 이미 소문이 자자했으며 한국어를 이해하고 구사하는 능력 또한 뛰어났다. 성격도 재기발랄하고 개방적이어서 외국인회사에 근무하기에 안성맞춤이었다. 업무의 전문성만 더 한다면 현지직원으로서 나무랄 데가 없었다.

그러나 재택근무를 해야 하는 1인 현지직원으로서의 역할에 대해 그녀는 심적 갈등이 많아 보였다. 다른 급우들처럼 안정된 한국 회사에서 소위 조직생활이라는 것을 하고 싶어 했다. 그녀에게 있어 코세인은 미래가 불투명한 회사였던 것이다. 출, 퇴근을 하고 싶어하고 조직생활을 하고 싶어 하는 그녀를 위해 코트라 하노이 무역관 오재호 관장에게 무역관 사무실 한편에서 근무할 수 있도록 편의제공을 부탁했다. 마침 베트남에 진출을 검토 중인 모 업체의 파견 직원을 위해 무역관에서 회의실 공간을 배려하고 있었던 터라 그 파견 직원과 함께 그녀는 회의실에서 근무하게 되었다.

그러나 문제는 공간의 해결로만 끝나지 않았다. 잦은 지방 출장이 문제였다. 여직원이 아무리 업무적이라지만 외국인 직장 상사와 같은 호텔에 투숙한다는 것이 주위의 우려를 자아냈던 모양이다. 그녀는 이 문제로 남자친구와 결별할 정도로 싸우고 속상해 했다. 이해 못할 바는 아니었지만 결국 그녀는 부모의 권유에 따라 코세인을 떠났다. 거기엔 '신원'이라는 봉제회사의 집요한 권유도 한몫했다.

"저는 여태 사장님만큼 좋은 한국 사람을 만나보지 못했어요"

평소 자주 갔던 한국식당 '인삼가든'에 먼저 와서 기다리고 있던 그녀가 반갑게 인사한 후 쑥스러운 표정으로 말했다.

"일이 많이 힘든 모양이구나."

"아니에요. 일은 재미있어요. 그리고 많이 배우고 있어요."

그랬다. 그녀는 자신이 그토록 원했던 조직사회에서 부대끼고 있었다. 그것도 언어만 통할 뿐 문화적 정서가 상충하는 조직에서 억압 아닌 억압을 당하고 있음이 분명했다. 그녀의 얼굴에는 말 못할 상처의 그림자가 짙게 배어있었다. 수천 명의 여성노동자가 근무하는 봉제공장에서 일어날 수 있는 각종 사건사고에 그녀는 한국어를 할 줄 안다는 이유만으로 무조건 개입해야 했다. 한국인 관리자에게 매를 맞는 동족을 지켜봐야 했으며 갖은 욕설을 통역해야 했다. 때때로 성희롱의 직접 당사자가 되기도 했다.

그녀는 가끔 베트남 남부지방 미토와 롱쑤엔으로 출장 갔던 때가 생각난다고 했다. 차를 빌려 몇 시간씩 이동하는 동안 함께 노래를 부르기도 하고 그 지방 특산물로 군것질을 하기도 하며 한국의 시리즈 유머에 배꼽을 잡고 웃었던 기억들이 힘들 때마다 얼마나 큰 위안이 되는지 모른다며 눈시울을 붉혔다. 사실 그 출장이 그녀와 함께 했던 마지막 업무였다. 호찌민시 떤선 공항에서 한국과 하노이로 각자 떠나야 했을 때,

"저 신원에 취직하기로 했어요. 이것이 교수님의 마지막 추천이라고 해서… 고민을 많이 했는데…"

라고 미처 말을 끝내기도 전에 울먹이며 떠났던 그녀였다.

하노이의 밤거리는 유난히 소란스럽다. 여기저기서 울리는 자동차 경적소리, 썰물처럼 빠져 나가는 오토바이와 뒤엉켜 오도가도 못 하는 살수차의 굉음, 시클로 호객꾼의 고함소리, 그 거리에서 그녀는 작별인사를 한다. 쇼룸 이야기를 할까 말까 망설이다 그녀를 떠나 보낸다. 그녀에게 계속 좋은 한국 사람으로 남기 위해서.

산 하나 넘기가 그렇게 힘들다

오전에 서둘러 찐뚜안통을 만났다. 그는 어제 건넸던 코세인의 사업제안서에 대해 내용이 너무 막연하다고 지적했다. 특히 하프로에서 요구하

는 지원 프로그램에 대해서 좀 더 구체적인 정책을 제시해야 한다고 말했다. 언뜻 그가 요구하는 수준의 사업계획서가 무엇을 의미하는지 이해 할 수 없었다. 일단 농심과 함께 준비한 기술서류 제출은 보류하기로 했다.

약속시간이 되어 하프로의 회의실을 방문했다. 구면인 하프로 사장 응엔후탕은 지난번과 달리 일행을 반갑게 맞아 주었다. FS 진행상황을 간략하게 소개하자 그는 무척 만족스러워 했다. 우리는 일본에서 투자한 베트남 라면제조회사 비폰의 브랜드 에이스 쿡이 가장 강력한 라이벌 회사가 될 것이라는데 인식을 같이 했다. 그 회사의 제품에는 'Made with Japanese Technology'라는 문구가 인쇄되어 있었고 이것은 베트남 시장에서 고급 브랜드 이미지를 심어 주기에 충분한 광고효과가 있었다.

응엔후탕은 자신들의 생산제품에도 코세인-하프로라는 공동 상호를 쓰고 한국기술과 함께 만들었다는 문구 'Made with Korean Technology'를 넣어야 하며 이를 위해 각종 광고매체에 투자해야 하는 비용의 절반을 코세인에서 부담해 줄 것을 요구했다. 이어서 그는 일본 후지사에서 제시한 가격보다 최소한 30% 이상 저렴한 가격을 제시해야 한국제품은 경쟁력을 가질 수 있다고 단언하고 그것도 자신이 직접 한국을 방문하여 한국의 기술수준을 확인했을 때 가능한 선택이라고 힘주어 말했다. 쩐뚜안통이 말하는 '지원 프로그램에 대한 구체적인 정책제시'가 바로 이것이었다.

통역은 마친 쩐뚜안통은 '그렇다'는 의미로 고개를 끄덕였다. 어이가 없었다. 비용이 얼마나 소요될지 모르는 광고비를 무조건 50% 지원해 달라는 요구도 그렇고 한국제품이 일본제품보다 30% 이상 싸야 경쟁력 있다는 제품평가 논리도 받아들이기 어려웠다. 더군다나 한국을 방문하여 기술력을 확인하겠다는 발언에는 불쾌감마저 들었다.

구체적인 답변 대신 일본제품을 선택했을 때 비폰과 동일한 광고 문구를 사용하는 것이 어렵지 않겠느냐고 그의 의중을 찔렀다. 또한 현재 베트남에서 방영되고 있는 한국 드라마 붐으로 오히려 한국에 대한 인지도가 높은 점을 이용하는 것이 훨씬 시장 진입에 유리하지 않겠느냐고 반문했다.

그는 대답 대신 웃기만 했다. 자동차, 휴대폰, TV, 에어콘 등 베트남 시장에서 판매되고 있는 한국제품들은 결코 일본제품보다 터무니없이 싸지 않다는 사실을 다시 한번 확인해 보라고 우회적으로 불쾌감을 표시했다. 엄밀히 따져보면 그의 제안은 코세인과는 결코 거래를 하지 않겠다는 최후통첩과 같은 의미였다. 찐뚜안통이 말한 대로 일본을 다녀온 그의 의중은 일본 후지사에 있음이 분명해 보였다.

그러나 찐뚜안통은 한국을 방문하여 기술력을 확인하겠다는 그의 제안은 오히려 기회라고 속삭이듯 말했다. 부시장인 응엔테꽝과 함께 한국을 방문하게 된다면 그는 어쩔 수 없이 상관인 응엔테꽝의 의견을 따를 수밖에 없을 것이며 통역을 위해 자신이 그들을 수행하게 되므로 전화위복이 될 수도 있을 것이라고 눈웃음 지으며 말했다.

한동안 어색한 침묵이 호찌민 흉상의 목을 타고 회의실로 흘러 내렸다. 둘만의 대화를 물끄러미 바라보고 있는 응엔후탕을 향해 먼저 한국방문 요청에 동의하겠으며 모든 비용은 코세인에서 부담하겠다고 선언하였다. 초청비용까지 모두 부담하겠다는 말에 그들은 무척 놀라는 표정이었다. 통역을 하면서 찐뚜안통이 더욱 놀라는 듯했다.

대우호텔 커피숍에 앉아 부이황홍을 기다렸다. 건물주와 쇼룸 임대 계약서를 작성하러 간 그는 두 시간이 넘도록 나타나지 않았다. 녹차를 마시기 위해 뜨거운 물을 주문했다. 녹차를 장복하면 당뇨 치료에 효과가 있다는 베트남 차 애호가들의 권유에 따라 삼복더위에도 뜨거운 녹차를 마신다. 베트남 녹차는 아린 맛이 없어 좋다. 특히 목쩌우 지방의 녹차와 송보이 지방의 쟈스민 향이 풍부한 녹차가 부드럽다.

부시장인 응엔테꽝은 남아프리카공화국에, 하프로 사장인 응엔후탕은 독일에 출장 계획이 있다고 했다. 그러므로 한국을 방문할 가장 적절한 시기로 문데이(추석) 다음주가 가장 좋을 것 같다는 것이 찐뚜안통의 의견이다.

물론 코세인의 제안서는 한국방문 이전에 모두 검토가 끝나야 하므로 초청장과 함께 최종 제안서를 가급적 빨리 발송해야 하고 한국방문 기간 동안 부시장의 주도로 하프로 사장인 응엔후탕과 담판 지을 수 있도록 사전준비를 철저하게 해야 한다는 점을 그는 강조했다. 생각보다 그는 훨씬 노련한 협상력을 가지고 있었다. 아직 자신의 속마음을 드러내지는 않았지만 어떤 식으로든 코세인을 이용하여 자기 비즈니스를 하겠다는 의지가 있어 보였다. 나중에 보니 그가 통역을 하며 알게 된 한국회사에는 여지없이 그의 친척이나 고향 사람들이 취업하고 있었다. 이 일이 그에게는 가장 중요한 업무였던 것이다.

기다리던 부이황홍이 만면에 웃음을 지으며 의기양양하게 커피숍에 들어섰다. 그는 아직 잉크가 채 마르지 않은 임대계약서를 내보이며 마냥 행복해 했다. 공산당원인 엄한 아버지가 출자한 회사에서 젊은 리더십을 발휘했던 그는 이제 그 회사로부터 독립할 절호의 기회를 갖게 되었다. 그가 근무하게 될 코세인의 쇼룸은 그런 그의 희망을 충족 시켜주기에 충

코세인(KOSAIN)의 베트남 하노이 쇼룸(2003. 8) 코세인은 한국싸니터리공업(Korea Sanitary Industrial Company Limited)의 알파벳 이니셜이다. 1994년에 설립되었으며 1997년부터 2001년까지 지속된 IMF사태 때 해외박람회 참가, 국제입찰 참여, 동남아시아에 지사 및 쇼룸 설립 등 해외시장을 개척하기 위해 영어 단어를 축소해 만들었다가 2010년부터 공식 회사이름으로 사용하고 있다. 열역학과 유체역학 기술을 바탕으로 추출기, 농축기, 살균기 등 식품가공플랜트를 제작하고 있다.

분했다.

고대하던 쇼룸을 계약했음에도 불구하고 기쁨은 잠시 지나가는 스콜처럼 가슴에 날리는 흙먼지를 적시지 못했다. 산을 넘으면 또 산이 막고 뒤돌아보면 넘은 산이 또 퇴로를 막는다는 베트남 비즈니스. 해외 비즈니스엔 퇴로가 없다. 그래서 모두들 산 하나 넘기가 그렇게 힘든다고 말한다. 그 산을 넘고 또 넘었을 대우의 김우중 회장. 역사는 결코 그를 그 산의 전설로 묻어 두지 않을 것이다

국제 입찰의 속사정

동종업체 중 베트남에서 가장 성공한 기업으로 독일의 조스릭커만 과 스웨덴의 테트라 팩을 꼽을 수 있다. 다음으로 영국의 에이피브이, 독일의 슈미트 등이 그 뒤를 잇고 있다. 특히 조스릭커만은 유럽연합의 다국적 기업들을 십분 활용하여 엔지니어링 회사로서 베트남에서 크게 성공하였다. 조스릭커만을 제외한 나머지 회사들은 싱가포르나 태국에 아시아지사를 두고 아시아 각국의 에이전트 회사를 통해 시장을 공략하는데 반해 조스릭커만은 베트남 현지에 법인을 설립하고 베트남 엔지니어를 고용, 베트남 정부의 각종 프로젝트에 기술자문 형식으로 참여함으로써 언제나 국제입찰에서 유리한 고지를 선점한 것이 성공요인으로 꼽히고 있다.

조스릭커만은 이미 1950년 프랑스의 식민지였던 코친차이나(남베트남)에 현지법인을 설립, 활동하였으며 1975년 베트남이 공산통일 되자 철수하였다가 도이모이와 함께 1990년 다시 베트남에 진출한 회사로서 오랫동안 베트남 시장 선점의 지위를 누려왔다.

땀꼭으로 유명한 하노이 남쪽 닌빈 지방에 있는 도베코 역시 조스릭커만이 이탈리아 베르뚜찌 회사와 손잡고 건설한 과일 통조림 공장이다. 나중에 테트라 팩에서 과즙농축 설비를 했지만 전반적으로 조스릭커만에 의해 설계된 공장이라고 해도 과언이 아니라고 도베코 부사장인 부닥캉(Vu Dac Khang)은 설명했다. 하노이에 상주하고 있는 기술자만 40명으로 그들의 업무영역은 A/S 서비스뿐만 아니라 기획, 경영, 기술지원까지 다방면에 걸쳐 유능한 평가를 받고 있었다.

지난 2년 동안 코세인은 조스릭커만과 3번 부닥쳤다. 주로 과일 통조림 공장건설 국제입찰에서였다. 나중에 안 사실이지만 베트남 입찰은 대부분 형식적인 절차에 불과했다. 이미 계약할 업체와 사전작업을 완료한 후 입찰공고를 내는 것이 관례였고 입찰초청서류의 판매대금은 사전작업을 하면서 소요된 경비로 충당됐다.

이러한 입찰방식이 관례화된 데는 몇 가지 이유가 있었다. 도이모이 이전까지 베트남은 세계에서 손꼽히는 최빈국이었다. 제2차세계대전 이후 30년간 지속된 전쟁으로 온 나라가 만신창이 상태였고 종전 후에도 중국과의 국경분쟁, 그리고 중·소분쟁의 대리전 양상으로 캄보디아를 침공함으로써 국제사회로부터 완전히 고립되어야 했다.

도이모이는 국제사회에 보내는 화해의 메시지였고 구원을 청하는 몸부림이었다. 유일한 동맹국이었던 소련마저 연방을 해체시킬 만큼 경제가 어려워지자 베트남으로서는 홀로서기를 할 수밖에 없었으며 완고한 체제의 빗장을 풀어야 했다.

전후 복구사업으로 외국의 투자가 활성화되자 베트남은 제일 먼저 주력 수출품인 농산물생산에 박차를 가했다. 쌀과 커피, 야채와 과일 등 개

간할 수 있는 땅에는 뭐든 심었다. 수출경쟁력을 높이기 위해 농산물 가공공장을 주요 산지마다 건립했다.

이때 외국자본을 좀 더 유치하고 투자를 활성화시킬 목적으로 국제입찰을 통해 국가간의 경쟁을 유도했다. 건설되는 농산물가공공장에서 생산되는 제품을 수입하는 국가 혹은 기업에게 설비납품의 우선권을 준 것이 그것이다. 그러므로 베트남에서 시행되는 모든 입찰에는 반대급부적인 사전작업이 필요했던 것이다.

조스릭커만은 이 부분에 있어 베트남 정부를 만족시켜 왔던 모양이다. 이탈리아 기계를 공급할 때는 이탈리아로 농산물을 수출했으며 독일 혹은 영국 기계를 베트남에 공급할 때면 그들 나라로 일정량의 베트남 농산물을 수출하는데 앞장 서 왔다. 거기에 독일정부의 지원이 있었음은 물론이다. 이러한 국제입찰의 속사정을 알았을 때 국제입찰의 정보만 가지고 그동안 베트남 전국을 누볐던 지난 2년이라는 시간이(물론 베트남 시장에서 코세인의 인지도를 높이는 계기는 되었지만) 씁쓸하기 그지없었다. 불과 몇 달 전 밤새 차를 몰아 달려갔던 목쩌우 유업마저도.

호찌민으로 도배한 나라

도베코 부사장 부닥캉과의 미팅에서 이미 이 회사와 그런 관계를 지속해 온 조스릭커만을 대신하여 한국의 코세인에게도 그런 기회를 줄 수 있느냐고 단도직입적으로 물었다. 물론 모든 가능성은 열려 있다고 그는 웃으며 대답했다. 베트남 정부도 그걸 원한다고 말했다. 그의 웃음에는 오랜 협상 연륜이 길러낸 넉넉한 여유가 있어 보였다.

베트남 국부 호찌민(1890~1969). 1969년 9월 호찌민이 사망했을 때 미 시사주간지 『타임』은 "이 지구상에 어떠한 민족지도자도 적의 총칼 앞에서 그토록 오랫동안 그리고 집요하게 맞선 인물은 없다"고 기술했다. 호찌민은 자신의 목적 달성을 위해 때로는 타협하고 때로는 투쟁할 줄 아는 천부적인 능력의 소유자였다. 『호치민 평전』을 쓴 찰스 펜 기자는 리비우스가 한니발에게 바쳤던 묘비명을 호찌민에게 다시 헌정했다. '그의 강철 같은 의지 앞에서는 높은 산도 몸을 낮춘다'

어렵게 성사된 미팅이 만나서 반가웠다는 인사로 끝날 것 같은 분위기였다.

점심시간이 되어 닌빈에서 염소고기 요리로 유명하다는 식당으로 이동하여 맥주를 곁들인 식사를 하였다. 이 자리에서 아까부터 말하고 싶었던 부닥캉의 인상에 대해 한마디했다.

"수염만 길렀다면 당신은 영락없는 호찌민입니다. 호찌민 주석과 너무 닮았습니다."

영어를 모르는 그는 중간에서 통역을 한 부이황홍에게 몇 차례 말뜻을 묻더니 갑자기 벌떡 일어나 합장하는 자세로 연신 감사하다고 인사를 해댔다. 상기된 그의 얼굴에는 만족스러움과 쑥스러움이 번잡하게 교차했다. 특별 요리로 삶은 염소 생식기가 나왔을 때 그는 그것을 바쁘게 챙겨주며 또 한번 감사의 인사를 했다.

호찌민을 닮았다는 말 한마디가 베트남에서는 최고의 찬사였던 모양이다. 이후 점심시간은 호찌민의 생애와 베트남 역사가 새로운 메뉴가 되어 웃고 떠들고 마시며 3시간 가까이 진행됐다. 그들의 마음을 여는데 있어 호찌민은 풍부한 이슈를 제공했다. 왜냐하면 베트남은 아직도 죽은 호찌민이 통치하는 나라이기 때문이다.

    땅속에서 태어나 하늘 한번 보지 못한 꾸찌의 천사들
    푸른 하늘 눈부신 햇살 속에 묻혔다

    독립과 자유가 왜 소중한지
    꾸찌터널에서 아기를 낳은 그녀는 안다

아기의 눈에 햇살 비쳐주기 위해 땅 위로 올라왔던 그녀는

달이 없던 그믐밤
모를 심다 전사의 아내가 되었다
낮에는 맨 손으로 터널을 파고 밤이면
사이공 강가로 흙을 날랐다
가끔 터널 저편에서 남편의 피리 소리가 들려왔다

아기의 이름을 응엔아이꾹이라 지었다
사람들은 베이비 호(湖)라고 축복했지만 그녀는 불안했다
한 달이 지나도록 아기의 눈은 열리지 않았다
터널 속 어둠을 거부하듯
배속에 웅크린 모습 그대로 잠만 자려 했다
그녀는 절규했다
내가 판 것은 무덤이 아니었다고

아기를 안고 터널을 빠져 나왔다
네이팜탄이 휩쓸고 간 숲 밤새 내린 빗물이 고여 있었다
그녀는 하늘을 향해 무작정 걸었다
어디선가 남편의 절박한 목소리가 들려왔다
달이 없던 그날 밤처럼 남편의 가슴이 그녀를 덮쳤다
순간
총소리가 꾸찌의 새벽을 흔들었다

- 졸시 「꾸찌의 하늘」 전문

　베트남 시장을 모색할 때마다 찰스 펜(Charls penn) 기자가 쓴 『호치민 평전』을 읽고 또 읽었다. 호찌민의 생애와 20세기 베트남 현대사를 개괄적으로 살펴볼 수 있는 이 책을 읽으면서 호찌민은 자국민인 베트남 사람뿐만 아니라 전 세계의 진보적 지식인들에게 참으로 많은 사랑을 받고 있다는 생각이 들었다. 어쩌면 당연한 귀결인지도 모른다. 아시아에서 제국주의와 싸워 이긴 나라는 베트남밖에 없었다. 그 유명한 디엔비엔푸 전투에서의 승리로 베트남은 80년 동안 지속된 프랑스의 식민 지배를 스스로 종식시켰다. 그리고 그 전투의 중심엔 호찌민이 있었다. 또한 세계최강 군사대국인 미국과 전쟁을 치르면서도 사회주의혁명을 일궈 냈다. 베트남을 통일시킨 것이다. 그때 호찌민은 거기에 없었다. 그는 이미 이 세상 사람이 아니었다. 그럼에도 불구하고 베트남 통일과 사회주의 혁명 완성의 영광은 모두 그에게 돌아갔다. 그는 죽어가면서까지 단결을 호소했고 그의 유훈은 베트남 인민들의 가슴에 깊이 각인되었다.

　그러나 통일 베트남의 사회적 통합은 그리 녹록하지 않았다. 정치적 실험은 번번이 실패했고 오직 군사주의적인 강압통치만이 존재했다. 계획경제로의 이행은 노동의 진실을 왜곡했으며 가난을 확대 재생산하게 했다. 중국과의 역사적 갈등은 결국 국경분쟁과 캄보디아, 라오스에 군사적 개입이라는 군사적 팽창주의를 더욱 심화시켰다. 이로서 혁명의 성과는 퇴색되고 스스로 고립무원의 길에서 신음해야 했다. 호찌민의 적장자들은 이러한 모든 실패와 과오를 호찌민의 애국심으로 덮어 버렸다. 호찌민의 대의를 강조했고 그의 고난에 찬 삶을 영웅화 했다. 한마디로 온 나라를 호찌민으로 도배한 것이다.

사이공에서 호찌민으로

닌빈에서 돌아온 다음날 찐뚜안통과 함께 하노이 인민위원회를 방문했다. 부시장인 응엔테꽝에게 초청장을 전달하기 위해서였다. 초청장은 한글과 영문으로 작성됐으며 고급스러운 양장 케이스 양면에 각각 넣어져 있었다. 응엔테꽝은 접견실이 아닌 자신의 집무실에서 일행을 반갑게 맞아 주었다. 책상에 수북이 쌓여있는 각종 보고서와 결재 서류에 소개하며 넌더리치는 다소 과장된 표정으로 업무량이 많다는 것을 애써 강조했다. 그는 이미 찐뚜안통과 한국방문에 대해 깊숙이 논의한 듯 보였다. 한국을 방문하게 된다면 외교적 의전이 필요 없는 비공식 방문이었으면 좋겠다는 의견을 피력했다. 그리고 이미 확정된 방문기간 중에 베트남 국가주석인 찐득룽(Tran Duc Luong)의 방한이 예정되어 있어 약간의 시간 조정이 필요할지도 모르겠다고 덧붙였다.

찐뚜안통은 모든 준비가 완료되었으며 하노이시 중앙인민위원회에서만 오케이 하면 방한에는 아무 문제가 없을 것이라고 말했다. 오늘 전달한 초청장만 있으며 중앙인민위원회도 쉽게 통과될 것이므로 부시장인 응엔테꽝은 이미 승낙한 것이나 마찬가지라고 했다. 그의 설명이 끝나자 응엔테꽝은 약간 들뜬 목소리로 몇 년 전 한국을 방문했을 때 울산에서 헬기를 타고 포항제철에 갔던 이야기를 꺼내며 귀한 대접을 받았음을 은근히 과시했다. 이번 한국방문에 대한 기대감의 다른 표현이었다.

하프로 사장인 응엔후탕을 만나 직접 초청장을 전달하려 했으나 그는 독일 출장준비 관계로 도저히 시간을 내기가 어렵다고 통보해 왔다. 찐뚜 안통은 예상했다는 듯이 그러나 걱정할 필요는 없다고 했다. 어차피 부시장이 한국을 방문하게 되면 그는 자동적으로 따라가게 되어 있다는 것이다. 그렇지만 그는 굳이 불쾌감을 숨기려 하지 않았다. 그들 사이엔 하노이 프로젝트와 관련하여 모종의 기싸움을 하고 있음이 분명했다. 그와 헤어져 호텔로 돌아가는 길에 응엔후탕으로부터 전화가 왔다. 그는 내일 오후 독일로 출국하는데 오전에 잠깐 만나고 싶다고 했다. 무미건조한 그의 목소리에는 약간의 신경질이 섞여 있었다. 짐작하건대 부시장의 전화를 받았음이 분명했다.

다음날 하프로를 방문하여 코세인의 제안서와 초청장을 그에게 건넸다. 그는 초청장만 힐끔 쳐다봤을 뿐 제안서에는 눈길한번 주지 않았다. 동석한 부사장 응엔만쥐 역시 함께 건넨 '하프로를 위한 코세인의 정책'만 유심히 읽어볼 뿐 제안서에는 큰 관심을 보이지 않았다. 어색한 분위기가 계속되자 코세인 에이전트인 부이황홍이 나서서 오퍼를 봐달라고 주문했다. 이에 대해 응엔후탕은 시계를 들여다보더니 논의할 시간이 많지 않다며 그러나 앞으로 기회는 얼마든지 많다고 말했다.

"우리는 일본에서 제시한 공식적, 비공식적 가격 2개를 가지고 있습니다. 나중에 코세인의 가격과 비교해 보겠지만 일본에서 제시한 가격보다는 결코 싸지 않을 것입니다. 이 문제는 한국에 가서 구체적으로 논의하겠습니다."

대하비즈니스센터 3층에 있는 코트라 하노이무역관을 찾았다. 부시장인 응엔테꽝의 한국방문과 관련하여 한국의 외교통상부와 주한베트남대사관 그리고 코트라 본사에 보고할 자료를 무역관에 전달해야 했다. 또한 방한기간 중 코트라 인천무역관장과 간담회가 예정되어 있어 하노이무역관 명의의 정식 협조요청 공문도 발송해야 했다.

오재호 관장은 괄목할 성과라고 격려해 주었다. 바이어를 한국으로 초청하는 일이야 흔한 일이지만 중소기업에서 고위 공무원을 초청하는 것은 쉽지 않은 일이라고 했다. 베트남의 권력구조상 부시장은 권력서열 50위쯤 될 거라는 말도 덧붙였다.

베트남의 실질적인 통치자는 권력서열 1위의 농득만(Nong Duc Manh) 공산당 서기장이다. 다음으로 국가주석(대통령)인 쩐득릉과 행정수반인 판반카이(Phan Van Khai) 수상으로 이어진다. 언뜻 보기엔 복잡한 권력구조를 갖고 있는 듯 보이나 집단지도체제로 운영되는 베트남 공산당과 우리나라의 국회에 해당되는 최고인민위원회로 구별된다. 최고인민위원회에서 대내외적으로 베트남을 대표하는 국가주석을 선출하고 국가주석은 행정부 수반인 수상과 각 장관들을 임명한다.

부시장인 웅엔테꽝은 하노이 중앙인민위원회에서 선출되었으며 차기 시장후보 중 한 명이라고 언젠가 찐뚜안통이 말했다. 그는 당 간부 출신인 다른 부시장들과는 달리 국영기업 최고경영자 출신이라 했다. 찐뚜안통은 경제마인드가 있는 사람들이 정통관료가 되어야 사회가 유연해진다며 호찌민시와 하노이시를 비교해 보면 확연히 알 수 있다고 했다. 그랬다. 호찌민시는 하노이시에 비해 훨씬 역동적인 분위기를 가지고 있다. 테뜨(舊正, 우리의 설날과 같다)를 전후하여 안개비가 내리는 하노이의 음습한 분위기와는 사뭇 다르다.

호찌민은 이 도시의 사이공강에서 조국 베트남을 떠났다. 식민지 베트남에서 수탈한 공물을 실어 나르는 프랑스 화물선의 보조 요리사가 되어.

그러나 그는 살아서 두 번 다시 이 땅을 밟아 보지 못했다. 그런 그의 한을 풀어주기라도 하려는 듯 그의 적장자들은 도시의 이름을 '사이공'에서 '호찌민'으로 바꿔 버렸다. 한때 러시아의 '상트페테르부르크'가 '레닌그라드'로 바뀐 것처럼.

알 유 프롬?

한류열풍

　며칠 동안 전국적으로 가을비 치고는 꽤 많은 양의 비가 내리고 있다. 태풍 '매미'의 영향 때문이었다. 빗줄기도 여름 장마철을 능가하는 장대비 수준이다. 지난여름 선선했던 날씨 탓에 냉해를 입은 농작물들이 또 한 차례 수난을 겪고 있었다. 경제도 어려운데 농사마저 최악의 흉년이 예상된다며 매스컴은 연일 걱정을 쏟아냈다.
　인천공항은 이른 시간이라 그런지 텅 비어 있다. 그들은 호찌민 떤선 공항에서 베트남 항공을 이용하여 한국으로 올 것이다. 수요일엔 하노이에서 출발하는 한국행 비행노선이 없기 때문이다. 4시간이면 올 수 있는 거리를 8시간 거리로 돌아오는 것이다.
　베트남 국가주석인 쩐득렁은 이미 사흘 전에 방한하여 신라호텔에 묵고 있다. 그를 수행한 젊은 기업가 한 명이 어떻게 알았는지 코세인과 미팅하길 원하여 이틀 전 신라호텔 커피숍에서 잠깐 만났다. 그들의 방한 목적도 투자유치를 위한 실무방문이었다. 중국에 투자했다가 별 재미를 보지 못한 한국기업을 유치하기 위해 50명이 넘는 기업인이 각개격파 방식으로 한국기업을 찾아 다니고 있다고 했다.

하노이 부시장인 응엔테꽝의 방한 목적 역시 '하노이식품가공기술공단'에 한국기업을 유치하기 위한 개별 활동이 주목적이었다. 명목상은 그랬다. 코트라 인천무역관장을 만나는 프로그램도 그런 목적으로 기획됐다. 처음엔 인천광역시에서 선정한 유망중소기업 그룹과의 간담회를 고려했었다. 코세인이 그 그룹의 일원이었기 때문이다. 그러나 부시장인 응엔테꽝이 반대했다. 비공식적인 방한이므로 공개적인 활동을 할 수 없다는 이유에서였다. 같은 시기에 쩐득릉 국가주석의 방한 목적에 상응하는 행동이 아무래도 부담스러웠던 모양이다.

제일 먼저 찐뚜안통이 출국장을 빠져 나오면서 사방을 두리번거렸다. 이어서 응엔테꽝과 응엔후탕의 모습이 보였다. 응엔테꽝은 처음 만났을 때처럼 인민복을 입고 있었고 나머지 두 사람은 간편한 와이셔츠 차림이었다. 반갑게 인사를 나누면서도 형식적이나마 환영 꽃다발조차 없는 영접이 못내 서운한 눈치였다. 오늘의 일정을 설명하고 서둘러 순창을 향해 출발했다.

더욱 굵어진 빗줄기가 세차게 차 유리창을 때렸다. 어느 시인의 표현처럼 내리는 비는 분명 수직으로 서서 죽고 있었다. 영종대교를 지나며 다리 밑이 바다라고 소개했지만 잿빛 하늘은 그마저 삼켜버려 아무것도 보이지 않았다. 순창까지는 약 5시간이 소요되므로 한숨 잘 것을 권유하며 테이프를 틀었다. 모두에게 익숙한 '하노이 가을'이 흘러 나왔다. 뒤에 앉은 응엔테짱은 세심한 배려에 감사한다며 기분 좋게 흥얼거렸다. 반면 응엔후탕은 꼿꼿이 앉아 창밖 풍경을 주시하며 깊은 상념에 잠겨 있었다. 비장해 보이는 그의 표정 때문인지 '하노이 가을'이 더욱 애절하게 들렸다.

정도의 차이는 있겠지만 누구나 조국을 떠나면 애국자가 된다는 말이 있다. 언어와 문화와 삶의 정서가 같은 사람들이 함께 사는 나라. 그 나라를 우리는 조국이라고 부른다. 언젠가 베트남을 20번째 방문했을 때 그 소회를 말하면서 무심코 한국에서처럼 지방출장 온 기분이라고 말했다가 크게 후회 한 적이 있었다. 친숙함을 강조한다는 것이 그만 도가 지나쳐 과시와 자만으로 비쳐지지 않았을까 하는 우려의 마음 때문이었다. 사업의 근간을 이루고 있어 베트남의 역사와 문화를 알려고 노력한 것은 사실이었다. 그러나 그 짧은 시간에 그들과 정서가 같아 질 수는 없었다.

지금 베트남에서 불고 있는 한류열풍을 문화적 정서가 비슷하기 때문이라고 진단하는 것은 성급한 감이 없지 않다. 물론 일리는 있다. 전통적으로 유교적 가치관이 지배했던 사회의 단면만 본다면 양국의 문화적 정서는 별 차이가 없어 보인다. 거기엔 중국이라는 공통분모가 있다. 불교라는 종교, 한문이라는 문자, 과거제도를 통한 지배계급의 형성과 중국으로부터 유입된 지배 이데올로기가 같다는 점이 모두 그렇다.

그러나 이것만으로는 한류열풍을 설명하기 어렵다. 거기엔 서구문명의 충격을 완화시킨 다분히 상업적으로 의도된 동양문화의 컨텐츠 개발이 주효했다. 일본문화가 거의 서구화된 데 반해 한국문화는 아직까지 공감할 수 있는 동양적 가치관을 가지고 있고 상대적으로 발전된 나라의 삶을 동경하는 인간의 본성을 자극한 것이 한류의 본질일 것이다. 이런 점 때문인지는 몰라도 베트남을 방문하는 한국사람 중엔 가당치 않은 우월감을 가진 사람들이 종종 있다. 그런 사람들을 향해 베트남에 진출한 어느 중소기업 사장은 다음과 같이 일갈했다.

"지난 30년 동안 한국이 경제성장을 이루었다면 베트남은 조국을 통일하는데 그 시간을 바쳤다."

비장하게 느껴지는 웅엔후탕의 표정은 그런 만감이 교차하는 얼굴이었다.

식전 녹차는 건강에 좋다

예상보다 2시간 늦게 순창문옥례식품에 도착했다. 하노이를 떠난 지 꼬박 24시간만이라고 찐뚜안통은 볼멘소리로 말했다. 조종현 이사의 안내를 받으며 먼저 소스 생산시스템을 둘러 봤다. 모두 피곤한 기색이 역력했지만 나름대로 방한성과를 찾기 위해 세심하게 주위를 기울이는 모습이었다.

이 회사에서 생산하는 소스에는 남다른 특징이 있었다. 농림부에서 기획한 '전통식품의 세계화' 프로젝트의 일환으로 전통 고추장을 이용하여 각종 소스를 개발한 것이다. 코세인은 한국식품개발연구원과 더불어 이 개발 프로그램에 참여하면서 생산설비를 공급했다. 쉽지 않은 개발이었던만큼 제품에 대한 각별한 애정과 기대를 가지고 수출활로를 모색하고 있다고 소개했다.

그들은 식품개발에까지 한국정부가 관여한다는 사실에 다소 놀라는 것 같았다. 특히 웅엔테꽝이 흥미로워했다. 식품과 식문화가 세계화되고 보편화되면서 자국의 전통식품을 세계적인 먹거리로 만들려는 노력이야말로 중요한 수출 아이템이 아닐 수 없다는 설명에 크게 공감하는 분위기였다.

공장 한편에서 시식행사를 가졌다. 그들은 특히 오이와 울외 장아찌가 베트남 사람들의 기호에 맞는다며 조심스럽게 제조 방법에 대해 묻기도 하였다. 응엔후탕은 '고추장민속마을'이 설립된 배경을 궁금해 했다. 하노이식품가공기술공단 주관기업 사장으로서 당연한 질문이었다. 응엔테꽝은 그런 응엔후탕을 대견한 눈으로 바라보았.

지금도 그렇지만 순창은 예로부터 청정지역으로 유명한 곳이다. 공기 좋고 물 맑은 이곳엔 발효식품에 있어 무엇보다도 중요한 양질의 종균이 서식한다. 최적의 자연환경이 준 선물인 것이다. 이 지방 사람들은 이 자연의 축복을 지키고 보존하며 이용할 줄 알았다. 계절의 변화에 순응하면서 나름대로의 비법을 만들어 냈다. 그것이 대대로 이어져 오늘날 고추장 명가를 만들었고 그 명가들을 한데 모아 지역특산단지를 만든 것이 '순창고추장민속마을'이다.

자리를 옮겨 순창의 맛과 한옥의 멋이 어우러진 한정식 식당에서 그들의 방한에 따른 공식 환영행사를 가졌다. 응엔테꽝이 순창의 위치를 알고 싶어 했기에 지도를 보며 이동경로를 설명했다. 그는 "우리가 이렇게 멀리 왔단 말인가? 그것도 코세인을 믿고?" 하며 농담을 했다. 응엔후탕은 아까부터 무언가를 열심히 적더니 응엔테꽝에게 보여줬다. 하노이시 인민위원장(시장)에게 팩스로 보낼 일일출장 보고서였다. 그는 읽어 보지도 않고 바로 서명했다.

"우리는 반드시 보고해야 합니다. 공무원들의 규칙입니다."

천년 고찰 실상사의 유물을 둘러 보고 있는 방한인사들.

지리산 구룡산장의 아침은 눈부시다. 모처럼 갠 하늘의 눈부신 햇살이 소나무 숲을 더욱 푸르게 한다. 모두들 체크아웃 하느라 분주한 이른 아침에 응엔테짱은 벌써 그 숲을 산책하고 있었다. 아침식사 전에 실상사를 다녀오기로 했다. 업무 시작과 동시에 공장견학을 한다는것은 경우가 아니었기 때문이다.

마침 실상사에는 '생명평화 민족화해 평화통일'이라는 거창한 이름의 1000일 기도회와 이라크전쟁의 참상을 알리는 사진전이 열리고 있었다. 기도회의 성격을 설명하면서 동족상잔의 비극을 상징적으로 가지고 있는 이 산이야말로 민족의 화해와 세계평화를 위해 기도하기 좋은 곳이라고 설명하자 같은 아픔을 가지고 있는 그들의 표정은 사뭇 감동하는 눈치였다. 불교신자인 그들 역시 문밖에서 기도를 했다. 마침 보광전 앞을 지나던 보살 한 분이 "어디서 오셨습니까?" 하고 물었고 먼 남쪽 나라 월남에서 왔다고 찐뚜안통이 대답했다.

얼마 전 베트남 틱낫한(Thich Nhat Hanh) 큰스님도 여기를 다녀가셨다고 그녀가 말했지만 아무도 그를 아는 사람이 없었다. 평생 참여불교와 명상 수련으로 인류의 평화와 화해를 설파했던 그는 정작 베트남에서 추방되었고 80년대 초 프랑스로 망명하였으므로 베트남 사람들이 그를 모르는 것이 어쩌면 당연했다.

행사 준비로 분주한 이 사찰의 주지 도법스님을 만나 잠시 인사를 나누고 그의 권유로 기와 시주를 했다. 응엔테꽝은 'Vietnam Hanoi People Committee Vice Chairman Nguyen The Quang'이라 쓰고 서명했으며 응엔후탕은 'Haprosimex Saigon Director Mr. Thang'이라 쓰고 거칠게 서명했다. 두 사람 모두 한국의 이 유서 깊은 사찰에 이름을 남겼다는 만족감 때문인지 무척 기분이 좋아 보였다. 아까 만난 보살이 차를 권하여 긴 호흡의 녹차를 마셨다. 응엔테꽝은 "식전食前 녹차는 건강에 좋다"며 실상사 방문에 대해 대단히 만족해했다. 산채나물과 버섯 매운탕으로 아침식사를 하고 곧바로 인근에 있는 영우냉동식품을 방문했다.

미리 연락을 받은 박주홍 상무는 몇 번의 공장견학에도 조금도 불편한 내색 없이 방한인사들을 반갑게 맞아 주었다. 그가 회사를 소개하는 동안 찐뚜안통은 진땀을 흘리며 통역을 했다. 그만큼 그의 브리핑 실력은 탁월했다. 흰 가운으로 갈아입고 생산현장을 견학하는 그들의 표정엔 낯설음이 역력했다. 작업장마다 에어샤워를 해야 했으며 매번 장화를 갈아 신어야 했다. 따로 견학로가 마련되어 있지 않아 최대한 빠른 속도로 현장을 통과해야 했다.

견학이 끝나고 소회를 피력하는 간담회 자리에서 응엔테꽝의 지시를 받은 응엔후탕은 '하노이식품가공기술공단 투자 유치 제안서'를 꺼내어 박주홍 상무에게 정중히 건넸다. 응엔테꽝은 공단 건설에 진력하고 있는 하노이시의 정책과 비전을 소개한 뒤 "우리는 영우냉동식품 같은 회사의 투자를 간절히 원하고 있습니다. 우리 공단의 위상이 한층 높아질 것입니다."라고 말하고 하노이시 차원에서 최대한 편의를 제공하겠다고 약속했다. 분명 그들은 이 회사의 식품생산시스템에 크게 고무된 듯했다. 다품목 소량생산시스템에서 가장 어렵다는 위생관리와 생산관리가 완벽했기 때문이다.

모든 대화는 응엔테꽝이 주도했지만 회의에 임하는 자세는 응엔후탕이 더 진지했다. 그는 대화내용을 낱낱이 기록했으며 원론적인 수준을 넘어 좀 더 구체적인 데이터를 원했다. 그 중 하나가 이 회사의 전체 매출액 대비 1인당 평균생산금액과 노동자들의 평균임금을 알고 싶어 했다.

베트남 국민들의 월 평균임금은 50달러(2002) 수준이다. 언젠가 찐뚜안통은 자신의 봉급은 월 70달러이고 부시장인 응엔테탕은 100달러 정도라고 소개한 적이 있었다. 베트남 사회의 부패지수가 아시아에서 수위를 달리고 있는 이유를 설명하는 자리에서였다. 삶의 기대치에 못 미치는 봉급 때문에 공무원들이나 교사들은 대부분 두 개 이상의 직업을 갖고 있으며 자신들의 직무와 관련된 분야에서 또 다른 일을 하고 있다고 했다. 이 경우 필연적으로 정보제공, 공사편의, 이권개입이 생기기 마련이며 그에 따른 청탁과 뇌물상납 같은 비리연대가 사회적으로 견고해질 수밖에 없는 구조라는 것이다.

우선협상 대상자

농심 구미공장으로 이동하는 동안 응엔후탕은 몹시 착잡해 했다. 그는 아직도 영우냉동식품에서 받은 강렬한 인상을 되씹고 있었다. 인원구성체만 놓고 본다면 하프로는 영우냉동식품의 수십 배 큰 하노이시의 대표적인 기업이었지만 매출액 규모는 그 절반도 되지 않았다. 국민총생산(GNP)에서 20배 차이가 나는 양국의 경제력을 감안한다 하더라도 1인당 평균생산금액의 차이는 너무 컸다. 노동자의 평균임금을 알고는 더욱 허탈해 하는 것 같았다. 찐뚜안통이 꾸벅꾸벅 졸고 있는데 반해 뒤에 앉은 두 사람은 한참을 갑론을박하며 대화를 나누고 있다. 언뜻 박정희, 김우중이라는 이름과 삼성과 대우 등의 회사이름이 들렸다. 아마 한국의 산업화에 대해 논하고 있는 모양이었다. 확실히 응엔후탕은 영우냉동식품 견학 이후 말수가 많아졌다.

구미에 도착하여 농심 공장근처 호텔에서 점심식사를 하였다. 예정대로 농심엔지니어링 사업개발부 직원 두 명이 공장을 안내하기 위해 서울에서 열차 편으로 내려왔고 호텔에서 만나 반갑게 인사를 나누었다. 갑자기 정문을 향해 걸어 들어가던 찐뚜안통이 탄성을 질렀다. 본관 건물 앞 국기게양대에 베트남 국기인 황성적기黃星赤旗가 태극기와 나란히 바람에 펄럭이고 있었다. 찐뚜안통의 호들갑에 응엔테꽝은 만면에 웃음을 지으며 세심한 배려에 다시 한번 감사 드린다고 인사를 했다.

농심 구미공장은 완벽한 견학 프로그램을 가지고 있었다. 본관 1층에 마련된 생산제품 전시장을 비롯하여 회사 홍보 영상을 시청할 수 있는 소극장 규모의 프리젠테이션 룸, 그리고 생산 공정을 한 눈에 볼 수 있는 견학로가 잘 구비되어 있었다. 특히 컴퓨터 시스템으로 관리되는 중앙통제실과 로봇이 생산하는 스프 생산라인이 압권이었으며 물류 시스템까지 자동화된 과히 최첨단 공장이라 할 만했다.

예상과는 달리 그들은 아무 질문도 하지 않았다. 그렇게 확인하고 싶었던 한국의 기술력에 대해 일언반구 없이 그저 견학로만 열심히 쫓아 다녔다. 어느 한 곳에 시선을 두지 못하는 그들은 분명 자신들의 눈을 의심하고 있었다. 시설과 규모 면에서 도무지 라면을 생산하는 공장이라는 사실이 믿기지 않는다는 표정이었다. 견학을 마치고 회의실에서 다과를 나눌 때도 마찬가지였다. 투자에 따른 고용증대와 관련 산업의 인재를 양성해야 하는 베트남의 실정으로 볼 때 농심 구미공장은 너무 자동화된 첨단 시스템이었던 것이다. 분위기를 눈치 챈 농심엔지니어링 직원이 한마디 거들었다.

"이런 시스템으로 공장을 설계하기까지 지난 30년 동안 무수히 많은 시행착오를 겪었습니다. 만약 한국의 기술과 기계를 도입한다면 그 시간과 비용을 세이브 시킬 수 있을 것입니다."

"……"

다음날은 공주에 있는 음료 생산업체를 견학할 예정이었다. 그 때문에 공주와 가까운 유성관광호텔에 여장을 풀었다. 그러나 응엔후탕은 어제 오늘 한국의 식품가공기술을 충분히 보았으며 더 이상의 견학은 무의미할 것 같다고 솔직하게 말했다. 지친 목소리와는 달리 표정은 홀가분해 보였다. 호텔에서 소개한 식당을 찾아가는 동안 찐뚜안통이 달려왔다.

"오늘밤 결정해야 합니다. 부시장과도 잠깐 얘기했습니다. 응엔후탕은 이제 선택의 여지가 없습니다."

"그래 부시장님이 뭐라 하시던가요?"

"다 같이 봤으니까 뭐 다른 말 하겠어? 내일부터는 관광이나 하자고 해"

그리 말했다며 그는 기분 좋게 웃었다. 그러면서 응엔후탕의 손을 가리켰다. 그의 오른손엔 언제 준비했는지 와인이 한 병 들려 있었다.

'경복궁'이라는 식당의 음식은 정갈했다. 한식과 일식을 믹스한 독특한 퓨전요리가 일품이었다. 그들은 스스로 충격적(?)이었다는 오늘의 견학내용을 정리하며 모처럼 넉넉한 저녁식사를 했다. 응엔후탕이 가져온 와인 몇 잔에 기분 좋게 취한 응엔테꽝은 "나는 우리 하노이식품가공기술공단을 건설하는데 있어 코세인을 우선 협상대상자로 결정했다."고 선언하고 "한국에서 공급 가능한 장비는 우선적으로 코세인과 협의하라"고 하프로 사장에게 지시했다.

부시장의 지시에 응엔후탕은 즉각 반응했다. 그는 몇 차례 자리에서 일어나 건배를 제의했고 약속한 양만큼 어김없이 술잔을 비웠다. 그리고 코세인과 협력하겠다는 무언의 제스처로 악수를 청하며 비굴할 정도로 머리를 조아렸다. 그런 그의 행동은 의외였다. 베트남에 있는 그의 회사에서 보여준 당당하고 자신만만했던 모습과는 사뭇 달랐다. 상관의 지시에 과민하게 반응하다는 것은 어떤 의미로 거부의 또 다른 표현일수도 있었다. 찐뚜안통 또한 생각이 같아서인지 우려와 경계의 눈으로 그를 바라보았다.

"알 유 프롬?"

태풍 '매미'로 인한 인명과 재산피해는 시간이 갈수록 눈덩이처럼 불어났다. 매년 장마와 태풍 등 자연재해를 겪으면서도 국가방재시스템은 여

전혀 작동되지 않았고 재난방송 또한 상업방송에 밀려 제구실을 하지 못했다. 그들도 어제 저녁 TV를 본 모양이었다. 아침 식사 중에 응엔테꽝은 태풍 희생자에 대한 애도의 말을 잊지 않았다.

구름 한 점 없는 청명한 가을하늘의 푸르름을 가로질러 용인 에버랜드에 도착했다. 주말이라지만 매표소 앞은 벌써 사람들로 장사진을 이루고 있었다. 형형색색의 화려한 나들이옷을 입은 아이들이 부모의 손을 잡고 마냥 즐거워하는 표정을 보며 찐뚜안통은 깊이 탄식했다.

"언제쯤 베트남 아이들도 저렇게 살 수 있단 말인가!"

그런 그의 표정이 너무나 진지했기에 한동안 아무 말도 할 수 없었다. 배를 타고 지구마을을 돌아보는 동안 그의 입은 더욱 굳게 다물어져 갔다. 세계 민속의상을 입은 인형들의 노래 소리를 따라 떠나는 지구촌 여행이었으나 유감스럽게도 거기엔 베트남이라는 나라는 없었다.

"아마 지구마을이 한국과 베트남 수교 이전에 만들어졌기 때문일 겁니다."

에둘러 말했으나 그는 씁쓸해 했다. 귓가에 아오자이를 곱게 입고 논(베트남 삿갓)을 쓴 아이들의 노래 소리가 아득히 들려오는 듯 했다. 집요하게 1달러를 구걸하다 거절당하자 "Are you from?" 하며 거칠게 항의했던 사이공 거리의 어린 천사들의 모습과 함께.

그들은 이곳 저곳을 둘러보며 '훌륭한 공원'이라고 칭찬을 아끼지 않았지만 찐뚜안통의 탄식처럼 표정은 그다지 밝지 않았다. 분위기 반전을 위해 부시장인 응엔테꽝을 거리의 화가 캔버스 앞에 반강제로 앉혔다. 쑥스러워하던 그의 얼굴은 이내 평상심과 여유를 되찾았고 간간히 입가에 엷은 주름을 지어 자신의 작품에 미소를 보냈다.

용인 에버랜드를 견학하고 있는 방한인사들.

화가의 미세한 손놀림을 바라보며 모처럼 응웬후탕과 나란히 앉아 담배를 피웠다. 그는 이미 4년 전에 끊었다는 담배를 권하는 대로 잘 말아 피웠다. 그리고 한동안 무언가를 골몰히 생각하더니 "이 놀이 공원이 정부 소유의 것이냐"고 물었다.

"아닙니다. 삼성이라는 기업의 소유입니다."

"휴대폰과 TV를 만드는 그 삼성입니까?"

"그렇습니다. 삼성그룹에 속해 있는 계열회사 중 하나입니다"

그러자 그는 알 수 없는 미소를 지으며 연신 고개를 끄덕였다. 옆에서 대화내용을 엿듣고 있던 찐뚜안통 역시 그런 그를 바라보며 고개를 끄덕였다. 두 사람 모두 같은 생각을 하고 있는 듯했다.

나중에 안 사실이지만 국가 경제발전의 동인을 대기업의 국제경쟁력에서 찾고 있는 베트남 정부는 국영기업을 통합시켜 대형기업화하고 다시

민영화하려는 계획을 가지고 있었다. 브랜드 통합과 자본의 결집을 통한 재벌육성이라는 프로그램을 오래 전부터 준비하고 있었던 것이다. 그 단초를 제공한 것은 한국의 재벌, 대우의 이른바 세계경영이었지만 직접적인 동기는 아시아의 외환위기에 덩달아 곤두박질쳤던 당시 심각했던 베트남 경제의 취약성 때문이었다.

자본주의 이행논쟁이 뜨거웠던 과거 한국경제의 구조와 비교해 볼 때 결코 이해 못할 바는 아니었다. 당시 국가독점자본주의 또는 주변부자본주의 경제체제로 규정되었던 한국자본주의 역시 한동안 개발독재정권에 의한 기형적인 지도자본주의 형성과정을 거쳤기 때문이다. 베트남의 최대권력 기관인 공산당이 주도하는 지도자본주의는 이러한 과정을 거치면서 성장한 한국경제를 모델로 하고 있음이 분명했으며 대우, 삼성, 현대 같은 몇몇 대기업이 실질적으로 한국의 국가경제를 발전시키는데 주도적인 역할을 했다고 믿고 있었다. 특히 경공업제품으로 크게 성공한 삼성이야말로 베트남 산업구조상 반드시 벤치마킹 해야 할 1순위 재벌이었던 것이다.

마지막 채색만 남겨 둔 응엔테꽝의 초상화는 그를 중후한 영국 신사로 탈바꿈 시켰다. 응엔테꽝은 일생일대의 최고의 선물이라며 몹시 기뻐했다. 응엔후탕과 찐뚜안통 또한 너무 젊어진 것 아니냐며 부러운 덕담을 건넸다. 화가가 자필서명을 마쳤을 때 응엔테꽝은 "고맙습니다. 집안 가보로 삼겠습니다."라고 말하면서 공손히 악수를 청했다. 그의 말을 알아듣지 못한 화가가 일행을 힐끔 쳐다보며 말했다.

"알 유 프롬?"

남은 기록들

럭키맨

　방한 인사들의 마지막 일정은 코트라 인천무역관장과의 간담회와 그가 주최하는 만찬이었다. 응엔테꽝은 마치 이 행사가 이번 방한의 가장 큰 이벤트라도 되는 양 어제 헤어지면서 "내일이 일요일인데 행사가 예정대로 진행되겠느냐"고 몇 번을 물었다. 코트라 하노이 무역관에서 기획한 행사이고 인천무역관에 협조요청 공문을 보냈으니 예정대로 진행될 거라고 그를 안심시켰다. 통역을 마친 찐뚜안통은 응엔테꽝이 은근히 비즈니스 성과물을 기대하고 있는 것 같다고 웃으며 말했다.
　다음날 아침 응엔테꽝과 응엔후탕은 멋진 영국신사가 되어 호텔 로비에 나타났다. 양복을 차려 입은 응엔테꽝의 모습은 그때 처음 보았다. 두 사람 모두 고급스런 황금색 넥타이를 매고 있었는데 베트남에서는 격식을 차려야 하는 자리에 주로 황금색 넥타이를 착용한다고 찐뚜안통이 귀띔해 주었다. 두 사람은 한복을 곱게 차려 입은 호텔 가이드와 기념사진을 찍느라 여념이 없었다.

그들은 어젯밤 남대문시장을 다녀온 듯했다. 응엔테꽝이 하노이시 인민위원장(시장)에게 선물할 홍삼농축 제품을 샀는데 가격이 생각보다 저렴해서 혹시 가짜를 산 것이 아닌지 걱정된다고 했다. 한국의 홍삼농축 제품은 베트남에서 비싸기도 하지만 그만큼 귀한 대접을 받는 건강식품으로 인기가 꽤 높다. 베트남의 '영원한 수상'이라 불리는 팜반동(Pham Van Dong)이 한국의 홍삼농축 제품을 장복하여 장수했다는 입소문 때문이었다. 1906년생인 팜반동은 94세인 2000년에 사망했으며 1955~1976년에는 북베트남 정부 수상을 지냈고 1976~1987년에는 통일 베트남 사회주의 공화국의 내각 수상을 역임했다. 무려 32년 동안 행정 수반인 수상으로서 베트남 정부의 내각을 이끌며 독립과 통일을 이루어 냈기에 '영원한 수상'이라는 호칭이 붙었다. 이 호칭은 권력의 상징이라기보다는 인민에 대한 무한한 봉사와 헌신으로 받아들여졌다.

사실 그들의 방한 선물로 홍삼농축 제품을 생각하고 있었는데 이미 남대문 시장을 섭렵한 그들에게 선물보다는 필요한 상품을 스스로 선택할 수 있도록 얼마간의 현금을 지원하는 편이 낫겠다는 생각이 들었다. 찐뚜 안통도 좋은 생각이라며 일행에게 그러한 의사를 전달했다. 그들은 손사래치면서도 싫지 않은 표정으로 연신 고맙다고 했다. 우리는 3시간 후에 다시 만나기로 하고 인천 롯데백화점 앞에서 헤어졌다.

3시간 후 그들을 다시 만났을 때 응엔후탕만 커다란 여행용 가방을 들고 있었고 나머지 두 사람은 빈손이었다. 응엔테꽝은 물가가 너무 비싸 아무것도 살 수 없었다며 약간 화가 난 말투로 말했지만 자신이 구입한

코트라 인천무역관장과의 간담회와 만찬을 마치고 기념촬영. 좌측부터 찐뚜안통, 응엔후탕, 필자, 응엔테꽝, 김영웅 관장, 김명희 차장.

홍삼농축 제품이 백화점에서도 비슷한 가격으로 판매되고 있는 것을 확인하고는 크게 만족해 하는 것 같았다. 응엔후탕의 여행용 가방은 프로모션 사은품이었다. 여행사의 프로모션 행사에 참여했다가 두 번이나 당첨되는 행운으로 가방과 기념품을 받았다고 했다. 그러고 보니 가방 안에 기념품이 가득했다.

"사람마다 자기에게 맞는 자리가 있는데 응엔후탕은 한국과도 잘 맞는 것 같습니다. 오늘 보니 럭키맨이었습니다. 미스터 윤도 하노이에 와서 꼭 럭키맨이 되십시오."

응엔테꽝은 이렇게 말하고 자신의 양복저고리에 달려있던 하노이시 인민위원회 배지를 떼서 내 양복저고리에 달아주었다. 베트남에 입국할 때 이 배치를 보여주면 심사가 훨씬 수월할거라는 말도 덧붙였다. 찐뚜안통

하노이 엑스포 2004에서 코세인 부스를 방문한 쩐득렁 베트남 주석(대통령). 내 양복저고리에 달려 있는 하노이 인민위원회 배지가 신기한 듯 몇 번을 쳐다보았다.

은 하노이산업수출관리공단 부사장인 자신도 아직 달아 보지 못한 배지라며 부러워했다. 그러면서 응엔후탕에게 코세인과 거래하라는 강력한 메시지를 손수 보여준 것이라고 했다. 이후 베트남 출장 중에는 늘 이 배치를 달고 다녔다. 2004년 하노이 엑스포에 참가하여 쩐득렁 주석(대통령)을 만났을 때도 이 배치를 달고 있었는데 쩐주석은 이 배지를 보고 짐짓 놀라는 표정을 지으며 반갑게 악수를 청하였다.

일요일임에도 불구하고 코트라 인천무역관 직원들은 모두 출근한 것 같았다. 여직원 한 분이 엘리베이터 앞에서 일행을 기다리고 있다가 회의실로 안내해 주었고 김영웅 관장은 회의실에서 꽃다발로 일행을 환영해 주었다. 그의 세련된 매너와 유창한 영어실력은 방한 인사들에게 코트라 비즈니스맨의 품격을 각인시키기에 충분했고 한국과 베트남 간의 교역과 투자내용을 설명할 때에는 인천무역관장이 아니라 베트남 주재 무역관장이라 해도 손색이 없을 만큼 탁월난 PT능력을 선보였다.

사실 그는 차기 하노이 무역관장으로 내정되어 있었다. 올해 국내 무역관장 임기를 마치게 되는 그는 해외 무역관 부임지로 미국 디트로이트 무역관과 베트남 하노이 무역관 중 한 곳을 선택할 수 있었다. 자녀들 교육을 생각하면 미국을 선택해야 했지만 점차 확대되고 있는 베트남과의 교역의 중요성을 생각하면 하노이 무역관을 선택하는 것이 코트라에서 입지를 굳힐 수 있는 좋은 기회이기도 했다.

두 나라 선택지를 두고 지인들로부터 다양한 조언을 들었는데 내 의견도 듣고 싶어 해서 하노이 무역관을 적극 추천했다. 프랑스 정부가 운영하는 외국인학교가 하노이 무역관 바로 옆에 있다는 사실도 알려 주었다. 만찬 말미에 김영웅 관장이 차기 하노이 무여 관장으로 내정되어 있다는 사실을 소개하자 응엔테짱은 진심으로 기뻐하였다. 그는 약간 들뜬 목소리로 다음과 같이 말하고 건배를 제의하였다.

"오늘 이 자리에 모여있는 우리 모두가 럭키맨인 것 같습니다. 하노이 프로젝트는 반드시 성공할 것입니다. 우리 모두가 그 성공의 주인공이 될 것입니다."

해피 뉴 이어

하노이 프로젝트는 계약 시한이 정해져 있었다. 사업 회기를 철저하게 따지는 베트남 사회주의 경제시스템은 우리나라 설날(1월 22일)과 같은 테뜨를 전후로 한 해의 회기가 끝나고 다시 시작하므로 2003년 사업인 하노이 프로젝트는 늦어도 2004년 1월 20일까지는 계약을 체결해야 했다. 그날까지 양측이 합의한 내용이 성실히 이행되면 별도의 국제입찰 없이 수의계약을 하기로 FS 양해각서에 명시하였다.

합의한 내용은 크게 두 가지였다. 하나는 FS 1차 보고서를 3개월 안에 제출하는 것이었는데 공장건설 예산을 책정하는데 FS 1차 보고서를 기초자료로 삼겠다고 했다. 이를 위해 농촌개발부 출신들로 구성된 베트남 굴지의 컨설팅 업체와 몇 차례 회의를 가져야 했다.

다른 하나는 베트남 국영은행인 비엣콤뱅크의 하프로 담당 임원들을 한국에 초청하여 코세인 인천공장과 삼양라면 부산공장, 라면스프 원료 제조사인 케이비에프(KBF) 김해공장 등을 견학하는 것이었다. 코세인의 사업능력을 파악한다는 명분을 내세웠지만 사실은 부산 관광을 위한 외유성 방한이었다. 12월에 한국을 방문한 그들은 추위 때문에 고생했는데 이번에도 통역을 위해 함께 온 찐뚜안통만이 북한 유학 경험자답게 추위를 잘 견뎌내며 그들을 인솔하였다.

그들이 코세인을 방문했을 때 작은 소동이 있었다. 코세인 회의실에 베트남 응엔왕조의 마지막 황후인 남프엉의 초상화가 걸려 있었기 때문이었다. 베트남 사회주의 공화국이 들어서면서 식민지 봉건왕조의 역사는 의도적으로 폄하되고 망각되었기에 베트남 사람 누구도 초상화의 주인공이 남프엉인지 몰랐다. 다만 그녀의 복식이 베트남 전통의상이었으므로 베트남 그림인 줄은 알았다. 한국에 와서 자신들도 잘 몰랐던 베트남 근대사와 조우한 그들은 사뭇 감동스런 표정으로 남프엉을 배경으로 열심히 사진을 찍었다. 누군가 은행원 출신답게 그림의 구입가격을 물었는데 갤러리와의 가격 비밀유지 계약 때문에 공개할 수 없다 하자 이구동성

베트남 마지막 황후 남프엉(1914~1963) 초상화. 2003년 8월 어느날 하노이 예술대학 출신의 젊은 화가 부이후훙(Bui Huu Hung 1957~)의 전시회 'A Novel Tradition'이 하노이 힐튼호텔 커피숍 '오페라'에서 열렸다. 찐뚜안통을 만나러 이 호텔에 갔다가 우연히 남프엉의 초상화를 보게 되었다. '바오다이 황제의 부인' 이라는 제목으로 바오다이 황제의 초상화와 나란히 전시되고 있었다. 몇 달 후 이 그림을 짱띠엔 거리 오페라 겔러리에서 다시 만났다. 바오다이 황제의 초상화는 이미 프랑스로 팔려 가고 없었다. 그림에 빠져 한참을 서성이다 돌아서는데 발길이 차마 떨어지지 않았다. 허영심이 발등을 찍었고 소나기를 피한 대가를 톡톡히 치렀다.

남프엉의 본명은 응엔후티란(Nguyen Huu Thi Lan)이었다. 20살 때인 1934년 21살의 바오다이와 결혼하여 응엔왕조의 마지막 황후가 되었다. 프랑스의 식민지 하에서 꼭두각시 황제 노릇을 해야 했던 바오다이는 프랑스와 일본 식민정부에게 이용만 당하고 해외로 추방되었다. 황실을 힘겹게 지켜온 남프엉은 베트남 왕조의 유산을 안고 프랑스로 떠났다. 마지막 황후의 품격을 지키려 노력했던 그녀는 49세 나이에 심장마비로 사망했다.

으로 너무 비싸서 공개하지 못하는 거라고 단정 짓고 머지 않아 베트남도 잘살게 되면 이 국보급 그림을 되사갈 수 있으니 그때까지 잘 보관해 달라고 뼈있는 농담을 했다. 코세인 공장 견학은 더 이상 의미가 없었고 그 날로 수의계약 대상자로 최종 확정되었다.

해가 바뀌어 2004년 1월 12일자로 김영웅 코트라 인천무역관장은 하노이 무역관장으로 전보되었고 하프로와의 계약을 위해 하노이에 체류하는 동안 코트라 지사화사업 담당자인 이동숙 씨와 함께 만나 반갑게 인사를 나누었다. 그는 지사화사업의 성과를 진심으로 기원해 주었다.

　　그땐 몰랐다
　　그녀의 이름도 그 이름의 의미도

　　소나기를 피하려다 그녈 만났다
　　짱띠엔 거리 갤러리 오페라
　　어둠에 기대선 그녀는
　　응엔왕조의 마지막 황후라 했다
　　식민제국 코친차이나의 황제였던 남편은
　　남쪽 인민에게 버림받고 당당히 조국을 떠났다
　　그가 그토록 원했던 자유와 방종을 위해
　　그녀는 기꺼이 황금색 용포로 치장하고
　　이 거리의 여인이 되었다

　　갤러리 주인은 홍콩 사람이었다

가격을 두세 번 묻자 자기는
비단 장수가 아니라고 손사래쳤다
돌아서는 발길을 그녀가 잡았다
묵주를 만지작거리는 손끝의 떨림이 간절했다
조명이 꺼지는 순간 두 볼로 번지는 눈물이
허영심의 발등을 찍었다
용포를 벗는 소리가 낙엽을 밟고 지나갔을 때
그녀는 옥새가 찍힌 영수증으로 남았다

비로소 이름을 물었다
남프엉, 먼 남쪽이라 했다

- 졸시「먼 남쪽」전문

  베트남에 입국한 지 사흘이 지났는데도 하프로에서는 자꾸 새로운 요구조건을 내세우며 계약을 차일피일 연기했다. 일본 후지사는 하노이프로젝트를 수주하면 라면제조 기술과 스프 블랜딩 기술을 전수해 주겠다고 약속했는데 코세인에서도 같은 약속을 해달라는 것이 첫 번째 요구조건이었다. 이어 시빌드로윙 즉 토목, 건축을 포함한 공장설계까지 지원해 달라는 것이 두 번째 요구조건이었다.

  응엔후탕은 상관인 응엔테꽝도 반대할 수 없는 기술적인 명분과 지원 프로그램을 내세워 막판 반전을 노리는 듯했다. 그러나 찐뚜안통이 한수 위였다. 그는 "시간은 코세인 편"이라며 하루 이틀 더 기다려 보라고 했다. 계약시한이 다가올수록 시간에 쫓기는 것은 코세인이 아니라 하프로라고 했다. 기다리다 한국으로 돌아가는 항공편을 구하지 못하면 이번 설은 베트남에서 지내면서 푹 쉬라고 농담까지 했다.

다음날 그의 예상대로 하프로에서 연락이 왔다. 응엔후탕과의 마지막 담판이 기다리고 있었다. 사실 그 누구도 응엔후탕의 새로운 요구조건이 그의 사심이라 생각하지 않았기에 그가 내세운 요구조건을 무조건 거부할 수 없었다. 그의 체면과 위신을 살려주면서 쟁점을 희석시키는 전략이 필요했다.

일단 하프로의 새로운 요구조건을 모두 수용하겠다고 선언했다. 다만 계약서에 그 내용을 담으려면 관련업체들의 양해각서가 첨부되어야 하는데 그럴 시간이 없으므로 먼저 구두로 약속하겠다고 했다. 결국 계약서에서 그 내용은 빠졌다. 응엔후탕도 더 이상 고집을 부리진 않았다. 그런 그를 향해 "당신도 아시다시피 한국 사람은 구두 약속을 더 중요시 합니다"라고 말하자 그가 어색한 표정으로 싱긋 웃었다.

계약 시한 테뜨를 사흘 앞두고
호찌민 흉상 앞에서 우리는 불편하다
싸우기도 전에 패배 당할 것을 염려하는 눈빛
서로의 시선을 피하기도 어색하다
먼저 입을 여는 쪽이 지는 게임이라도 하듯
녹차 한잔 마시기에도 무거운 침묵이다

참다 못한 그가 말문을 연다
한국의 고도성장엔 배울 게 없다고

비웃음으로 열린 그의 입은 거침없다
한국 자본주의는 천박하고 불안하다고
귀를 의심하던 나는 고개를 끄덕인다
한국 파트너를 인정하는 그들만의 방식
기어이 한 마디 쥐어박고 싶어 하는
그 자존심을 알기에

그러나
한때 사회주의 나라를 꿈꾸었던 나 또한
베트남 통일엔 배울 게 없다고 말한다
모든 권력이 부패한 베트남이야말로
호찌민 가면 속에 숨어있는 무능한 나라라고 말한다
예상치 않은 대거리에 그는 당황한다
혀에 돋친 가시를 삼켜버린 침묵이 계속되는 동안
우리는 더 이상 상대의 눈길을 피하지 않는다

호찌민 흉상을 바라보던 그가 묻는다
베트남에 대해 얼마나 알고 있냐고
쁘레노꼬, 사이공, 담뿌 호찌민을 차례로 말한다
당신의 고향이 이렇게 바뀌어왔다고
녹차를 마시던 그의 입술이 떨린다
그날 우리는
하노이 프로젝트라 불리는

마침내 체결한 하노이 프로젝트 계약. 사인한 계약서를 교환하고 있는 두 사람은 웃고 있지만 이 자리에 오기까지의 모든 과정이 알고 있는 찐뚜안통과 부이황홍의 표정은 그리 밝지 않다.

라면공장 건설 계약서에 서명했다

축하 파티 중에 그가 취하도록 따라 부른

아바(ABBA) 곡 해피 뉴 이어

테뜨처럼 완고한 행진곡 풍이다

- 졸시 「하노이 프로젝트」 전문

남은 기록들

2004년 10월. 노무현 대통령이 베트남을 국빈 방문했다. 하노이에서 열리는 제5차 아시아·유럽정상회의(ASEM)에 참석하기 위해서였다. 정상회의 일정이 끝나자 대통령은 관계부처 장관과 베트남 주재 대사관, 영사관, 코트라, 코이카 등 유관기관으로부터 베트남과 관련한 업무를 보고 받고 정부차원의 보도자료를 배포하였다.

보도자료에 따르면 지난 한 해 동안 베트남을 방문한 한국인은 약 15만 명이었다. 관광과 비즈니스 출장이 봇물이 터지듯 러시를 이뤘다. 투자금액은 약 44억 달러로 2002년에 이어 세계 1위를 기록했다. 현재 800여 개의 기업이 베트남에 진출해 있는데 신도시 건설과 주택자재 수요증가에 힘입어 주택건설업체의 베트남 진출이 활발하게 이루어지고 있으며 호찌민 신공항 고속도로, 하이퐁 DAP(인산비료)공장 및 발전소, 까마우 비료 프로젝트 등 총 28억 달러 규모의 수주활동을 전개중에 있다고 했다.

코트라는 중소기업의 수출지원 프로그램의 하나로 지사화사업을 소개하면서 하프로 라면플랜트 수주활동을 지원한 코세인 사례를 예로 들었는데 베트남에 라면플랜트 수출은 이번이 처음이라 하자 대통령이 관심을 보였다고 김영웅 관장이 후일담으로 전해 주었다. 그 내용이 유관기관에 회자되었는지 하프로 프로젝트가 성공적으로 완수되자 한국플랜트산업협회는 해외플랜트 타당성조사 지원사업의 성공사례 홍보책자에 그 내용을 실었다. 코트라에서는 지사화사업을 통해 수출 증진에 기여한 공로를 인정하여 코트라 사장 명의의 감사장을 나에게 수여하였다.

농심엔지니어링은 턴키공사가 아니면 라면기술전수 같은 소프트웨어 제공은 어렵다고 하여 하프로 프로젝트에는 합류하지 못했다. 하지만 베트남 시장에서 농심의 기업 이미지는 세계적인 식품회사로 위상이 높아졌으며 신라면의 판매가 이를 증명하였다. 라면 스프 원료 제조사인 케이

하프로 라면공장 전경. 라면공장은 생산라인이 직선으로 100m가 넘기 때문에 건물이 길이가 긴 특징을 가지고 있다.

비에프(KBF)에서는 하프로 직원들에게 스프 블랜딩 기술을 전수해 주었고 그 대가로 김치시즈닝분말 등을 수출하였다.

하루에 120,000개의 라면을 생산하는 하프로 라면공장은 한국기술로 만든 라면임을 부각시키기 위해 봉지라면 이름을 국수(Kuksu)라 짓고 한글로 '완벽한 품질'을 표기했으며 해물맛 용기라면에도 김치(KIM CHI)라는 상품명을 붙여 맛과 상관없이 한국의 식문화를 마케팅 전략으로 활용하였다. 하노이 프로젝트는 이렇듯 많은 사람들의 도움과 협력에 힘입어 2006년 봄, 무사히 성료하였다.

하프로 라면생산 라인. 시간당 20,000개, 하루 120,000개의 라면을 생산한다.

하프로에서 생산하고 있는 라면. 한국기술로 만든 라면임을 부각시키기 위해 한글로 '완벽한 품질'을 표기했으며 상품명도 '국수(Kuksu), 김치(KIM CHI)'라 하였다.

제2부
몽족의 역사를 만나다

먀오족에서 몽족으로

역사의 파편

　베트남에는 약 100만 명의 몽족이 살고 있다. 중국 명·청 시대의 '개토귀류改土歸流' 정책에 반발하여 반란을 일으켰다가 실패하자 살길을 찾아 남쪽으로 피난하여 베트남을 비롯한 동남아시아로 흩어진 중국의 소수민족 먀오족이 그들의 조상이다. 그래서 베트남 몽족의 거주지는 중국과 가까운 북부 고원지대로 하장성, 라오까이성, 까오방성 등 접경 지역이 대부분이다.

　라오스, 버마, 태국 북부 고원지대에도 중국의 윈난성, 구이저우성 등에서 이주한 먀오족이 몽족의 이름으로 살고 있다. 라오스에는 약 60만 명, 버마에는 약 6만 명, 태국에는 약 25만 명이 거주한다. 중국에 거주하는 먀오족 950만 명과 미국에 살고 있는 몽족 30만 명을 더하면 먀오족(몽족) 전체 인구는 1,150만 명에서 1,200만 명으로 추산된다. 먀오족(몽족)이 고구려 유민의 후예라고 주장하여 학계와 사회에 큰 반향을 불러일으켰던 김인희 박사의 주장대로라면 669년 당나라와의 전쟁에서 패해 중국으로 끌려간 고구려 유민 20만 명 중 10만 명이 중국 남방 공한처로 이주하여 먀오족의 기원이 되었다고 했는 바 1,300여 년 만에 10만 명이 120배 증가한 1,200만 명이 된 것이다.

950만 명에 달하는 중국 먀오족이 정식으로 중국인이 된 것은 불과 70여 년 전인 중화인민공화국 수립(1949) 이후이다. 그전에는 중국 봉권왕조의 지배를 받는 변방의 소수민족일 뿐이었다. 청나라 옹정제 년간인 300년 전만 해도 먀오족 거주지역은 중국땅이 아니었다. 화외지지化外之地라 하여 황제의 덕화가 미치지 못하는 치외법권 지역이었다. 베트남 몽족이 정식으로 베트남인이 된 것도 디엔비엔푸 전투(1954) 이후니까 70년밖에 되지 않는다. 라오스와 버마, 태국에 거주하는 몽족은 여전히 유민流民 신세이다. 인도차이나전쟁의 난민 신세에서 아직도 벗어나지 못하고 있다.

먀오족과 몽족이 또 다른 한국인의 초상이라면 그들이 중국과 베트남, 라오스 등 동남아시아에서 어떻게 살아왔고, 현재는 어떤 모습으로 살고 있으며, 또 그들을 어떤 시각으로 바라봐야 하는지 궁금해 하는 것은 당연한 일이다. 오랜 세월 역사가 단절되고 언어마저 서로 달라 의사소통이 안되는 그들을 같은 민족이라고 말할 수는 없지만 그렇다고 우리민족과 상관없는 이민족이라고 단정적으로 말할 수도 없다.

나는 이러한 딜레마를 '역사의 파편'으로 이해해 왔다. 이어지지 못한 역사, 깨어지고 부서진 우리 역사의 파편이 세계 곳곳에 널려 있다. 북한 역사도 마찬가지이다. 시간이 지날수록 파편처럼 흩어지고 있는 우리 민족의 역사가 안타까울 뿐이다. 역사의 쓸모를 아는 우리는 이 모든 역사를 수습해야 한다. 깨지고 부서졌어도 한데 모아서 파편들과 조각들을 이어 붙여야 한다. 받아들일 것은 받아들이고 기록할 것은 기록해야 한다. 그런 역사가 다 무슨 소용이냐고 손사래치는 민족에게는 단언컨대 미래가 없다.

명나라 남쪽 국경 남방장성

중국의 만리장성이 오늘날과 같은 모습으로 완성된 것은 명나라 11대 황제인 가정제(재위기간 1521~1567) 때이다. 북방의 이민족으로부터 중원의 한족을 보호하기 위해 천 년 넘게 국경 역할을 하였던 북방의 여러 성들을 대대적으로 보수하고 신축하여 오늘날과 같은 만리장성을 구축하였다.

한편 남방 이민족과의 접촉을 차단하기 위해 남쪽에도 성을 쌓았다. 13대 황제인 만력제(재위기간 1572~1620)의 집권 시기인 1615년부터 8년에 걸쳐 후난성 펑황에서 구이저우성 통런에 이르는 180Km 길이로 쌓은 남방장성이 그것이다. 사료에는 '묘강변장苗疆邊牆'이라고 기록되어 있는데 '먀오족 변방의 울타리'라는 뜻이다.

만리장성이 북쪽의 국경이었다면 남방장성은 남쪽 국경이었다. 2006년 남방장성을 답사한 김인희 박사는 "먀오족은 한인 지역에 들어올 수 없으며 한인은 먀오족이 사는 지역에 들어갈 수 없다."는 묘강변장 명문을 확인했다고 한다. 먀오족과 한족 간의 접촉을 차단하기 위해 남방장성을 쌓았다는 내용이 명문화되어 있었던 것이다.

일본 학계에서도 '명대 일대의 상서湘西 방묘정책防苗政策'의 일환으로 남방산성을 쌓았다고 보고 있다. 명나라가 존속했던 276년 동안 상서(후난성 상강 서쪽지역) 묘족지구의 대규모 군사행동은 33회나 되어 평균 8년에 한 번 꼴로 반란을 일으켰기에 명대 내내 상서 지구의 먀오족 방어는 대단히 중요한 문제였다는 것이다. 남방장성 건설 전인 선덕제(재위기간 1425~1435) 연간에는 24보堡를 설치하였고 가정제 연간에는 13초哨를 설치하였는데 이는 모두 먀오족의 군사행동을 감시하기 위함이었다. 24보는 묘강苗疆을 형성하였고, 13초는 묘강 포위체제를 강화한 것이었는데 이러한 과정을 통해 만력제 연간에 남방장성이 축성되었다는 것이다.

남방장성을 쌓은 후난성과 구이저우성 등 중국 남서부의 소수민족 지역은 고대 이래 토착민이 세운 나라들이 명멸해왔던 곳으로 원나라 때 중원왕조에 복속되면서 이른바 '토사土司'가 통치하는 곳이 되었다.

토사란 변경의 토착민들을 간접적으로 지배하거나 적어도 그들이 왕조권력에 반기를 들지 않도록 영향력을 미치기 위해서 대부분 기존의 토착민 지배자에게 준 관직의 통칭이다. 당나라와 송나라의 기미정책을 계승한 것이라 한다. 이 지역에서 한족의 어떠한 간섭도 받지 않고 살았던 먀오족이 명나라와 청나라를 상대로 반란을 일으킬 수밖에 없었던 이유는 이 토사제도의 개편하여 한화漢化를 추구하는 '개토귀류' 때문이었다.

원나라를 북쪽으로 몰아내고 중원을 차지한 명나라는 북방의 강자와 충돌하는 것보다는 남서부 지방으로 피신한 원나라 패주세력 경략에 집중했다. 그래서 남서부에 산개한 소수민족이 윈난에서 버티고 있는 원조의 종친 양왕梁王 세력과 연대하는 것을 차단하기 위해 어떻게든 중앙정부에서 통제하기에 유리한 기구를 세우려고 노력하였다. 그 일환으로 소

남방장성. 만리장성이 중국 북쪽의 국경이었다면 남방장성은 중국 남쪽의 국경이었다. 묘강변장이라고도 하는데 '먀오족 변방의 울타리'라는 뜻이다.

수민족의 우두머리가 아닌 비토착민 출신을 토사로 임명하는 이른바 개토귀류 제도를 시행한 것이다. 먀오족을 비롯한 소수민족의 지도층은 당연히 무력으로 이에 저항하였고 명나라 군대는 이들을 잔인하게 진압하였다.

1373년 명나라를 건국한 홍무제(재위기간 1368~1398)의 군대가 구이저우를 1차 침입했을 때 먀오족은 이들을 잘 막아냈지만 1414년 영락제(재위기간 1402~1424)의 5만 군대가 2차 침입했을 때는 이들을 막아내지 못하고 함락되었다. 이로써 화외지지로 인식되어온 구이저우가 중국의 직접적인 통치권에 들어가기 시작했다. 영락제는 한족들을 이 지역에 대규모로 이주시켰으며 하나의 성으로 독립시켰다.

한족 군대와 농민, 상인, 공인들이 구이저우로 흘러들어 오자 먀오족 거주지에 커다란 변화가 생겼다. 명나라는 군대를 동원해 먀오족 마을을 침입하고 사람들을 도살했으며 산속으로 몰아냈다. 이렇게 빼앗은 땅은 한족들에게 나누어 주어 살게 했다. 이로 인해 한족은 평지에 살고 소수민족은 산악지대에 거주하는 형국이 등장하게 되었다.

도살과 몰아내기로 일관한 명나라의 정책은 당연히 저항에 부딪쳤다. 명나라 6대 황제인 천순제(재위기간 1457~1464) 2년(1458)에 구이양 일대의 먀오족은 간파저를 왕으로 추대하고 명나라에 항거했는데 주변의 또 다른 소수민족인 야오족도 이에 동조하였다. 그러나 항거의 댓가는 참혹했다. 625개의 먀오족 마을이 파괴되었고 3만 명이 목숨을 잃었으며 7천 명이 포로로 붙잡혔다. 역사는 이 참혹한 전쟁을 '석문산전역石門山戰役'이라 부른다. 이때부터 먀오족의 다수는 명나라의 탄압을 피해 동남아시아 산악지대로 이동했으며 남천을 시작했다.

명나라의 개토귀류 시행은 중국 남서부의 소수민족 지역에 비토착민 출신을 토사로 임명하고 무력으로나마 이 화외지지에 한족을 이주시킨 데에는 어느 정도 성과가 있었으나 먀오족을 완전히 제압하지는 못했다. 생묘生苗 때문이었다. 생묘라는 말은 영락제 때 처음 등장하는데 명나라가 임명한 토사의 지배를 받는 먀오족을 숙묘熟苗라 하였고 토사가 존재하지 않는 지역의 먀오족을 생묘라 하였다. 김인희 박사는 생묘라는 말에는 다음과 같은 세 가지 의미가 있다고 설명하였다.

첫째, 한족과 가까이 살며 중국어를 할 줄 아는 이들을 숙묘라 하는데 반해 편벽한 곳에 살며 중국어를 하지 못하고 풍속이 다른 이들을 생묘라 하였다. 사실 숙묘는 명나라 초기에 이주한 한족들이다. 둘째, 호적에 편입되고 직접 통치를 받아 요역과 납세의 의무를 가지고 있는 이들이 숙묘이고 통치를 받지 않아 자립과 자주적인 상태를 유지하고 있는 이들을 생묘라 하였다. 셋째, 토사의 관리를 받으면 숙묘이고 토사의 세력이 진입하지 못한 지역에 거주하는 이들을 생묘라 하였다.

생묘는 복종하지 않았을 뿐만 아니라 숙묘 지역을 침입하는 일까지 벌어졌다. 명나라는 생묘의 세력을 제압하지 못했고 결국은 성를 둘러싸서 고립시키는 방법을 선택했다. 명나라가 남쪽 국경으로 남방장성을 쌓은 이유가 이 생묘의 저항을 감당할 수 없었기 때문이다.

흔히 명나라의 쇠락원인을 만력제의 재위기간 중에 발생한 '만력삼대정萬曆三大征'이라 불리는 세 차례의 큰 전쟁을 꼽는 학자들이 많다. 만력삼대정이란 1592년에 몽골 오르도스부의 추장 보바이가 영하에서 일으킨 반란과 같은 해 조선에서 발발한 임진왜란, 그리고 1597년 구이저우성 파주에서 먀오족의 지도자 양응룡이 일으킨 반란을 말하며 이 전쟁들을 수행하는데 엄청난 재정이 투입됨으로써 국가기능이 마비되고 변방 오랑캐에 대한 통제력이 약화되어 국가위기가 시작되었다고 보는 견해이다. 여기에 남방장성을 쌓는데도 적지 않은 재정이 투입되었을 것이므로 명나라는 개토귀류를 시행하면서 너무 많은 대가를 치른 셈이다. 남방장성은 명나라의 16대 황제이자 마지막 황제인 숭정제(재위기간 1627~1644) 연간에 대부분 파괴되었으며 현재 남아있는 성벽은 그중 일부를 복원한 것이다.

120년에 걸친 먀오족의 3대 투쟁

청나라는 원나라와 마찬가지로 한족정권이 아니었기 때문에 정치문화제도에서 민족적 이원성을, 지배원리에서 지역적 다원성을 유지하면서 다민족 통합을 달성하고자 했다. 정복왕조로서 당연한 융화정책이었다. 그러나 나라와 정권이 바뀌었음에도 불구하고 중국 남서부 먀오족의 저항은 계속되었다. 한족 이주자의 증가에 따라 한화가 진행되면서 한족들로 인한 경제적 압박이 더욱 심화되었기 때문이다.

이에 청나라는 4대 황제 강희제(재위기간 1661~1722) 때인 1666년에 먀오족 거주 지역에 유관流官을 파견하여 직접통치라는 강력한 개토귀류를 실시하였다. 나아가 5대 황제 옹정제(재위기간 1722~1735) 연간에는 생묘 지역에도 개토귀류를 실시하였다.

이전까지 생묘 지역은 먀오족이 중앙정부의 어떤 간섭도 받지 않는 치외법권 지역이었다. 구이저우 룽장을 중심으로 동쪽의 먀오링산맥과 칭수이강, 두강 유역은 외부와 교류가 없어 삼천리묘강三千里苗疆이라 불렸으며 1,300개 마을에 100만 명의 생묘가 살고 있었다. 이 지역은 현재의 구이저우 동남 먀오족둥족자치주에 해당하는 곳으로 약 350만 명의 먀오족이 살고 있다. 옹정제 연간까지 이 지역은 중국땅이 아니었으며 먀오족은 중국사람이 아니었다고 김인희 박사는 말한다. 유관은 정식 정부관료로서 권력과 의무를 지녔고, 중앙정부의 법령에 의거해 행정을 실시한다는 점에서 한족 지역의 주현관州縣官과 다를 바 없었다.

옹정제는 '중외일체 대통일中外一體 大一統' 사상에 입각해서 민족적 차원의 '화華'와 '이夷'를 구분하는 것을 엄격히 통제했다. 중국에 만연한 화이

사상에서 벗어나 민족적 차별을 희석시킴으로써 변경의 소수민족을 포함한 다민족 통합을 달성하고자 했던 것이다. 개토귀류는 황제의 덕화가 미치지 못하는 변경지역을 교화하여 청나라의 지배질서를 확립하고자 했던 정책이면서 영토확장 계획의 일환이기도 했다.

그러나 중국 남서부의 소수민족 지역은 몽골, 티베트 지역과 달리 처음부터 청나라 지배질서 확립에 따른 국가적 이익에 결코 부합되지 않는 지역으로 인식되어 왔기 때문에 먀오족의 문화와 사회는 교화의 대상으로 여기지 않았다. 개토귀류의 본래 의도와 달리 군사력을 동원하여 무차별적인 살상과 약탈만 자행되었을 뿐이었다. 이러한 대규모 살상과 약탈은 먀오족으로 하여금 민족적 감정을 자극했고 청나라에 대해 끊임없이 저항을 불러일으키는 계기가 되었다.

청나라의 존속기간 296년 중 5대 황제 옹정제로부터 10대 황제 동치제에 이르는 120여 년 동안 먀오족의 3대 투쟁이 있었다. 역사는 이를 옹건기의, 건가기의, 함동기의라고 기록하고 있는데 기의起義는 투쟁을 위해 의병을 일으켰다는 뜻이다. 이 3대 투쟁으로 먀오족의 3분의 2가 목숨을 잃었으며 베트남, 라오스, 버마 등으로 피난을 떠나야 했다. 김인희 박사의 저서 『1,300년 디아스포라, 고구려 유민』과 프랑스의 중국학자 클로딘 롱바르 살몽의 저서 『중국적 문화변용의 한 예: 18세기 귀주성』에 이 3대 투쟁이 자세히 소개되어 있다.

옹건기의(1735~1736)는 청나라의 개토귀류에 반대해 일어난 먀오족의 첫 번째 기의이다. 옹정제와 건륭제 연간에 발생했다 하여 옹건기의라 부른다. 토사문제에 관심이 많았던 옹정제는 자신의 최측근 중 한 명인 오르타이(악이태)를 생묘의 집단 거주지인 운귀雲貴(윈난·구이저우) 총독으로 임명하여 삼천리묘강을 비롯한 생묘 지역을 직접 다스리고자 했다.

"운귀의 큰 근심은 먀오苗족만한 것이 없습니다. 백성民을 안정시키기 위해서는 반드시 먼저 오랑캐夷를 제압해야 하며 오랑캐를 제압하기 위해서는 반드시 개토귀류를 해야 합니다."

오르타이는 개토귀류 실시를 강력히 주청하였다. 생묘를 토벌하고 평정하는 개토를 통해 청나라의 지배력이 전혀 미치지 않는 소수민족 지구의 문화와 습속을 귀류 즉, 한화시키는 것이 주된 목적이었다. 개토귀류는 오르타이의 심복인 귀주안찰사 장광사가 주도하였다.

5여 년에 걸친 대규모 군사작전을 통해 생묘 지역을 평정한 장광사는 단강, 고주, 청강, 팔채, 대공, 도강 등지에 관청을 설치하였는데 '새로 변경에 세운 여섯 개의 관청'이라 하여 이를 신강육청新疆六廳이라 불렀다. 청나라는 여기에 관리를 파견하고 군사를 주둔시켜 해당 지역을 직접통치하게 되었다. 생묘 지역이 마침내 청나라의 직접 지배를 받게 된 것이다.

이에 대한 반발로 옹정 13년(1735) 2월 고주의 먀오족들이 무리를 규합해서 고주의 도성을 공격한 것을 필두로 청강, 대공 등 신강육청에서 청나라에 대한 산발적인 저항이 일어났다. 저항은 곧 진압되었지만 쉽게 사그라지지 않았다. 이렇게 시작된 기의는 1년동안 지속되었다. 먀오족 포리와 홍은이 기의를 이끌었으며 귀주제독 합원생과 형부상서 장조 그리고 귀주안찰사 장광사가 이들을 토벌하기 위해 진력하였다. 이 기의로 사살되었거나 굶어죽은 사람이 13만 명이나 되었고 1,224개의 마을이 파괴

건가기의의 한 장면. 청나라 군대가 먀오족의 봉기를 잔인하게 진압하고 있다. 그림을 설명하는 글에 석류등과 석삼보 등의 이름이 보인다.

되었으며 마을 사람 70~80%가 죽어 마을에는 사람이 보이지 않았다고 한다.

건가기의(1795~1797)는 개토귀류 이후 먀오족 지역으로 이주한 한족과 만주족의 착취와 노략질을 견디지 못한 먀오족이 생존권을 지키기 위해 일으킨 기의이다. 건륭제와 가정제 연간에 발생했다 하여 건가기의라 부른다. 건륭 60년(1795) 정월 13일, 구이저우성 동쪽의 송도청에서 기의가 시작되었다. 기의는 송도청 대채영 출신의 석류등이 주도했다. 이어서 정월 19일에는 후난성 영수청 황과채 출신의 석삼보가 기의를 일으켰고 이를 신호로 오반생, 오룡등, 오팔월이 쓰촨성 봉황청 부근 진간에서 기의를 일으켰다.

며칠 사이에 구이저우, 후난, 쓰촨으로 봉기가 확대된 것은 사전에 모의가 있었기 때문이다. 건륭 59년(1794)부터 석류등과 석삼보는 봉황청 압호채의 백호百戶인 오룽등과 함께 '한족을 몰아내고 옛 토지를 되찾자逐客復古土'는 구호 아래 혈맹을 맺고 봉기를 일으켰다고 하는데 석류등과 석삼보는 가난한 농민 출신이 아니라 대지주였으며 우룽등은 백호라는 지위가 말해주듯 마을의 수장이었다. 이들의 봉기는 1797년에 모두 실패로 끝났지만 그 여파는 계속되어 청나라 조정에서는 이후로 10년 동안 7개의 성에 10만 대군을 투입하여 백여 차례의 전투를 치른 후에야 겨우 봉기를 진압할 수 있었다고 한다. 이 기의로 먀오족 마을 1,000개가 파괴되었고 인구의 60%가 도살당하거나 도망하여 100만 인구가 10만으로 줄어들었다.

함동기의(1855~1872)는 청나라 조정에서 세금과 요역을 증액한 것에 반대해 일어난 기의이다. 함풍제와 동치제 연간에 발생했다 하여 함동기의라 부른다. 먀오족의 3대 투쟁 중 가장 규모가 큰 봉기로 구이저우성에서 장수미가 주도했다. 기의는 빠른 속도로 전체 구이저우성 동남 먀오족 지역으로 확산되었다. 장수미는 각지의 기의군과 연합해 빠른 속도로 세력을 넓혀 나갔다.

1858년 말 먀오족 군대는 동쪽으로는 후난과 구이저우 경계 지역, 서쪽으로는 구이양 근처까지 세력을 확대하여 구이저우 동남 지역 전체를 점령하였다. 1859년에는 청강청을 공격해 "청에 속해 있는 둔전은 누구든 곡식을 심은 사람이 양식을 거두며 세금을 낼 필요가 없다."고 선포하기도 했다. 이로써 잃었던 영토를 다시 회복하고 자주권을 획득하는 듯했으나 1864년 '태평천국의 난'을 진압한 청나라 조정에서 후난, 구이저우, 광시, 쓰촨, 광둥 등 5개 성의 군사를 모아 대대적으로 공격함으로써

1872년 함동기의는 18년만에 실패로 끝나고 말았다.

  이들 기의는 자신들의 생존권과 자주권을 지키기 위한 먀오족의 투쟁이면서 고구려 유민의 마지막 투쟁이었다고 김인희 박사는 말한다. 이 3대 투쟁으로 먀오족 약 300백만 명이 목숨을 잃었으며 수십만 명이 남쪽으로 피신하여 베트남을 비롯한 동남아시아 몽족이 되었다. 몽족은 동남아시아를 침탈한 제국주의가 만든 역사의 격량에 휩쓸리면서 다시 동남아시아를 떠나 전세계로 퍼져 나갔다.

베트남의 독립투쟁과 몽족

몽족 왕국

하장성은 베트남의 63개 지방정부 가운데 가장 북쪽에 위치한다. 20여 종족이 살고 있는데 인구는 약 93만 명으로 몽족(32.9%)이 가장 많고 다음으로 따이족(23.2%), 자오족(14.9%), 비엣족(12.8%) 순이다. 소수민족이 주민의 대부분을 차지하고 있는 하장성은 17세기 말 따이족 족장이 청나라 강희제에게 이 지역을 바쳤다가 옹정제 때인 1728년에 일부를 되돌려 받았고 프랑스 식민지배 기간인 1895년에서야 오늘날과 같은 국경이 확정되었다. 히말리아 산맥의 동쪽 끝자락에 위치한 하장성은 북쪽으로 중국의 윈난성, 광시성과 274km의 국경을 접하고 있으며 유네스코가 세계지질공원으로 지정한 동반지질공원이 천혜의 절경을 이루고 있다. 해발 1,000~1,800m 높이의 이 지질공원에서 멀지 않은 곳에 사핀이라는 마을이 있는데 베트남 현대사에서 중요한 위치를 차지하고 있는 몽족의 왕

브엉찐득(Vuong Chinh Duc)의 저택이 있는 오지 마을이다.

베트남에서는 브엉찐득의 저택을 '메오궁전'이라 부른다. 메오는 몽족의 조상인 먀오족을 부르는 베트남식 발음이다. 브엉찐득의 조상이 언제부터 사핀에서 살았는지 모르겠으나 사핀에서 중국 국경까지의 거리는 불과 2Km밖에 되지 않으므로 국경 개념이 없던 시대에 청나라의 탄압을 피해 이 오지로 숨어 들어온 것이 아닌가 생각된다.

브엉찐득은 1865년에 태어나서 82세 때인 1947년에 사망한 것으로 기록되어 있다. 메오궁전은 그의 나이 33세 때인 1898년부터 짓기 시작하여 1903년에 완공한 목조 건물로 직사각형 형태의 2층 건물이다. 한 면의 길이가 50m나 되고 총 64개의 방이 있다고 한다. 이 건물을 짓는데 수만 명의 노동자가 동원되었으며 당시 인도차이나 은전으로 15만전을 들여 중국에서 건축 장인까지 초빙하였다고 하니 개인의 저택이라기보다는 거의 왕궁 수준의 건물을 지은 것이다.

브엉찐득은 하장성의 10개 현 중 꽌바, 옌민, 메오박, 동반을 다스렸다. 이곳은 오늘날의 하장성 몽족자치구이다. 몽족들이 그를 몽족의 왕으로 추대하자 대부분의 소수민족들이 이 결정을 따랐는데 따이족만은 그의 통치를 거부하였다. 그 결과로 12년동안 몽족과 전쟁을 치러야 했다. 따이족은 종족 정체성이 강한 소수민족이다. 중국에서는 장족壯族이라 불리며 인구가 1,500만 명이나 된다. 베트남에도 150만 명이 살고 있는데, 두 나라 모두 소수민족 중 인구가 가장 많다.

몽족과 따이족 간의 종족 갈등은 프랑스 식민지배를 인식하는 태도에서도 확연히 대비된다. 몽족의 왕 브엉찐득은 프랑스의 회유와 협박에도 불구하고 프랑스의 지배에 협력하지 않았을 뿐만 아니라 나중에는 베트

메오궁전. 개인 소유의 이 웅장한 궁전은 2004년 국가에 기부되었고 베트남 정부에서는 이 건물을 국가급 문화재로 관리하고 있다.

민(Viet Minh 越盟)과 손잡고 함께 독립투쟁을 벌이기도 했다. 반면 따이족의 귀족들은 자식들을 프랑스 군대에 입대시키는 등 프랑스 지배에 적극적으로 협력하였다. 따이족은 오랫동안 계급사회를 유지해 왔는데 귀족인 '따오'와 평민인 '빠이' 그리고 노예 계급인 '꾸웅'의 세 계급으로 구성되어 있다. 훗날 따이족의 귀족 '따오'는 '사악한 지주'로 간주되어 베트남 정부로부터 철퇴를 맞았다.

이러한 두 종족 간의 입장 차이는 해외에서 귀국한 후 하장성 바로 옆 까오방성 하꽝의 빡보 마을에서 항불, 항일 독립투쟁과 해방운동을 지휘해 온 호찌민과의 연대에서도 확인된다. 브엉찐득은 호찌민이 조직한 베트민의 재정적 후원자였으며 그의 둘째 아들 브엉찌싱(Vuong Chi Sinh)은 호찌민과 의형제를 맺기도 했다. 이들 몽족 부자가 호찌민의 독립투쟁에 두 가지 측면에서 결정적인 도움을 주었는데, 하나는 미군 조종사 루돌프 쇼(Rudolph Shaw) 중위 구출하여 호찌민과 미국 사이에 두 번째 인연의 다리를 놓아 준 일이고 다른 하나는 디엔비엔푸 전투에 몽족을 총동원하여 승리를 견인한 일이다.

호찌민과 미국과의 인연

호찌민과 미국과의 인연에는 우연과 필연을 동반한 세 번의 변곡점이 있었다. 첫번째 인연은 베트남을 떠나 30년 동안의 해외생활을 막 시작했을 때였다. 삶의 활로를 찾아 암중모색하던 시절에 제일 먼저 도착한 외국이 미국이었다. 그는 미국을 거쳐 목적지인 프랑스로 갔고 프랑스 식민지인 자격으로 행정학교 입학을 신청했지만 거절당해 다시 미국으로 돌아왔다. 그의 나이 22살 때인 1912년이었다. 그는 호텔 제빵사로 일하며 1년 넘게 보스톤에서 살기도 하고 흑인 인권운동에 영향을 받아 뉴욕의 할렘에 거주하기도 했으나 미국 생활에서 삶의 활로를 찾지 못했던 것 같다. 2년 후 그는 미국과의 첫 번째 인연을 청산하고 영국으로 건너갔다.

두번째 인연은 미국 공군 조종사 루돌프 쇼 중위를 구출한 것을 계기로 중국 윈난성 쿤밍에서 미국 전략사무국(OSS) 대원을 만난 것이다. 일본군이 주둔하고 있던 난닝에 출격했다가 작전을 마치고 귀환하던 쇼 중위의 비행기가 일본군에 의해 격추된 것은 1944년 11월 11일이었다. 중국과 베트남 국경 근처 산악지대에 추락한 쇼 중위를 몽족 민병대가 구출하여 까오방성 늑억하이에 있는 베트민 지도자 팜반동에게 인계했는데 마침 그곳에 머물고 있던 호찌민이 그를 반갑게 맞아 주었고 쿤밍에 있는 미군

기지까지 손수 데려다주었다. 이때도 산악 지형에 익숙한 몽족 민병대가 호찌민 일행의 길라잡이가 되어 주었다.

호찌민이 미군부대를 직접 찾아간 이유는 쇼 중위의 구출을 기회로 베트민의 항일 독립투쟁에 미국의 지원을 끌어내기 위해서였다. 호찌민은 육군 14항공대 클레어 셔놀트(Claire Chenault) 사령관과 OSS 책임자 아르키메데스 패티(Archimedes Patti) 소령을 만날 수 있었는데 영어와 프랑스어에 능통했던 호찌민은 베트민의 활약과 지도자로서의 자신의 존재를 부각시키며 미국 측에 깊은 인상을 심어주었다.

마침내 미국의 OSS와 베트민은 1945년 초부터 협력관계를 구축하기 시작했다. 그해 5월 베트민이 일본군 진지를 본격적으로 공격하자 이에 고무된 패티 소령은 인도차이나에서 최초의 미군 군사작전을 계획했다. OSS 사슴팀(Deer Team)을 만들어 베트민을 미국 무기로 무장시키고 군사훈련까지 제공한 것이다. 7월 16일에는 패티소령의 후배 장교인 앨리슨 토마스(Allison Thomas) 소령이 이끄는 OSS 부대가 하노이 인근 산악지대에 낙하산으로 투하되었으며 보응엔지압이 지휘하는 베트민과 함께 작전을 수행하였다.

패티 소령은 베트민과의 공동작전 수행을 위해 그들을 훈련시키는 한편 베트민을 현대식 무기로 무장시킬 필요가 있다고 판단하고 기관총과 자동소총 그리고 수류탄 등을 낙하산을 통해 제공했다. 미군 무기로 무장한 베트민 부대는 몇 개의 일본군 외곽 초소를 공격하는 등 OSS 사슴팀과 공동작전을 펼쳤다.

이것이 제2차 세계대전이 끝나가는 와중에 미국 OSS와 베트민이 치렀던 대일전이었다. 이러한 공동협력은 제2차 세계대전이 일본의 조기항복

미국 OSS 사슴팀 교관들과 자리를 함께한 호찌민(서있는 줄 좌측 세번째 반바지 차림)과 베트민 사령관 보응엔지압(양복 차림). 박깐성 탄짜오에서 1945년에 촬영한 사진이다.

OSS 사슴팀 교관으로부터 수류탄 투척 훈련을 받고 있는 베트민 부대원들. OSS 사슴팀 교관으로부터 정글 게릴라전 전술을 배운 베트민 부대원들은 훗날 1차 인도차이나전쟁, 더 나아가 베트남전쟁에서 북베트남 장교로 활약했다. 미국은 이후 오랫동안 자신들이 호랑이 새끼를 키웠다는 사실을 부정해야만 했다.

2부_몽족의 역사를 만나다

으로 끝나면서 종결됐지만 당시 그 누구도 불과 20년 만에 미국과 베트남이 참혹한 전쟁을 치를 것이라는 사실을 알지 못했다. 나중에 패티소령은 자신의 저서『왜 베트남인가?』에서 당시의 소회를 이렇게 말했다.

"우리들 중 몇 사람은 우리가 제공한 무기와 훈련이 언젠가는 프랑스 사람들과 싸울 때 사용될 것이라고 생각했다. 그러나 아무도 그들의 상대가 미국이 될 것이라고는 상상도 하지 못했다."

저널리스트로서 베트남전쟁을 심도있게 취재하여『베트남 10000일의 전쟁』이라는 기록물을 남긴 마이클 매클리어는 당시 호찌민과 미국의 관계를 모순과 역설의 아이러니로 해석하였다

"돌이켜보면 OSS는 불과 1개월 동안 약 200여 명을 선발하여 미래의 베트민 지도자를 양성한 셈이었다. 얼마 후 베트민 부대의 사령관이 된 보응엔지압은 OSS 사슴팀이 자신들을 도와 점령한 마을을 탄짜오라고 명명했다. 그 뒤 호찌민이 이 마을에 임시정부를 설립함에 따라 박깐성 탄짜오는 베트남의 역사적 명소가 되었다. OSS는 이후에도 계속 호찌민의 군대를 훈련, 무장시킨 다음 함께 전투를 펼쳤다. 이와 같은 일은 훗날 베트남과 미국의 관계를 살펴볼 때 아이러니컬한 일이 아닐 수 없다."

호찌민과 미국의 세번째 인연은 냉전이라는 국제질서 속에서 탄생한 도미노 이론이었다. 냉전은 핵무기를 보유한 초강대국 미국과 소련이 주도하는 국제질서였지만 정작 미국과 소련 간에는 직접적인 전쟁이 일어

나지 않았던 까닭에 냉전(Cold War 冷戰)이라고 일컬어졌다.

핵보유국인 강대국 사이에는 핵무기가 전쟁 억지력으로 작용하는 이른바 '공포의 균형' 상태가 형성되어 있었다. 그러므로 당장이라도 세계대전으로 비화될 듯 보이는 초강대국 또는 동서 양 진영의 세력권이 분명한 유럽에서의 전쟁 가능성은 오히려 감소했다. 반면에 양 진영의 어느 쪽에 속하는지 불분명했던 '회색지대'를 둘러싼 대립은 격화되었다. 동남아시아가 바로 그러한 회색지대였던 것이다.

도미노 이론은 어느 한 나라의 정치체제가 붕괴되면 그 파급효과가 이웃 나라에도 미친다는 이론이다. 미국의 34대 대통령 드와이트 아이젠하워(Dwight D. Eisenhower)가 도미노게임에서 첫번째 패를 넘어뜨리면 패 전체가 연쇄적으로 모두 쓰러지는 현상을 빌려 베트남의 공산화에 뒤이어 동남아시아 전역이 공산화될 위험성을 경고한 데서 비롯되었다. 그 결과 프랑스의 1차 인도차이나전쟁을 지원하면서 미국의 개입이 시작되었다. 호찌민이 우려했던 미국과의 최악의 인연은 모순과 역설을 넘어 추악한 전쟁 범죄로 이어졌다.

냉전과 도미노이론

동남아시아 역사를 일본의 관점에서 개관한 일본의 역사학자 후루타 모토오 교수의 『동남아시아사(史)』를 보면 '초점화하는 동남아시아'라는 표현이 나온다. '초점'이란 사람들의 관심과 주의가 집중되는 중심점을 가리키는데 '초점화'는 서사의 전개 과정에서 주체의 행위나 상황요소에 초점을 맞추어 집중적으로 탐구한다는 의미이다. 그가 1950~1960년대에 동남아시아를 초점화하여 집중적으로 탐구한 것은 냉전이었다.

1948년에 유럽에서 명확하게 드러났던 미국이 주도하는 서구권의 자본주의 진영과 소련을 맹주로 하는 동구권의 사회주의 진영의 대립은 1949년 중화인민공화국(중국)의 수립과 1950년 한국전쟁 발발로 아시아에서도 구체적으로 나타났다. 이 해에 중국이 베트남민주공화국을 승인하고 이어 소련이 베트남을 승인하자 이에 대항해 미국이 프랑스의 1차 인도차이나전쟁에 대한 직접적인 원조에 나섰다. 1차 인도차이나전쟁이 동서 진영 간의 냉전 구조 속에서 새판이 짜인 것이다.

중화인민공화국의 수립은 두 가지 의미에서 미국에 대한 도전이었다. 하나는 한국, 대만, 동남아시아 등 중국 주변국들이 중국의 공산혁명의 영향을 받을 가능성이 높아졌다는 점이고 다른 하나는 과거 일본의 최대 시장이었던 중국이 미국 주도의 자본주의 세계경제에서 이탈했다는 점이었다. 이는 세계경제는 물론이거니와 일본의 경제 재건에도 커다란 손실로 귀결되어 일본 경제의 복구가 제대로 진척되지 않으면 자칫 일본이 중국과 밀착할 위험성도 있다고 판단했던 것이다.

이러한 위기를 극복하기 위해 미국이 차선책으로 선택한 전략적 지역이 동남아시아였다. 동남아시아는 중국을 대체할 시장이 필요한 일본경제 재건에 있어 매우 중요한 지역으로 급부상했고 따라서 미국의 세계전략 즉 패권국가로서 미국의 정치적, 군사적 개입을 의무화하는 시험대가 되었다. 이처럼 미국의 세계전략에서 중요성이 증대하는 동남아시아 지역에서 가장 심각한 군사적 문제가 다름아닌 베트남, 즉 인도차이나였다. 미국은 이 지역을 도미노의 첫번째 패로 간주하는 이른바 도미노이론을 끌어들여 자신들의 정치적, 군사적 개입을 합리화하며 패권국가로서의 지위를 확보하려 했다.

그러나 일본의 경제 복구를 통한 자본주의의 확장이라는 미국의 세계전략은 도리어 일본군국주의에 대한 반감이 강하게 남아있던 동남아시아로부터 '미국판 대동아공영권'이라는 비난을 자초했다. 더군다나 일본의 경제부흥에 직접적인 영향을 미쳤던 사건은 한국전쟁이었지 동남아시아가 아니었던 것이다. 하지만 이러한 전략적 의의를 지니게 되었던 동남아시아의 지역성은 그 후로 베트남전쟁을 정점으로 한 냉전 구조 속에서 뚜렷하게 실체화되었다고 할 수 있다. 냉전이 동남아시아를 국제정치에서 중요한 의미가 있는 곳으로 부상시킨 것이다.

1차 인도차이나전쟁

제2차 세계대전은 견고하게 보였던 프랑스 식민지 제국에 균열을 냈다. 유럽전선에서 독일군이 펼친 전격전의 결과로 동남아시아에 식민지를 두었던 네덜란드와 프랑스가 독일에 항복한 것이다. 중일전쟁의 수렁에서 헤어나지 못했던 일본은 이 기회를 틈타 동남아시아로 세력 확장을 꾀하였는데 그 첫번째 대상이 전략물자인 쌀을 공취할 수 있는 프랑스령 인도차이나였다.

1941년 6월, 마침내 프랑스가 독일에 항복하는 상황이 되자 일본은 인도차이나 식민지 정부와 본국에 수립되었던 친독 비시 정권에 압력을 가해 1940년 9월에는 인도차이나 북부에, 1941년 7월에는 인도차이나 남부에 모두 25,000명의 병력을 주둔시켰다. 그러다 독일에 협력했던 비시 정권이 연합군의 파리 탈환으로 붕괴되고 동남아시아에서도 전쟁의 판세가 불리하게 전개되자 프랑스 식민지 정부가 더는 일본군에게 협력할 수 없다고 판단한 일본은 1945년 3월 9일 쿠데타를 일으켜 프랑스 식민지 정부를 무너뜨렸다. 이로써 19세기 후반부터 인도차이나를 지배해온 프랑스 식민권력이 하룻밤 사이에 제거되었다.

그러나 일본의 인도차이나 지배는 그리 오래 가지 않았다. 핵무기의 위력으로 8월 15일 일본이 조기항복하자 인도차이나에는 예상치 못한 권력의 공백이 생겼다. 이 기회를 놓치지 않고 호찌민의 베트민은 8월 혁명이라 불리는 총봉기를 통해 일본이 세운 괴뢰정부인 찐 쫑 낌(Tran Trong Kim) 정권으로부터 권력을 탈취하였다. 그러자 응엔왕조의 마지막 황제였던 바오다이(Bao Dai)가 베트민에게 정권을 이양할 것을 결의하면서 퇴위를 선언했다. 이에 호찌민은 1945년 9월 2일 베트남민주공화국의 독립을 선포했다.

포츠담회담의 결과로 한반도가 북위 38도선을 기준으로 북쪽은 소련이, 남쪽은 미국이 신탁통치한 것처럼 베트남은 북위 16도선을 기준으로 북쪽은 중국이, 남쪽은 영국이 신탁통치를 하게 되었다. 이에 대해 프랑스는 다시 베트남을 통치하기 위해 중국과 영국에 대해 자신들의 이권을 양보하는 등 계속된 노력으로 마침내 중국군과 영국군이 1946년 2월과 3월에 각각 베트남에서 철수한다고 발표함으로써 베트남에 대한 프랑스의 재지배가 확실시되었다

비시 체제를 무너뜨리고 국가 권력을 잡은 프랑스 임시정부는 베트남의 독립을 인정할 생각이 추호도 없었다. 임시정부 수반인 드골(de Gaulle)은 오히려 인도차이나에 대한 식민 지배의 재확립을 해방의 마지막 과제로 인식하고 인도차이나 재점령에 각별한 노력을 기울였다. 프랑스군은

1945년 9월부터 남부 베트남에 도착하여 베트민 세력 격퇴에 나섰다. 제1차 인도차이나전쟁은 사실상 이때부터 시작되었다.

1946년 초가 되자 프랑스군은 남부의 주요 도시들을 대부분 장악하였다. 그러나 베트민이 장악하고 있는 북부에 대해서는 무력 정복이 쉽지 않았다. 프랑스 정부는 호찌민과 협상에 착수했으며 군사적 충돌을 가능한 피하려 한 호찌민도 대화 제의를 받아들였다. 그리하여 1946년 3월 6일에 협정이 체결되었는데 베트남민주공화국을 인도차이나 연방과 프랑스 연합에 속하는 자유 국가로 인정하는 한편 코친차이나와 안남, 통킹의 통합에 관해서는 국민투표의 결과에 따르기로 약속하였다. 그 대신 베트남민주공화국은 프랑스군의 북부 베트남 진주를 허용하였다. 이는 모호한 타협안이었다. 자유국가는 법률적 근거가 없는 개념이었고 새로운 프랑스 정부가 계획하고 있던 인도차이나 연방이나 프랑스 연합이라는 새로운 정치조직의 구성 및 작동 원칙도 아직 마련되지 않은 상태였다.

베트남의 정치적 지위를 둘러싼 협상은 그 뒤로 계속되었으나 아무런 성과도 내지 못했고 무력 충돌만 일상화되었다. 마침내 1946년 12월 19일 하노이 민병대를 해산시키고 치안권을 식민정부에 넘기라는 프랑스의 3차례에 걸친 최후통첩을 받은 호찌민은 항전 결의 연설을 통해 총궐기를 호소하였고 하노이에서 전투가 시작됨으로써 1차 인도차이나전쟁이 본격적으로 시작되었다.

거의 1년동안 북부에서 진행된 전쟁은 지지부진했다. 프랑스군의 선 전략요충지(도시) 확보 후 주변지역(농촌) 평정전략이 산악지대로 둘러쌓인 통킹에서는 그다지 실효성이 없었다. 1947년 10월, 북부 산악 거점과 박깐성에 위치한 베트민 지휘부를 양면 공격하는 레아작전도 프랑스군의 병력 부족으로 점령지에서 철수해야 하는 상황이 벌어지면서 전쟁은 교착상태에 빠졌다.

1차 인도차이나전쟁은 1949년 10월, 중국에서 마오쩌둥이 중화인민공화국을 수립하고 1950년 6월, 한국전쟁이 발발하면서 중요한 변곡점을 맞게 된다. 중국이 호찌민이 수립한 베트남민주공화국을 승인하고 3,400백만 달러에 달하는 군사원조를 지원한데 이어 소련이 베트남을 승인하자 이에 대항해 미국이 프랑스의 1차 인도차이나전쟁에 대한 직접적인 원조에 나섰다. 군사원조고문단 파견과 더불어 전쟁비용의 80%를 지원하기로 약속한 것이다. 이렇듯 1차 인도차이나전쟁은 동서 진영 간의 냉전 구조 속에서 대리전 양상을 띠게 되었다.

그러나 예상과 달리 전쟁은 베트남인민군이 주도하였다. 1950년 1월, 베트남인민군은 프랑스를 상대로 총공세를 벌여 레아작전으로 빼앗겼던 라오까이, 까오방, 랑선의 산악거점을 되찾고 홍강 델타까지 진출함으로써 전세를 유리하게 장악하였다. 이러한 결과의 배경에는 몇 가지 요인이 있었다. 전쟁이 본격화되면서 프랑스의 군수사정이 악화되고 지휘관이 지병으로 귀국하면서 병사들의 사기가 저하된데다 1952년 10월 3만 명의 최대 규모의 병력을 투입해 전세의 만회를 꾀했던 로렌작전이 초기의 우세에도 불구하고 군수품 보급이 차질을 빚고 베트남인민군의 유격전에 대응하지 못하면서 상황이 역전되었기 때문이다. 디엔비엔푸 전투는 이러한 상황을 해결하려는 프랑스의 고육지책이었다.

디엔비엔푸 전투

디엔비엔푸의 한자표기는 奠邊府(전변부)이다. '제사 지내는 변방'이라는 뜻이다. 베트남과 라오스 국경에 위치한 이곳은 라오족과 따이족이 강신降神지역으로 믿고 있는 므엉타인 분지 평원에 있다. 이곳이 1차 인도차이나전쟁의 치열한 전투의 무대가 되면서 세계전쟁사에 디엔비엔푸라는 이름을 각인시켰다.

디엔비엔푸 전투를 승리로 이끈 주역 중 한 명인 베트남인민군 총사령관 보응엔지압의 회고록 『디엔비엔푸』와 베트남측 사료를 바탕으로 디엔비엔푸 전투를 분석한 김종욱 교수의 「디엔비엔푸전역의 전승과 인민전쟁의 전술전략」 논문, 그리고 프랑스측 사료를 바탕으로 디엔비엔푸 전투를 분석한 정재현 교수의 「1954년 5월 7일, 디엔비엔푸 요새의 함락과 프랑스 식민지 제국의 해체」 논문 등은 한결같이 디엔비엔푸 전투에서 베트남인민군이 승리할 수 있었던 가장 큰 원동력으로 베트남민주공화국의 '강력한 인적·물적 자원의 동원능력'을 꼽았다. 먼저 정재현 교수의 국문 초록을 읽어보자

"1954년 5월 7일 5만 명의 전투 병력과 26만 명의 민간인을 동원한 베트남민주공화국 군대의 손에 프랑스군의 디엔비엔푸 기지가 함락되었다. 인도차이나전쟁에 종지부를 찍은 이 결정적인 전투에서 베트남인민군이 거둔 승리는 1949~1950년부터 베트남 '전시 공산주의'에 의해서 베트남민주공화국이 강력한 인적·물적 자원의 동원능력을 갖추고 '총력전'을 수행할 수 있는 국가로 탈바꿈하였음을 증명한다. 이 국가는 20세기의 다른 탈식민지

화 전쟁에서 식민주의 국가들이 상대해야 했던 적과는 전혀 다른 유형이었다. 이러한 점에서 볼 때 프랑스 식민지 제국 해체의 신호탄이 된 인도차이나전쟁은 특수성을 지닌다. 점점 더 높은 강도로 인민을 동원하여 훗날 미국마저 물리치게 되는 이 가공할 만한 국가가 태어난 것은 바로 프랑스에 맞선 전쟁의 과정에서였다."

1953년 5월 프랑스의 수상 르네 메이에르(Rene Mayer)는 한국전쟁에서 명성을 떨쳤던 앙리 나바르(Henry Navarre) 장군을 프랑스극동원정군의 새로운 사령관으로 임명하면서 프랑스가 인도차이나에서 명예롭게 퇴장을 할 수 있는 길을 조속히 찾아 보라고 지시했다. 프랑스는 2차 세계대전 이후 경제회복이 지연되어 전쟁수행 능력이 한계에 도달해 있었고 국내에서도 인도차이나 전쟁을 더러운 전쟁으로 간주하며 반전운동이 점차 고조되고 있었다. 한마디로 프랑스는 이 전쟁을 더 이상 감당하거나, 수행할 수도 없었던 것이다. 따라서 어떠한 방법을 동원해서라도 전쟁을 조기에 종결지어야 할 절박한 시점에 와 있었다.

당시 베트남인민군의 병력은 7개의 정규사단과 독립연대로 구성된 12만 5천 명의 정규군과 지방군 15만 명, 민병대 7만5천 명 등 총 35만 명 규모였고 프랑스군도 정규군 18만7천 명(프랑스군 5만4천 명, 아프리카군 4만8천 명, 외인부대 2만 명, 베트남모병군 5만 명, 해군 5천명, 공군 1만 명)과 베트남모병 지방군과 민병대 20만 명 등 총 38만7천 명의 병력을 보유하고 있었다. 병력 규모는 양측이 비슷했지만 프랑스군 병력 대부분은 각 지역의 거점 확보를 위해 고정 배치되어 있었고 기동예비로 운용될 수 있는 병력은 3개 사단에 불과했다. 전쟁을 조기에 종결하기 위해서는 공세적 기동

전략이 필요한데 프랑스군의 전력과 전황은 암울하기만 했다. 나바르는 인도차이나 각지에 분산되어 있는 프랑스군을 집결시켜 기동부대로 재편하고 지역방어 임무는 베트남모병군이 담당하도록 했다.

나바르의 공세적 기동전략은 84개 기동대대 중 44개 대대를 먼저 홍강 델타 지역에 투입하여 공세를 취하고 동시에 디엔비엔푸 평원을 확보하여 베트남인민군의 보급통로인 서북부를 통제할 수 있는 교두보를 구축한 다음 베트남인민군을 디엔비엔푸로 유인하여 격파시킴으로써 전쟁을 종식시킨다는 것이었다. 프랑스군 사령부가 디엔비엔푸에 요새화된 기지를 건설하기로 한 것은 1952년 말에 있었던 나싼전투에서의 승리경험 때문이었다. 비행장을 가운데 두고 공중으로 보급을 받으며 여러 개의 방어진지를 구축하였던 나싼전투에서 프랑스군은 베트남인민군의 공격을 효과적으로 막아내고 대승을 거둔바 있다. 보름간의 공세 시도에도 여건이 여의치 않자 공격을 직접 지휘했던 보응엔지압은 패배를 인정하고 철수할 수밖에 없었다.

1953년 11월 20일 마침내 디엔비엔푸를 점령하기 위한 카스토르 작전이 시작되었다. 프랑스군 공수부대 2개 대대 3천여 명이 비행기로 낙하하여 현지에 주둔하고 있던 베트남인민군을 격퇴하고 곧바로 기지 건설에 들어갔다. 풀과 나무를 제거하고 지휘본부, 엄폐호, 참호, 교통호, 치료소 등을 건설하였으며 진지는 철조망과 지뢰로 둘러쌌다. 방어진지들은 대체로 언덕에 자리 잡았으며 하나의 방어진지는 다시 여러 개의 방어거점으로 나뉘었다. 기지의 중앙에는 1930년대에 건설된 활주로가 있었는데 방치되어 있던 활주로를 보수하여 항공기가 이착륙할 수 있게 되자 그 뒤로 더 많은 병력가 장비가 도착하여 12월 말에는 요새의 형태가 거의 완성되었다. 디엔비엔푸는 누가봐도 난공불락의 요새처럼 보였다.

프랑스군의 디엔비엔푸 점령사실이 알려지자 베트남노동당 정치국은 디엔비엔푸 총공격을 결정하였다. 제공권이 없는 상태에서 은폐·엄폐가 어려운 지형에서의 전투는 막대한 병력 손실만 가져올 뿐 승리할 수 없다는 것을 나싼전투를 통해 뼈저리게 체득하였기 때문에 수송 거리가 다소 멀더라도 전투력을 집중하여 디엔비엔푸 전투에 승부수를 띄울 생각이었다. 1954년 1월 베트남인민군 5개 사단이 디엔비엔푸에 집결하여 디엔비엔푸 기지를 둘러싼 산속에 포진하였다. 2월 중순에는 전투 병력만 5만 1천 명에 이르렀다. 이에 반해 디엔비엔푸를 방어하는 프랑스군의 병력은 약 1만2천 명 정도로 수적으로는 절대 열세였다.

그러나 수적 열세에도 불구하고 프랑스군 사령부는 기지의 핵심 시설인 비행장이 베트남군 포砲 유효사거리 밖에 있어 안전하며 항공기를 이용한 작전이 가능한 만큼 전투가 시작되면 아군 포병대가 곧바로 적군의 포병대를 무력화시킬 수 있을 것으로 확신하고 있었다. 더욱이 베트남인민군이 디엔비엔푸까지 중포重砲와 방공포를 운반해 올 수 없을 거라 보았고 대규모 군대가 장기간 작전을 펴는데 필요한 지속적인 물자보급이 불가능할 것으로 예상했다. 디엔비엔푸는 베트남 북부의 평야 지대에서 너무 멀리 떨어진 산악지대 한가운데 외딴 곳에 있는데다가, 그곳까지 가는 도로상태도 형편 없었기 때문에 보급의 측면에서도 항공 수송이 가능한 프랑스군이 훨씬 유리해 보였다.

사실 1953년말부터 디엔비엔푸 전투를 준비해온 베트남인민군 총참모부에게 닥친 가장 큰 난제는 후방으로부터의 병참지원 문제였다. 산악지대에 자리잡은 디엔비엔푸까지 300~400Km를 이동해 5개 사단 병

디엔비엔푸를 점령하기 위한 카스토르 작전. 1953년 11월 20일 프랑스군 사령부는 공수부대 2개 대대 3천여 명을 이곳에 낙하하여 현지에 주둔하고 있던 베트남인민군을 격퇴하고 난공불락의 기지를 건설하였다.

후방 병참기지에서 디엔비엔푸 전선까지 보급과 수송을 담당한 소수민족 민병대. 보급로상에 위치한 각 지역의 소수민족 민병대들은 대나무 지게와 2만여 대의 짐자전거를 이용하여 2만5천톤의 양식을 디엔비엔푸 전선으로 실어 날랐다.

력에게 식량과 탄약을 전달하는 일은 결코 쉽지 않은 과제 중의 과제였다. 베트남측 사료를 바탕으로 디엔비엔푸 전투를 분석한 논문에 따르면 호찌민과 베트남노동당 정치국, 베트남인민군 총군사위원회는 '바트꿘' 중 민병대를 동원하는 방법으로 이 문제의 해법을 도출했다고 한다. 총 500Km에 달하는 보급선을 단계별로 나누어 해당 인근지역에 거주하는 민병대를 활용하는 방안이었다.

바트꿘은 3개군三個軍이라는 뜻이다. 정규군과 지방군, 비정규군을 총칭한다. 정규군은 인민군 총사령부의 직접적인 지휘를 받는 부대이고 지방군은 각 지방의 인민위원회의 지휘를 받는 부대이며 비정규군은 민병대, 유격대, 자위대로 구성된 비전투부대로 호찌민이 베트남 선진해방군대를 창설할 때 지시한 원칙과 방향에 따라 설립된 게릴라부대이다. 베트남인민군은 바트꿘을 결합하여 전술·전략을 운용하고 무장역량을 최대한 끌어올리는 방식을 가장 대표적인 군사기술로 삼았다. 이는 국민전체를 전쟁에 참가시키는 베트남만의 독특한 전략·전술이다. 디엔비엔푸 전투에서는 주로 북부 산악지대에 거주하는 소수민족 26만명이 동원되었다.

나는 이들 소수민족 중 상당수가 하장성 몽족이었을 것으로 추측하고 있다. 브엉찐득 집안이 다스렸던 하장성의 몽족 민병대는 항일, 항불기간 내내 이런 일을 도맡아 해왔기 때문이다.

몽족 민병대는 정규군과 협력하여 야전도로를 보수하고 건설했다. 대나무 지게와 자전거를 이용하여 작업을 했다고 한다. 한 달 사이에 1m 너비의 도로 총 82Km를 뚜언쟈오에서 디엔비엔푸까지 보수하여 포차가 디엔비엔푸 외곽 15Km까지 접근할 수 있도록 했다. 여기서부터 각 포는 또 다른 민병대에 의해 포진지로 올려졌다.

무거운 화기는 분해해서 운반하였고 진지에서 재조립하기도 했다. 한편 20,911대의 짐자전거를 통해 25,000톤의 양식이 디엔비엔푸로 보급되었다. 14,950톤의 쌀, 266톤의 소금, 62톤의 설탕, 577톤의 육류, 565톤의 건조식량 등이 전달되었다고 하는데 상상을 초월한 대역사가 사진기록으로 남아 있다.

1954년 3월 13일 마침내 베트남인민군은 디엔비엔푸 북쪽 프랑스군 진지들에 대한 공격을 개시하였다. 베트남인민군의 포격은 프랑스군의 예상을 뛰어넘는 화력의 정확성을 보여주었다. 베트남인민군은 조악한 무기로 게릴라전이나 벌이는 반군 조직이 아니라 중화기를 운용하고 체계적인 지휘 계통과 탁월한 작전 능력을 갖춘 현대화된 군대였다. 베트남인민군 포병대가 프랑스 진지들을 공격하는 동안 프랑스군 포병대는 산 중턱에 은신해 있는 베트남인민군의 포들의 위치를 파악하지 못하여 제대로 반격을 하지 못했다.

3월 14일에서 16일 사이 북쪽에 있는 베아트리스, 가브리엘, 안마리 진지가 베트남인민군에게 점령되었다. 이제 이 진지들에서 디엔비엔푸 기지의 중심부까지 타격이 가능해졌다. 활주로가 집중 포격의 대상이 되었고 3월 28일 이후로는 항공기의 이착륙이 불가능해졌다. 프랑스군은 4천명이 넘는 인원을 디엔비엔푸에 낙하시켜 병력을 보강하였지만 전세를 역전시킬 수는 없었다. 5월 1일 베트남인민군의 총공격이 시작되었고 마침내 일주일 후인 5월 7일 프랑스군은 항복을 선언하였다. 보급이 안되는 상황에서 더 이상 버틸 수가 없었던 것이다.

디엔비엔푸 전투의 승리는 베트남인민군대뿐만 아니라 베트남 국민 모두의 승리였다. 그들의 투쟁이 성공할 수 있었던 것은 기본적으로 식민지배에서 해방되고자 하는 국민들의 간절한 염원이 민족주의로 표출되었기 때문이다. 북부 산악지대에서 어렵게 살아왔던 소수민족들도 자신들의 정체성을 분명히 드러내며 투쟁에 적극적으로 참여하였는데 몽족의 활약이 가장 눈부셨다는 것이 디엔비엔푸 전투를 연구해온 학자들의 공통된 의견이다. 디엔비엔푸 전투에서 프랑스군은 2,293명이 전사하였고 1,729명이 실종되었으며 11,721명이 생포되었다. 포로 중에 프랑스인 8,708명을 제외한 나머지 3,013여 명은 베트남 모병군이었는데 그 중 상당수가 몽족과 대립했던 따이족이었다고 한다.

2000년부터 2006년까지 6년에 걸쳐 50여 차례 베트남 출장을 다녔던 나는 당시 권력서열 1위였던 농득만(Nong Duc Manh) 공산당 서기장이 호찌민의 숨겨진 아들이라는 소문을 자주 들었다. 그는 호찌민이 임시정부를 세웠던 박깐성의 따이족 출신이었는데 소수민족 출신이 공산당 서기장에 오른 전례가 없었기 때문에 소문은 진위와 상관없이 오랫동안 인구에 회자되었다. 부역의 대가로 철퇴를 맞았던 따이족의 비극을 알고 있었던 터라 따이족의 완벽한 부활로 여겨졌다.

독립투쟁과 해방운동을 소수민족들이 주로 사는 북부 산악지대에서 전개해 온 호찌민은 누구보다도 소수민족의 삶을 존중했다. 그들의 문화를 이해하고 포용했으며 베트남 국민의 일원으로 다양성을 인정하고 융합을 시도했다. 몽족은 더 이상 중국에서 도피해온 유민이 아닌 당당한 베트남 국민으로서 자부심을 가지고 살고 있다.

하노이에 출장갈 때면 호떠이 근처 몽족 간판이 걸려있는 술집을 찾곤 했는데 술맛이야 여느 술집과 다를바 없었지만 몽족의 곡진한 삶과 역사가 늘 이야기의 성찬을 차려 주었다.

라오스 몽족의 끝나지 않은 전쟁

아편을 위한 몽족의 선택

라오스 몽족과 관련된 자료나 기사를 검색하면 '라오스 몽족의 끝나지 않은 전쟁' '라오스 몽족의 슬픈 역사' '라오스 몽족의 오래된 눈물'등 다소 비극적인 내용을 암시하는 제목이 등장한다. 제목뿐만 아니라 실제 내용도 미국의 배신을 비난하는 글과 아편 이야기로 가득차 있다.

현재 라오스에 거주하는 몽족은 약 60만 명 정도로 라오스의 전체 인구 750만 명의 약 8%를 차지한다. 소수민족으로서 결코 적지 않은 인구인데 도대체 라오스 몽족에게 무슨 일이 있었기에 이렇게 많은 사람들이 아직도 전쟁중에 있으며 눈물이 마를 날이 없다는 걸까?

라오스 몽족의 조상이라 할 수 있는 중국 먀오족이 라오스에 정착한 것은 베트남 몽족과 마찬가지로 중국 명·청대의 개토귀류 정책에 반발하여 반란을 일으켰다가 실패하자 살길을 찾아 남쪽으로 피난한 결과였다. 라오스의 북쪽 국경이 중국 윈난성이므로 티벳고원에서 발원하여 윈난성을 거쳐 버마, 태국, 라오스를 관통하는 메콩강을 따라 남하했으며 아편 재배가 가능한 고원지대로 이동했을 것이다.

라오스가 인도차이나 연방의 일원으로 프랑스의 식민통치를 받았던 시절 처음으로 인구조사를 시행하였다. 프랑스 식민정부는 라오스 국민을 라오족, 따이족, 카족, 메오-야오족, 베트남 킨족, 중국 화족, 유럽인, 캄보디아인, 인도-파키스탄인 등 9개 그룹으로 분류하였다.

이 분류는 인종과 종족 구분에 따른 것이었는데 여기서 메오-야오족으로 분류된 종족이 몽족이다. 조사 결과에 따르면 1911년에는 전체인구 618,500명에 몽족은 15,205명(2.45%)이었고 1931년에는 전체인구 964,000명에 몽족은 39,000명(4.04%)이었으며 인구가 백만 명이 넘어선 1942년에는 전체인구 1,012,468명에 중 몽족은 49,240명(4.86%)이었다.

프랑스로부터 독립한 후 라오스 왕실정부는 라오스 국민 중 라오족과 따이족, 카족과 메오-야오족을 토착민으로 정의하고 나머지 종족은 비토착민으로 분류하였다. 토착민 중에서도 라오족과 비라오족을 구분하였는데 전체인구의 65%를 차지하는 라오-따이족을 통합하여 라오족으로, 카족과 메오-야오족은 비라오족으로 분류하였다. 이러한 분류는 국가를 운영함에 있어 국민의 주체를 라오족으로 명시함으로써 종족간의 갈등, 특히 소수민족의 반발을 억누르기 위한 명분이었다. 1955년 당시 라오스 왕실정부와 가장 갈등이 심했던 소수민족은 몽족이었다.

중국에서부터 아편을 재배해온 먀오족은 베트남과 라오스 등지로 남천하여 몽족이 된 후에도 계속해서 아편을 재배했다. 환금작물인 아편만이 그들의 유일한 생계수단이었다. 라오스, 베트남, 버마의 북부 고원지대에서 재배된 아편은 사통팔달한 윈난성에 집하되었다가 중국 전역으로 팔려 나갔다. 몽족의 왕이라 불렸던 베트남 하장성의 브엉찐득이 메오궁전을 지을 수 있었던 것도 아편 재배로 막대한 부를 축적했기 때문이다. 그의 저택에는 64개 방 이외에 무기창고와 보석창고, 아편창고가 있을 정도였다.

프랑스에게도 아편은 중요한 수입원 중 하나였다. 고무와 더불어 인도차이나 식민통치 재정의 상당부분을 아편 사업이 담당했다. 무력과 행정력을 총동원하여 아편 사업을 독점한 프랑스 식민정부는 아편에 엄청난 세금을 부가함으로써 몽족의 반발을 샀다. 아편 재배 과정에서 프랑스 식민당국뿐만 아니라 이들을 대신하여 아편 세금을 징수한 라오족 및 따이족 관리들과도 갈등을 빚었다. 1918년 샹쾅에서의 몽족반란은 그러한 배경에서 일어난 것이다.

브엉찐득이 프랑스 식민당국의 회유와 협박에도 불구하고 식민지배에 협력하지 않았던 가장 큰 이유도 아편 사업 때문이었다. 따이족과의 갈등도 아편 사업을 둘러싼 헤게모니 싸움에서 비롯되었다. 베트남 몽족이 호찌민의 항불조직인 베트민에 참여하여 이 사업을 지키려 하였다면 따이족은 프랑스 군대에 입대하는 등 프랑스 식민당국에 협조하여 기득권을 유지하려 하였다. 라오스에서도 마찬가지였다. 베트민과 같은 항불조직인 '빠텟라오(Pathet Lao 라오의 나라)'가 결성되었을 때 조직원 대부분이 몽족이었다.

1950년에 결성된 빠텟라오는 베트남인민군의 지원을 받아 라오인민해방군을 조직하였다. 1953년 4월 쑤파누웡(Sufanuvong)이 이끄는 2천 여 명의 라오인민해방군은 보응엔지압이 지휘하는 4만여 명의 베트남인민군과의 연합작전으로 라오스 북동부 퐁쌀리와 후아판을 공격하여 해방구를 만들었고 후아판 쌈느어에 빠텟라오 본부를 설립하였다. 이로써 빠텟라오는 처음으로 자신들만의 정치적 영토를 갖게 되었다.

퐁쌀리는 라오스와 베트남 접경지역으로 그 유명한 디엔비엔푸 므엉타인 분지와 가까운 곳이다. 빠텟리오가 퐁쌀리를 점령한 이듬해인 1954년 3월 디엔비엔푸에서 베트남인민군과 프랑스군 간에 치열한 전투가 벌어졌다. 이 전투에 라오스인민해방군도 참전했는데 프랑스군의 라오스 방향 퇴로를 차단함으로써 프랑스군을 디엔비엔푸에 완전히 고립시키는데 일조했다. 그리고 디엔비엔푸 전장에서 탈출한 프랑스군 250명을 생포하였다. 베트남 모병군으로서 현장 지리에 밝은 따이족이 대부분이었지만 프랑스 군인도 24명이 있었다고 한다.

그러나 몽족이라 해서 모두 빠텟라오를 지지하는 것은 아니었다. 몽족은 씨족 중심 사회였기 때문에 씨족 간의 우호관계가 매우 중요했다. 프랑스 식민정부는 식민통치에 저항하는 몽족을 씨족 공동체에서 격리시키기 위해 몽족 간에 갈등을 조장하였다. 몽족은 친불 '리' 씨족과 반불 '로' 씨족으로 분열되었고 서로 반목하였다. 1939년 프랑스 식민정부가 샹쾅주의 관료 자리를 '리'씨족의 투비리파옹에게 주면서 두 씨족간의 갈등은 최고조에 달했다. 결국 '로' 씨족의 대부분은 항불조직인 빠텟라오에 가입하여 프랑스에 대항하였고, 나중엔 미국의 용병이 된 '리' 씨족과 치열한 전투를 벌였다.

샹쾅의 항아리평원 주변 몽족은 대부분 '리' 씨족이어서 당연히 프랑스 식민정부에 협조하였다. '리' 씨족이 라오스에서 아편을 가장 많이 재배하는 몽족이었던만큼 프랑스 식민정부는 아편을 당근삼아 이 지역 몽족을

라오인민해방군과 베트남인민군의 악수. 결성 초기 소수민족(몽족)이 대거 참가한 두 나라 군대는 프랑스군을 상대로 몇 차례 연합작전을 벌였다. 그 백미는 단연코 디엔비엔푸 전투였다.

관리하였다. 이 지역 몽족 출신으로 라오스 소재 프랑스 육군사관학교를 졸업하고 프랑스군 통역사로 근무하다 왕립라오군 장교가 된 왕빠오(Vang Pao)라는 젊은 장교가 적극적으로 나서서 프랑스 식민당국의 손을 잡아주었다. 훗날 그는 미국이 내민 손도 잡아주었는데, 라오스 몽족의 끝나지 않은 전쟁은 이때부터 시작되었다.

그 나라의 쓸모

베트남전쟁을 제2차 인도차이나전쟁이라고도 부른다. 프랑스의 인도차이나 연방이었던 베트남, 캄보디아, 라오스가 미국과의 전쟁에서 공동전선을 형성하고 있었기 때문이다. 공동전선의 실체는 도미노 이론과 호찌민트레일이었다. 미국이 전선을 확대하면서까지 싸워야 했던 상대가 우습게도 자신들이 만든 게임 이론과 트럭 한대가 겨우 지나가는 정글 속 도로였던 것이다.

내가 베트남 출장을 자주 다니면서도 이웃나라인 캄보디아와 라오스로 비즈니스를 확대할 생각은 전혀 하지 않았다. 한국무역협회나 코트라 같은 유관기관에서 조사한 시장분석 자료도 없었고 바이어 발굴도 쉽지 않아 보였다. 몽족에 대한 관심이 아니었더라면 두 나라가 왜 베트남 전쟁에서 또 다른 전쟁터가 되어 오늘날까지 끝나지 않은 전쟁을 치르고 있는지 몰랐을 것이다.

유재현 작가의 책 『메콩의 슬픈 그림자 인도차이나』는 베트남을 오가는 비행기 안에서 자주 읽었던 책이다. 외국 바이어를 상대하려면 최소한 그 나라의 정치와 경제, 역사와 문화를 어느 정도는 이해하고 있어야 하는 것이 비즈니스맨의 기본 자세라고 배웠다. 그런 의미에서 유재현 작가의 책은 시의적절한 개관서였다. 그 시기에 조금 무리해서 600쪽 안팎의 긴 호흡을 필요한 책도 함께 읽었는데 셀리그 헤리슨 기자의 책 『코리안 엔드게임』과 마이클 맥클리어 기자가 쓴 『베트남 10000일의 전쟁』이 그것이다. 이 책들에 대한 감상을 계간 『시평』 2004년 여름호에 소개하였다. 완고한 빗장을 여는데 전문가들이라고.

라오스 국토 면적은 한반도와 비슷한 23만 평방킬로미터 정도지만 현재 인구는 남북한의 10% 수준인 750만 명 정도밖에 되지 않는다. 1893년 프랑스 식민지가 되어 인도차이나연방에 합류했을 때 인구는 50~60만 명에 불과했고 국토의 70%가 험준한 산악지대인데다 동남아시아의 유일한 내륙 국가여서 코친차이나의 고무산업처럼 식민통치 재정을 운영하는데 크게 기여할만한 산업이 없었다. 그나마 아편이라도 재배하였기에 식민통치 자금의 1% 정도라도 충당할 수 있었다.

이러한 라오스이지만 프랑스는 이 나라를 차지하기 위해 라오스를 지배하고 있던 시암(태국)과의 전쟁도 불사했다. 영국과의 식민지 쟁탈전에서 라오스가 차지하고 있는 지정학적 중요성을 잘 알고 있었기 때문이었다. 시암을 완충지대로 두고 동아시아에서 식민지 패권전쟁을 벌여온 영국과 프랑스의 최종 목표는 거대한 중국시장에 교두보를 구축하는 것이었다. 동남아시아 국가들과 사통팔달하여 아편이 집하되는 윈난성은 중국시장을 여는 첫번째 관문이었고 메콩강을 통해 버마, 태국, 라오스, 캄보디아, 베트남과 연결된 교통의 요지이기도 했다. 영국이 윈난성과 접경을 이루는 버마를 차지한 이상 프랑스로서는 윈난성의 또 다른 접경인 라오스를 반드시 차지해야 했다. 결국 시암은 프랑스의 압박에 굴복하여 메콩강 동쪽 영토를 포기하였고 프랑스는 1893년 마침내 라오스를 인도차이나연방에 합류시켰다.

1949년 10월, 중국에서 마오쩌둥이 중화인민공화국을 수립하자 미국은 중국 주변국들이 중국의 공산혁명의 영향을 받아 공산화될 가능성을 제기하며 정치적, 군사적 개입을 본격화하였다. 그 유명한 도미노이론을 내세운 것이다. 1950년부터 프랑스를 지원하며 인도차이나전쟁에 개입했던 미국은 1954년 프랑스가 디엔비엔푸 전투에서 대패하여 인도차이나에서 철수하자 본격적으로 이 지역에 발을 들여 놓았다.

미국은 먼저 동남아시아의 전략적 요충지인 태국에 미국중앙정보국(CIA) 비밀기지를 차렸다. 버마, 말레이시아, 라오스, 캄보디아 등과 국경을 접하고 있는 태국에는 미국이 관리해야 할 중요한 사업이 두 개 있었다. 하나는 아편사업이었고 다른 하나는 반공 용병사업이었다. 이 둘은 서로 불가분의 관계였다. 1950년 초 중국인민해방군에 쫓겨 버마 국경을 넘은 장제스의 국민당 잔당들은 라오스 몽족과 손잡고 아편사업에 뛰어들었다. 미국은 프랑스가 그랬던 것처럼 아편 거래의 큰손이 되어 주었고 대신 이들을 반공 용병으로 활용하였다. CIA는 이들을 라오스 국경의 남유에 파견하여 비밀작전을 전개하였는데 '라오스 공산당 빠텟라오 견제', '라오스 내 호찌민트레일 파괴', '중국의 북베트남 지원 차단' 등이 미국이 라오스에서 전개할 비밀작전의 핵심이었다.

 라오스에서 미국의 군사작전이 항상 비밀일 수밖에 없었던 이유는 라오스가 1962년 제네바 회의에서 영세중립국을 선언했기 때문이다. 미국, 영국, 러시아, 프랑스, 중국 등 13개국이 이 선언을 추인하였다. 그러나 라오인민해방군과의 연합작전으로 풍쌀리와 후아판에 해방구를 구축한 베트남인민군은 라오스에 남아 작전을 계속했다. 그들의 작전은 라오스와 캄보디아에 베트남 국경과 평행한 도로를 건설하는 것이었다. 호찌민트레일 또는 호찌민루트라고 부르는 이 도로는 남베트남 내의 반정부 게릴라조직인 남베트남민족해방전선, 일명 베트콩에게 군수품을 수송하기 위한 도로였다. 이 도로로 말미암아 라오스 국민들은 지금도 죽음의 공포 속에서 살고 있다.

 라오스에 지상군을 주둔시킬 수 없었던 미국은 1959년부터 군사고문단을 파견하고 CIA와 미국 육군 특전부대인 그린베레(Green Beret)를 통해 친미반공 정규군을 양성하는 한편 라오스 북동부 호지민트레일에 진을 친 베트남인민군, 그리고 빠텟라오와 싸울 대게릴라전 병력으로 몽족 용병을 조직하였다. 프랑스에 이어 베트남과 미국에게도 라오스는 지정학적으로 그만큼 쓸모가 있는 나라였던 것이다.

왕빠오의 몽족군

미국은 베트남과 라오스에서 항불전쟁을 벌여온 소수민족 몽족의 타고난 용맹성을 잘 알고 있었다. CIA는 프랑스 식민당국에 협조했던 몽족을 중심으로 용병을 조직하기 위해 프랑스가 했던 방식대로 아편을 당근삼아 대대적으로 용병을 모집했다. 그리고 이 조직을 이끌 인물로 몽족 출신 왕립라오군의 왕빠오 대령을 선택했다.

CIA는 왕빠오를 필리핀의 정찰유격기지에 데려가 6개월동안 대게릴라전을 교육시켰고, 라오스로 돌아온 왕빠오는 항아리평원을 둘러싼 산악지대에서 본격적인 친미몽족군을 조직했다. 1963년 서른 네살의 나이에 그는 벌써 장군으로 진급해 있었다.

왕빠오는 1929년 항아리평원으로 유명한 샹쾅 농헷의 몽족마을에서 태어났다. 18살에 프랑스 의용군에 입대하여 베트민과의 전쟁에 참여하였고 라오스에 있는 프랑스 육군사관학교를 졸업하고 왕립라오군 장교가 되었다. 몽족어, 라오스어, 프랑스어에 능통했던 그는 CIA와의 의사소통은 프랑스어로, 라오스 왕립군대에서는 라오스어로, 그리고 몽족 군대를 지휘할 때는 몽족어를 사용했다. 미국과 CIA에게 있어 비밀전쟁을 수행하는데 왕빠오만한 적임자가 없었다.

왕빠오의 몽족군은 미국 육군 특전부대인 '그린베레'와 태국 국경수비대 소속의 낙하산 부대 '파루'로부터 게릴라 훈련을 받았다. 1960년에는 1천 명이었던 병력 수가 1961년에는 9천 명으로 늘었고 1963년에는

몽족 출신 왕빠오 장군(1929~2011). 항아리평원으로 유명한 샹쾅 농헷에서 태어난 왕빠오는 18살에 프랑스 의용군에 입대하여 베트민과의 전쟁에 참여하였고 라오스 소재 프랑스 육군사관학교를 졸업하고 왕립라오군 장교가 되었다. 몽족어, 라오스어, 프랑스어에 능통했던 그는 CIA와의 의사소통은 프랑스어로, 라오스 왕립군대에서는 라오스어로, 그리고 몽족 군대를 지휘할 때는 몽족어를 사용했다. 미국과 CIA에게 있어 비밀전쟁을 수행하는데 왕빠오만한 적임자가 없었다. 1963년, 그는 서른 네살에 장군으로 진급했다.

3만 명에 달했으며 1969년에는 5만 명에 이르렀다. 이렇듯 병력 수가 크게 증가한 것은 모병으로 시작한 병력이 징집으로 바뀌었기 때문이다. 이러한 병력 증가에는 한편으로 아편의 위력이 숨어있었다.

아편은 해발 1,000~1,500미터 고원에서 자라는 한냉성 작물로 대부분 봄에 수확한다. 아편 수확이 끝나면 쌀과 옥수수를 심는데 화전으로 농사를 짓는다. 아편의 재배와 수집은 여자들의 몫이었고 화전 개간은 남자들의 일이었다. 이 남자들이 왕빠오의 몽족군이 되면 미국 CIA에서 쌀, 옥수수 등 식량을 무상으로 공급해 주었고, 아편을 좀 더 비싼 가격으로 구입해 줬다. 그러자 남자들은 앞다투어 왕빠오의 몽족군에 지원했고 가족들은 아편 생산지역을 더 넓혔다. 식량을 무상으로 받는대신 남자들은 의무적으로 왕빠오의 몽족군이 되어야 했다.

왕빠오 몽족군은 라오스 북동부의 항아리평원의 샹쾅과 후아판 지방의 산악지대에 흩어져 있었다. 특히 후아판은 쌈느어에 빠텟라오 본부가 있어서 항상 긴장감이 넘치는 최전선이었다. CIA는 이들에게 무기와 식량을 지원하기 위해 능선과 산비탈에 소형비행기와 헬리콥터가 이착륙할 수 있는 착륙장을 조성했다. 이를 리마사이트라 불렀는데 1970년까지 항아리평원과 그 주변에는 약 300개의 리마사이트가 있었다고 한다.

CIA와 왕빠오의 몽족군 본부는 라오스의 수도 위앙짠에서 북쪽으로 약 125Km 떨어진 룽첸에 있었다. 이곳은 한때 지구상에서 가장 비밀스러운 장소였다. 해발 950m의 높은 산으로 둘러싸인 분지에 위치해 밤에는 추웠고 아침이면 차가운 안개가 자욱했다. CIA는 이곳에 비행장을 건설하고 리마사이트 20A라고 명명했다. 이곳에서 무기와 식량을 실은 비행기가 몽족이 거주하는 300개의 리마사이트로 날아갔고 돌아올 때는 어김없

CIA와 왕빠오 몽족군 본부가 있었던 롱첸. 1,300m 길이의 활주로가 선명하게 보인다. 리마사이트 20A이라 불린 이 비행장에서 무기와 식량을 실은 에어 아메리카 소속의 비행기와 헬리콥터가 몽족이 거주하는 300개의 리마사이트로 날아갔고 돌아올 때는 어김없이 아편을 싣고 왔다. 주변에 집들이 빼곡한데 한때 이곳은 4만 명의 몽족이 거주했던 라오스 제2의 도시였다.

이 아편을 싣고 왔다. 인구도 급속히 늘어 1971년에는 4만 명에 육박하여 라오스에서 두번째로 큰 도시가 되었다.

사라진 항아리평원

왕빠오와 쑤파누웡은 라오스 현대사에서 뚜렷한 족적을 남긴 인물들이다. 왕빠오는 벼락 출세했다가 한순간에 나락으로 떨어진 배신의 아이콘이 되었고 쑤파누웡은 인고의 세월을 참고 견디어 마침내 권력의 정점에 오른 신화의 주인공이 되었다. 소수민족 출신으로 왕립라오군 장교가 되어 미국의 선택에 의해 용병의 수장으로 발탁된 왕빠오와 라오스 왕족 출신으로 반외세해방투쟁 조직인 빠텟라오를 결성하고 라오인민해방군을 창설한 쑤파누웡은 라오스 내전에서 서로에게 총부리를 겨눈 적이었다. 미국의 비밀전쟁에 동원된 왕빠오의 몽족군이 목숨을 걸고 싸웠던 상대가 바로 쑤파누웡의 빠텟라오였던 것이다.

입헌군주제 국가인 라오스에서 왕실이 차지하는 비중은 결코 작지 않았다. 왕자 중 적자인 쑤완나품(Souvanna Phouma)은 좌우합작을 통한 연립정부가 들어설 때마다 중립연정을 표방하며 세 번이나 수상을 지냈다. 그때마다 그는 이복동생 쑤마누웡을 좌파를 대표하는 장관에 임명했다. 그러나 연립정부는 오래가지 않았다. 미국의 지원을 받은 우파의 공격과 계속된 쿠데타로 1963년에 연립정부는 완전히 붕괴되었다. 내전이 한층 격화되었고 왕빠오의 몽족군이 본격적으로 이 내전에 뛰어 들어 빠텟라오와 교전을 벌였다. 1964년부터는 호찌민트레일을 방어하기 위해 투입된 베트남인민군과도 치열한 전투를 벌여야 했다.

라오스에 대한 미국의 군사작전도 1964년이 변곡점이었다. 미국은 베트남 전쟁에 본격적으로 개입하기 위해 일으킨 '통킹만 사건'을 준비하면서 라오스에서의 작전을 먼저 개시했다. 34알파작전이라 불린 이 작전에는 라오스에 대한 공중작전이 포함되어 있었다. 연립정부 붕괴 이후 미국의 꼭두각시로 전락한 쑤완나품 수상은 샹쾅 항아리평원에 위치한 빠텟 라오 거점들을 미군이 폭격하는데 동의했다. 마침내 1964년 8월 2일 통킹만 사건을 조작한 미국은 1965년 2월 베트남 중부고원지대에 있던 플레이쿠 미군기지가 베트콩에게 공격받았다는 이유로 이른바 북폭北爆을 개시했다. 본격적인 34알파작전의 시작이었다. 동시에 라오스와 캄보디아 국경에도 폭격을 가했는데 베트콩의 물자 보급로인 호찌민트레일을 차단한다는 명분을 내세웠다.

1960년대부터 북베트남은 남베트남에서 해방투쟁을 벌이고 있는 베트콩에게 육로와 해로를 통해 많은 물자를 내려 보냈다. 통킹만 사건 이후 미 해군이 남베트남 해로를 봉쇄하자 라오스와 캄보디아를 연결한 호찌민트레일이 물자지원의 유일한 통로가 되었다. 1954년 디엔비엔푸 전투 때는 짐자전거로 물자를 수송했지만 중국과 소련으로부터 지원받은 트럭이 호찌민트레일을 누비고 다니자 미국은 이 트럭들을 눈에 든 가시처럼 여기며 무차별 폭격을 가했다. 베트남전쟁을 치르는 동안 미국은 대략 800만 톤의 폭탄을 투하했는데, 그중 200만 톤 이상이 라오스에 투하되었다고 한다.

미국의 라오스 폭격에 대해 『아무도 말하지 않는 미국 현대사 II』의 저자 올리버 스톤(Oliver Stone)과 피터 커즈닉(Peter Kuznick)은 다음과 같은 사실을 공개하며 비밀전쟁의 참상을 세상에 알렸다.

왕빠오 몽족군. 항아리평원의 상쾅과 후아판에서 빠텟라오 라오인민해방군, 베트남인민군과 치열한 교전을 벌였다.

쑤파누웡 빠텟라오 라오인민해방군. 왕빠오 몽족군과 교전을 벌인 이들도 대부분 몽족이었다.

"1965년부터 1973년까지 미군의 폭격기는 230,516회 출격하여 113,716개 지점에 2,756,941톤의 폭탄을 투하했다. 반정부 무장조직 빠텟라오가 장악한 '항아리평원'은 미군의 폭격을 가장 심하게 당한 곳 중의 하나였다. 살아남은 젊은이들은 대부분 빠텟라오에 가입했다. 미국의 지원을 받는 몽족 병사들이 남은 마을 주민들을 소개시켰다. 1969년 9월 '항아리평원'지역 대부분은 주민 소개가 끝났다. 작가이자 반전운동가인 프레드 브랜프먼은 1,000명이상의 라오스 난민을 인터뷰한 결과를 토대로 '항아리평원은 700년 동안 역사에 기록을 남겼지만 이제 마침내 사라졌다'고 썼다. 라오스의 많은 지역이 비슷한 운명을 겪었다."

위 책의 저자인 올리버 스톤은 베트남전쟁 참전군인이었다. 그는 1967년 미 육군에 징집되어 15개월간 복무하면서 두 차례나 부상을 당했고 제대 후 부상 후유증으로 한동안 술과 마약으로 시간을 보내다가 뉴욕대학 영화과에 입학하면서 제2의 인생을 시작했다고 한다. 시나리오 작가로 명성을 얻은 뒤 베트남전쟁을 배경으로 한 반전영화「플래툰」으로 아카데미 작품상, 감독상 등 4개 부문을 수상했다. 그를 평생 괴롭힌 마약은 몽족이 재배한 아편을 미국 CIA가 베트남 참전 군인에게 뿌린 결과였다. 베트남 참전 군인 10~15%가 마약 중독자였다.

미국이 라오스에서 행한 비밀전쟁을 뒤늦게 보도한 언론들은 약 270만 톤에 달하는 각종 폭탄 700만 개를 기껏 인구 400만 명 남짓한 라오스에 투하했다는 사실에 경악을 금치 못했다. 이는 라오스 국민 한 사람의 머리 위에 0.67톤에 이르는 폭탄 1.75개씩을 뒤집어씌운 셈이었다. 지금까지 세계 전쟁사에 최대 규모 융단폭격으로 기록된 한국전쟁에서 미군이 사용한 폭탄과 포탄을 모두 합쳐 약 50만 톤이었으니 대라오스 공습에 사용한 270만 톤의 규모가 어느 정도인지 짐작할 수 있을 것이다. 이 비밀전쟁을 위해 미군은 9년 동안 평균 7분 30초마다 폭격기를 띄웠으며 23만회 이상 출격하는 대기록을 세웠다.

더 큰 문제는 투하된 폭탄의 30%가 불발 병기라는 점이다. 라오스 정부의 공식 발표에 의하면 1964년부터 1975년까지의 내전 기간 동안 폭발물에 의한 사망자와 부상자는 약 3만 명 정도였는데 종전 이후 불발탄에 의해 약 2만 명이 더 사망하고 부상을 당했다고 한다. 전쟁 잔해 폭발물이 사상자의 대부분을 차지했고 지뢰가 그 뒤를 이었으며 집속탄 사상자도 15%나 되었다. 항아리평원에는 폭탄 잔해가 너무 많아서 폭탄에서 고철을 수집하고 판매하는 것이 전쟁 이후 주요 산업이 될 정도였다. 현재도 매년 100여 명이 불발탄으로 사망하거나 중상을 입는다고 한다.

미국의 캄보디아 라오스 침공

미군의 맹렬한 폭격으로 왕빠오 몽족군의 삶의 터전인 항아리평원 상쾅과 후아판은 더는 사람이 살 수 없을 정도로 무참히 파괴되었다. 집도 아편밭도 흔적도 없이 사라졌다. 이 지역 마을 원로들은 왕빠오에게 학살을 중단함은 물론, 몽족들을 전쟁이 벌어지지 않는 서부 라오스로 대피시켜 달라고 간청했다. 그러나 왕빠오는 그들의 요구를 일축하고 오히려 식량공급을 중단하겠다고 으름장을 놨다. 몽족의 노인들과 부녀자, 어린이들은 더 깊은 산속으로 들어가 동굴에 몸을 숨겨야 했다.

전황도 갈수록 악화되었다. 전장에서 왕빠오 몽족군의 이탈자가 속출했고, 이탈자들 대부분은 빠텟라오로 옮겨갔다. 우세한 화력과 전투력을 가진 베트남인민군과의 교전에서는 매번 많은 사상자를 냈다. 1968년에서 1969년 사이 1만8천 명의 왕빠오 몽족군과 수천명의 몽족 민간인이 목숨을 잃었다.

1969년 CIA국장은 미국 대통령 리처드 닉슨(Richard Nixon)에게 왕빠오 몽족군이 거의 전멸하여 이제는 13~14세의 어린 소년들이 전장에 투입되고 있다고 보고했다. 미국의 군사개입 중단과 베트남전쟁에서 미군 철수를 대선공약으로 내걸었던 닉슨은 이 보고를 받고 큰 충격을 받았다. 얼마 후 그는 '닉슨 독트린'을 발표하여 베트남에서 미 지상군을 철수시키고 동시에 남베트남의 국방력을 강화시키는 전략을 추진하겠다고 선언했다. 이 선언은 비밀전쟁을 수행해온 CIA와 왕빠오에게 이제 알아서 각자도생하라는 의미로 읽혔다.

1970년 미국을 방문한 왕빠오는 백악관에서 닉슨을 만났다. 이 자리에서 왕빠오는 베트남전쟁에서 미국이 승리하면 몽족의 독립과 민족국가 건설을 지원하겠다는 CIA의 오래된 약속을 상기시켰다. 그리고 설사 전쟁에서 지더라도 몽족의 안전만큼은 책임지겠다고 공언한 역대 정부의 약속도 거론했다. 미국이 군사개입을 중단하고 미군을 철수시키면 왕빠오의 몽족군은 바로 빠텟라오의 표적이 될 것이며 수십 만 명의 몽족이 전쟁난민이 되어 미국의 비밀전쟁이 폭로될 것이라고 경고했다. 그러나 닉슨은 결코 그런 일은 일어나지 않을 거라고 장담했다. 그러면서 내전과 비밀전쟁을 혼동하지 말라고 면박을 주었다. 미국에게 비밀전쟁은 말 그대로 아무도 모르는 전쟁이 되어야 했다.

1970년 백악관에서 만난 왕빠오(좌)와 닉슨(우). 왕빠오가 미국을 방문할 때면 미국 행정부는 그를 국빈처럼 극진히 대접했다.

닉슨은 1970년대 미국과 소련의 냉전 중심의 세계질서를 중국과의 관계 개선으로 극적으로 변화시킨 인물로 평가받는다. 미국의 동아시아에서의 군사개입은 중화인민공화국이라는 공산국가 수립이 계기가 되었지만 중국과 소련 사이의 분쟁은 더 이상 천문학적 군비를 소모하지 않고서도 외교를 통해 군사력의 우위를 점할 수 있다는 확신을 갖게 해줬다. 핵무기를 보유한 중국의 등장으로 미국과 소련 두 나라가 압도적인 군사력 우위에 기초한 전후 냉전질서를 기반으로 형성된 양극체제를 더 이상 지속하기 어려울 것이라는 판단에 따른 것이었다.

닉슨의 중국 방문은 1972년 2월 21일에 이루어졌다. 미국이 베트남 전쟁에서 완전히 발을 빼기 위한 수순이었다. 중국도 대베트남 지원을 대폭

줄이겠다고 약속했다. 중국과 소련은 북베트남에게 매년 10억 달러 이상의 경제적, 군사적 지원을 해왔다. 미 지상군은 1969년부터 이미 베트남에서 철수를 시작하였고 남베트남군에게 작전권을 이양하고 있었다. 전쟁을 끝내기 위해 확전도 기획했는데, 남베트남군을 앞세워 캄보디아와 라오스를 침공한 것이 그것이다.

1970년 닉슨 정부는 베트콩이 준동한다는 이유로 캄보디아를 침공했다. 진짜 이유는 베트콩에 대해 중립적인 입장을 견지하며 호찌민트레일을 허용해준 노로돔 시아누크(Norodom Sihanouk) 왕을 권좌에서 끌어 내리기 위함이었다. 미국은 캄보디아의 친미적인 장군 론놀(Ron Nol)에게 쿠데타를 사주하면서 캄보디아 침공을 감행했다.

그런 후 닉슨 정부는 1971년 람손 719작전이라 하여 남베트남군을 앞세워 라오스를 침공했다. 이 작전의 주요 목적은 라오스 내에 있는 호찌민트레일의 주요 거점을 파괴하는 것이었지만 작전은 엄청난 물량공세에도 불구하고 실패했다. 캄보디아와 라오스를 침공하면서 동시에 대규모 병력의 미군 철수도 이루어졌고 북베트남과의 협상도 이루어졌다. 즉 미국의 라오스와 캄보디아 침공은 사실 미국이 협상을 자신들에게 유리한 쪽으로 전개하기 위해 벌였던 협박이었던 것이다.

몽족의 끝나지 않은 전쟁

1973년 1월 27일 미국과 베트남민주공화국 간에 평화협정이 조인되었다. 이어 2월에는 라오왕국 정부와 빠텟라오 간에도 휴전협정이 체결되었다. 이 협정의 골자는 30일 내에 국민연합임시정부와 국가정치자문

위원회를 설치하는 것이었다. 이를 위해 임시정부 성격의 3차 연립정부가 구성되었다. 정부수반인 수상은 지금까지 수상직을 수행해 온 쑤완나폼이 그대로 맡기로 했고 12개의 장관직은 라오왕국 정부와 빠텟라오 양쪽에 동수로 분배되었다.

미군이 베트남에서 철수하자 미국의 라오스 원조도 사실상 중단되었다. 미국의 원조로 운영되었던 왕립라오군과 왕빠오의 몽족군은 해체되지는 않았으나 무력화되었고 계속해서 북베트남으로부터 자금과 장비를 지원받는 빠텟라오 라오인민해방군만이 빠르게 세력을 확장하며 지방 도시들을 점령해 나갔다. 그들은 미국에 협조했던 왕빠오의 몽족군 색출에 열을 올렸다. 공개적으로 복수를 천명하기도 했다. 몽족마을이 불에 탔고 수천 명이 학살당했다. 인종학살이었다. 몽족들이 깊은 산속으로 피신하자 화학무기로 추정되는 노란색 가루를 살포했다는 보고서도 있다. 몽족들은 자국내에서 난민이 되었다. 더 이상 물러설 곳이 없기에 그들은 비행장이 있는 룽첸 몽족군 본부로 모여들었다.

1975년 4월 17일 캄보디아에서는 크메르 루즈가 프놈펜을 함락시켰고, 2주 뒤엔 베트남인민공화국이 사이공을 함락시켰다. 라오인민혁명당의 서기장 까이손 폼위한(Kaysone Phomvihane)은 베트남과 캄보디아 상황에 고무되어 본격적으로 라오스 혁명을 준비하기 시작했다. 한편 왕빠오는 1975년 5월 5일 쑤완나폼에게 소환되어 빠텟라오에 협력하라는 항복 권유를 받았다. 그는 군복에 붙어있던 장군 계급장을 떼서 쑤완나폼의 책상에 던지는 행위로 장군직을 사임한 후 룽첸 비행장으로 향했다. 약 3천 5백 명의 몽족군과 5만여 명의 몽족 난민들이 라오스를 탈출하기 위해 모여 있었다. CIA의 최후 보루였던 룽첸 전초기지가 빠텟라오에 함락되어 이 비행장도 더 이상 유지할 수 없게 되었다.

　5월 10일부터 에어 아메리카 소속 C-46 2대와 C-130 수송기 1대를 이용하여 약 3천여 명의 몽족군 간부들과 CIA 직원들이 먼저 태국으로 탈출했다. 5월 14일 왕빠오도 헬리콥터를 타고 태국으로 피신했다. 남겨진 수만 명의 몽족군과 난민들은 걸어서 태국으로의 탈출을 시도했다. 1975년 말까지 약 4만여 명이 산을 넘고 메콩강을 건너 태국에 도착했다. 라오스를 탈출하기 위해 얼마나 많은 사람들이 죽었는지는 아무도 모른다. 베트남전쟁 중에 몽족의 인구는 약 40만 명으로 추산되었는데 그중 왕빠오 몽족군과 몽족 민간인 10만여 명은 전쟁으로 희생되었고 나머지 30만 명 중 약 15만 명이 태국으로 탈출했다. 이 탈출은 1990년대까지도 계속되었다. 라오스를 탈출하지 못한 3만여 명은 깊은 산속으로 숨었다.

　1975년 11월 까이손 폼위한은 임시정부와 정치자문위원회를 소집하여 군주제 폐지와 공산주의 인민공화국 수립을 가결했다. 곧바로 쑤완나 폼과 쑤파누웡은 싸왕왓타나 왕을 만나 퇴위를 요구했다. 왕은 순순히 그들의 요구를 받아들였다. 이로써 6백년간 지속된 왕조시대는 막을 내렸고 라오인민공화국이 선포되었다. 빠텟라오를 이끌었던 두 사람 중 까이손 폼위한은 내각 총리에 임명되었고 쑤파누웡은 대통령 겸 최고인민위원회 의장에 추대되었다. 탈식민지화와 민족국가 건설은 빠텟라오의 차지가 되었고 라오스혁명은 이렇게 완수되었다.

　몽족을 끝까지 보호하겠다는 미국의 약속은 지켜지지 않았다. 닉슨이 절대 일어나지 않을 거라 장담했던 일들이 많은 사람들의 입을 통해 세상에 알려졌다. 사람들은 미국이 최악의 방식으로 몽족을 배신했다고 비난했다. 미국은 공식적으로는 몽족의 역할을 인정하지 않았지만 왕빠오를

1975년 5월 14일 라오스를 탈출하기 위해 룽첸 비행장에 모여 있는 몽족군과 그 가족들. 비행기를 이용한 탈출은 이날이 마지막 날이었다. 남겨진 수만 명의 몽족군과 난민들은 걸어서 라오스를 탈출했다. 1975년 말까지 약 4만여명이 산을 넘고 메콩강을 건너 태국으로 피신했다.

2003년 1월 BBC방송의 블렌킨솝 기자가 촬영한 라오스 몽족. 깊은 산속에서 27년 동안 숨어 살고 있었던 몽족들은 BBC 방송국 일행을 만나자 미국이 자신들을 구조하러 온 것이라 착각하고 감격의 눈물을 흘리며 무릎을 꿇었다.

비롯한 몽족군 1천여 명의 미국망명을 허용했다. 이후 베트남전쟁 참전군인들과 인권단체의 도움으로 1978년까지 약 3만여 명의 몽족군이 더 미국으로 이주했다. 1980년 제정된 미국 난민법은 이들의 가족들도 미국으로 이주할 수 있는 길을 열어 주었다. 1975년에서 1982년 사이에 5만 3천여 명의 몽족 난민이 미국에 정착했다.

라오스를 떠나지 못하고 깊은 산속으로 피신한 몽족들은 살해와 투옥의 위험을 무릅쓰고 아편을 재배하며 숨어 살았다. 그들은 미국이 언젠가는 자신들을 구하러 올 거라고 굳게 믿고 있었다. 그들이 재배한 아편은 태국 북부에서 대라오스 게릴라투쟁을 벌이고 있는 몽족들에게 흘러들어 갔고 일부는 몽족난민수용소에도 전달되었다.

태국의 몽족난민수용소는 방콕에서 북쪽으로 약 100Km 떨어진 왓탐크라복에 있었다. 태국정부는 국경을 봉쇄하면서까지 난민의 유입을 막으려 했지만, 그럴수록 태국 북부에서 대라오스 게릴라투쟁을 벌이고 있는 몽족들의 세력이 점점 커지자 라오스에서 탈출한 몽족들을 모두 이곳에 수용하였다. 태국 정부는 정권이 바뀔 때마다 몽족 난민들에 대해 방관적인 태도를 유지하면서 때때로 열악하고 학대적인 처우를 하여 몽족 난민들이 다시 라오스로 돌아가도록 압력을 가하기도 했다. 그럼에도 불구하고 몽족 난민의 유입은 계속 늘어 1990년대 초반에는 20만 명에 이르렀다.

몽족 난민의 게릴라 활동과 아편재배, 태국 난민수용소에서의 비참한 생활과 라오스로의 강제송환 등이 세상에 알려지자 독일에 본부를 둔 인권단체 '핍박받는 사람들을 위한 사회'와 유엔 난민고등판무관실, 그리고 국제엠네스티는 일제히 태국과 라오스 정부를 비난했다. 그리고 이러

라오스 비밀전쟁에 희생된 몽족군과 참전용사들을 기념하는 명판. 1997년 5월 15일 워싱턴 알링턴 국립묘지에 설치됐다. 미국은 비로소 라오스에서 비밀전쟁을 수행했음을 인정했다.

한 사태를 촉발시킨 미국을 압박하는 여론전을 벌였다. 마침내 미국 정계의 보수주의자들이 중심이 되어 이 문제를 공론화하였는데 그들은 태국에 있는 몽족 난민에게 즉각적인 이민 권리를 부여하라고 공화당 의원들을 압박하였다. 그리고 몽족 난민을 돕기 위한 자금을 모으기 위해 기부 행사를 벌이기도 했다.

국제사회의 노력과 미국 내 인권단체의 주선으로 태국으로 탈출했던 몽족 난민들의 상당수가 서방으로 이주했다. 미국은 10만 명, 프랑스는 2만 명을 받아들였다. 호주와 캐나다 남아프리카 공화국도 이들의 이민을 허용했다. 빌 클린턴(Bill Clinton) 행정부는 라오스 비밀전쟁에 미국이 개입했음을 인정하고 1997년 5월 15일 워싱턴 알링턴의 국립묘지에 몽족군과 참전용사의 희생을 기리는 명판을 설치했다.

인도차이나전쟁사를 연구한 많은 학자들은 말한다. 빠텟라오와 싸운 라오스의 반공주의자들은 라오스의 국가권력을 공산당에게 잃었지만 몽족은 미국에 동조한 결과로 나라를 통째로 잃어 버렸다고. 한때 유대인들이 그랬던 것처럼 라오스 몽족 난민은 나라 없는 민족이 되어 지금도 세계 곳곳을 떠돌고 있다. 그들의 전쟁은 아직도 끝나지 않았으며 언제 끝날지 아무도 모른다.

식민지 유산, 아편

CIA의 아편사업과 용병사업

1954년 디엔비엔푸 전투에서 패배한 프랑스가 정전협정에 서명하고 인도차이나에서 퇴장하는 순간부터 미국은 동남아시아에서 공산주의 확산을 막을 방법에 대해 골몰했다. 한국전쟁 참전으로 기하급수적으로 늘어난 국방비에 대한 미국 내 반대 여론과 의회의 비판이 거셌던 만큼 아이젠하워 대통령은 인도차이나전쟁에 직접 개입하지 않으면서 이 문제의 해법을 찾아야 했다. 그래서 선택한 것이 미국중앙정보국 CIA를 활용한 첩보 활동이었다. CIA는 1947년 창립된 후 정보수집을 목적으로 동남아시아 주요 국가에 요원을 파견해둔 상태였다.

CIA 첩보를 기반으로 존 F. 케네디(Jonh F Kennedy) 행정부는 동남아시아 지역 내 친미 반공동맹을 강화시키기 위해 라오스의 푸미노사완(Phoumi Nosawan) 장군, 태국의 사릿타나랏(Sarit Thanarat) 총리, 베트남의 응오딘지엠(Ngo Dinh Diem) 총통 간의 연합전선을 구축하고 이들 정권에게 미국의 대외원조정책을 쏟아 부었다. 그러나 친미독재자로 불리는 이들은 미국의 기대에 그다지 부응하지 못했다. 그나마 태국의 시릿타나랏 총리가 미국의 대외원조를 잘 활용, 근대화정책을 발빠르게 추진하여 미국이 기대했던 수준의 인프라를 구축함으로써 동맹으로서의 믿음을 보여주었다. 동남아시아에서 태국이 미국의 전초기지로 선정된 것은 이러한 이유 때문이었다.

1962년부터 태국에 파병된 미군 약 3만 5천여 명은 4개 지방에 설립된 공군기지에 집중적으로 배치되었다. 이들 기지는 베트남전쟁 동안 베트남, 라오스, 캄보디아의 공습을 전담했다. 특히 나콘 사완 지방의 따클리 공군기지와 우돈 타니, 나콘 파놈 지방의 공군기지에는 베트남전쟁 내내 미군과 CIA 요원, 수백만 톤의 폭탄을 라오스와 베트남으로 이송했던 헬리콥터, 경비행기, 폭격기가 미국이 1964년에 베트남전쟁에 공식적으로 개입하기 전부터 준비되어 있었다.

또 CIA가 소유한 에어 아메리카 항공사는 헬리콥터 29대, 경비행기 20대, 화물기 18대를 이들 기지에 배치해 놓고 라오스 룽첸 비행장을 오가며 작전을 펼쳤다. 이 항공사가 고용한 인원만 해도 8천 명이 넘었다고 한다. 1966년 8월에는 대형 B52 폭격기를 수용할 수 있는 공군기지가 사타힙 지역에 설립되었다. 이렇게 태국은 동남아시아에서 미국이 이끄는 반공주의 수호 전쟁의 전초기지가 되었다.

한편, 1950년대 초 태국 군부와 CIA는 비밀 첩보활동을 위해 준군사경찰조직을 만들었다. 이 조직에서 탄생한 부대가 국경수비대와 낙하산부대 파루(PARU)였다. 이 부대를 창설한 태국의 경찰청장 파오 시야논(Phao

Sriyanond) 장군은 훗날 태국의 총리가 되는 사릿 타나랏 장군의 가장 강력한 정치적 라이벌이었다. 사릿 타나랏이 1957년에 쿠데타를 일으켜 권력을 장악하자 파오 시야논은 스위스로 망명했고 그의 친위부대와도 같았던 국경수비대와 파루는 해체될 위기에 놓였다. 이들을 훈련하고 지휘했던 CIA 요원들도 태국을 떠나거나 이웃나라로 피신해야 했다.

파루를 구상하고 조직했던 CIA의 핵심요원은 빌 레어라고 불렸던 제임스 윌리엄 레어(James William Lair) 대령이었다. 그는 자신의 분신과도 같은 파루를 지키고자 여러 방법을 모색하다가 라오스에서의 비밀작전을 기획했다. 파루는 산악지대나 밀림 지역에서의 게릴라 전투에 능숙했고 전시뿐만 아니라 평시에도 국경의 산악지대를 따라 첩보활동과 순찰을 지속적으로 해왔기 때문에 지역 상황에도 밝았다. 이미 1950년대 초부터 버마, 라오스, 캄보디아, 말레이시아 국경지대에 침투하여 활동을 해왔기 때문에 왕빠오 대령과 같은 지역 유력자에 관한 첩보도 수집할 수 있었다.

빌 레어가 라오스에서의 비밀작전에 왕빠오를 선택한 것은 그가 프랑스 식민정부에 협조했던 '리' 씨족 몽족 출신이라는 점과 '리' 씨족이 라오스에서 아편을 가장 많이 재배하는 몽족이라는 점 때문이었다. 결국 빌 레어는 왕빠오와 의기투합함으로써 파루 유지, 반공 용병 조직, 아편 확보라는 세 마리 토끼를 한꺼번에 잡을 수 있었다.

동남아시아 역사를 연구하는 현시내 박사의 논문 「"베트남 이전에 라오스가 있었다." 라오스의 인도차이나 전쟁과 민족국가건설 1945~1975」를 보면 2013년 미국 유학 중에 빌 레어를 만나 인터뷰한 내용이 나온다. 빌 레어는 여전히 라오스 몽족이 자기 민족의 독립을 위해 라오 공산당에 용감하게 대항했던 사람들이라고 기억하고 있었고 라오스 내전을 자신이

속했던 CIA가 라오스의 자유주의자들을 공산주의라는 미몽에서 구해주기 위해 벌였던 비밀전쟁으로 기억하고 있었다고 했다.

인터뷰 내용은 그가 인지심리학에서 말하는 '뇌의 오류' 상태에 머물러 있음을 알게해준다. 인간의 뇌는 자신의 신념이나 기대와 합치되는 정보가 나타나면 그것을 확대 해석하는 속성이 있다. 그리고 그렇게 형성된 신념이나 기대만 기억한다. 기억 저편에 있는 CIA의 아편사업과 용병사업이 그가 수행했던 업무의 본질이었음을 잊었을 리가 없다.

1967년 CIA는 왕빠오에게 더글라스 다코타 수송기 C-47 두 대를 개인 용도로 사용할 수 있도록 허락했다. 표면상 이유는 몽족군에게 지급할 보급품을 수송한다는 것이었지만 사실은 300여 개의 리마사이트에서 헬리콥터로 수집한 아편을 위앙짠으로 보내 헤로인이나 모르핀으로 가공하기 위해서였다.

나중에는 아예 룽첸에서 직접 헤로인으로 가공해서 베트남 사이공의 떤선녓 공군기지로 실어 날랐다. 왕빠오는 이 사업을 위해 샹쾅에어라는 항공사까지 차렸다. 사람들은 이 항공사를 아편에어라고 불렀고 그를 아편 밀매의 수괴로 지목했지만 그러나 이런 일은 왕빠오 개인이 할 수 있는 사업이 아니었다.

유재현 작가는 이 사업을 '프렌치 커넥션(French Connection)'으로 보았다. 프렌치 컨넥션은 1930년대 말부터 1970년대 초까지 존재했던 유럽 마피아 집단의 미국으로의 헤로인 밀수루트를 말한다. 위의 기간은 공교롭게도 프랑스와 미국이 인도차이나를 식민지배하거나 1, 2차 인도차이나전쟁을 벌였던 시기와 일치한다.

인도차이나 식민지배 자금의 일부를 아편사업으로 충당했던 프랑스는

샹꽝지방 몽족마을을 방문하여 주민들을 만나고 있는 미국 CIA 제임스 윌리엄 레어 대령(맨 왼쪽)과 왕빠오(왼쪽 앞). 이 두 사람의 의기투합으로 라오스 몽족은 나라를 잃은, 세상에서 가장 불행한 민족이 되었다.

공수부대를 동원하여 라오스 고원지대에서 몽족이 재배한 아편을 수집한 후 이를 사이공으로 가져가 '꼬르시까 신디케이트'라는 아편 중계 마피아에게 넘겼다. 이 아편은 프랑스의 마르세이유로 보내졌고 헤로인으로 가공되어 유럽과 미국에서 유통되었다. 인도차이나에서 독점적으로 아편사업에 손을 댔던 프랑스는 이렇게 번 돈을 군수자금으로 활용했다.

프랑스의 식민지배 유산인 아편사업을 그대로 물려 받은 미국은 왕빠오의 몽족군과 '리' 씨족이 재배한 아편을 에어 아메리카 헬리콥터를 동원하여 룽첸으로 수송하였고 헤로인으로 가공하여 베트남 사이공 공군기지로 보냈다. 사이공에는 꼬르시카 신디케이트가 여전히 건재했다.

아편밭의 몽족 여성. 이 그림을 그린 사이타오(Cy Thao)는 라오스 몽족 출신으로 태국 왓탐크라복 몽족 난민수용소에서 살다가 미국으로 건너가 미네소타 세인트폴에 정착했다. 미네소타 대학을 졸업한 후 그 지역에서 민주당 하원의원으로 활약했다. 그는 몽족의 역사를 연구하는 역사가이자 역사의 단면을 화폭에 담는 화가로 활동하고 있다.

이후 아편의 유통과정은 프랑스가 했던 방식과 크게 다르지 않았다. 마르세이유의 프랑스 마피아를 통해 유럽과 미국으로 흘러 들어갔다. 다른 점이 있다면 헤로인의 상당량이 베트남에서 소비되었다는 점이다.

베트남전쟁을 소재로한 영화 「플래툰」의 올리버 스톤 감독의 사례에서 보듯 베트남 참전 군인의 10~15%가 마약 중독자였다. 닉슨 행정부가 '마약남용예방 특별조치국'을 설치하고 베트남에서 귀국하는 모든 병사들을 대상으로 마약검사를 하는 이른바 '골든 플로우 작전'을 실시할 정도였다. 베트남 참전 군인들은 소변 약물 검사에서 마약반응이 음성으로 나와야 귀국할 수 있었으며 양성이 나오면 음성이 나올 때까지 베트남에 남아 재활치료를 해야 했다.

인류 역사상 가장 더럽고 추악한 전쟁

그럼 라오스를 비롯한 동남아시아 몽족들은 언제부터 아편을 재배한 걸까? 동남아시아 몽족은 중국 먀오족이 명·청대의 개토귀류 정책에 반발하여 반란을 일으켰다가 실패하자 남쪽으로 이주한 사람들이다. 오늘날 먀오족 자치주가 있는 윈난성, 구이저우성, 후난성 출신들이 대부분으로 건륭제와 가정제 연간에 발생한 건가기의(1795~1797)와 함풍제와 동치제 연간에 발생한 함동기의(1855~1872)가 실패했을 때 특히 많은 사람들이 동남아시아로 이주했다. 주목할 점은 이들이 집단으로 거주했던 윈난성, 구이저우성, 후난성이 19세기와 20세기에 걸쳐 중국의 최대 아편 생산지였다는 점이다.

모든 전쟁에 더럽고 추악한 면이 없진 않지만 영국이 중국을 상대로 두 차례에 걸쳐 일으킨 아편전쟁은 인류 역사상 가장 더럽고 추악한 전쟁으로 기록되어 있다. 주권국가가 마약을 단속하는 것에 반발하여 마약을 밀매한 국가가 일으킨 전쟁이라는 점에서 200여 년이 지난 오늘날까지도 영국에 대한 부정적인 이미지가 여전히 남아 있다. 여기에 뒤질세라 동남아시아에 진출한 프랑스와 미국도 아편사업에 손을 대며 자국민을 비롯하여 세상을 온통 마약에 빠지게 하였으니 과연 이들 나라를 선진국이라 부르는 것이 타당한지 한번쯤 생각해 볼 일이다.

중국에서는 아편전쟁 이전부터 이미 광범위한 지역에서 아편이 생산되고 있었다. 수요에 비해 공급이 부족했고 환금작물로서 다른 농산물에 비해 월등히 높은 소득을 가져다 주었기 때문이었다. 특히 한족들의 탄압을 피해 산악지대로 쫓겨나다시피 했던 먀오족들에게 아편재배는 유일한 생계수단이었다. 1858년 2차 아편전쟁과 1860년 북경조약 이후 아편의 재배와 판매가 합법화되자 아편의 생산은 폭발적으로 증가하여 영국을 먹여 살리고 중국을 종이 호랑이로 전락시킨 인도 뱅골산 아편은 더 이상 수입되지 않았다. 아편 재배면적의 증가와 품종과 기술의 다양화는 고품질의 아편생산으로 이어졌으며 19세기 말과 20세기 초 중국의 정치적, 사회적 혼란을 틈타 지역 상인과 토호들은 아편을 이용하여 막대한 부를 축적하였다.

20세기 들어 윈난성 군벌에 의해 아편의 생산과 판매, 유통이 적극 장려되면서 윈난성은 중국 내 최대 아편 물류기지가 되었다. 고품질의 아편 생산기술을 가지고 동남아시아로 이주한 몽족들도 윈난성과 접경을 이루고 지형과 기후가 비슷한 베트남, 라오스, 버마의 고원지대에서 아편을 재배하였고, 윈난성 시장뿐만 아니라 프랑스와 미국의 프렌치 컨넥션에도 아편을 공급했다. '골든 트라이앵글'을 장악한 버마의 군벌이자 아편왕 쿤사(Khun Sa)가 아편사업 포기를 선언한 1996년까지 동남아시아 몽족들의 아편재배는 계속되었다.

국민당 잔당

1946년부터 중화인민공화국이 수립되는 1949년까지 장제스가 이끄는 국민당과 대장정을 통해 산전수전을 다 겪은 마오쩌둥의 공산당 간에 제2차 국공내전이 격화되자 많은 중국인들이 전쟁을 피해 버마와 라오스, 태국 국경으로 몰려 들었다. 태국의 국경 지역인 도이 매살롱에도 10만 명이 넘는 중국 피난민들이 몰려와 난민촌을 이루었는데 태국 정부는 이 지역의 치안을 위해 자위대를 조직했고, 93사단이라 명명했다.

제2차 국공내전에서 패배한 장제스는 1949년 12월 10일 청두에서 대만으로 탈출하였고 장제스의 마지막 희망이었던 리미李彌 장군이 이끈 국민당 제8군과 뤼궈취안呂國銓 장군의 제26군, 그리고 펑청彭程 장군의 제93사단은 인민해방군에 쫓겨 12월 말부터 윈난성 국경을 넘어 버마로 탈출하였다. 여기에 윈난성에서 버마, 태국, 라오스를 오가며 아편을 수집하는 마방馬幇을 운영하고 있었던 리원환李文煥이 500여 명의 병력을 이끌고 이들과 합류하여 훗날 미국의 아편사업과 용병사업의 핵심조직이 되는 국민당 잔당이 태어났다.

중국의 항일투쟁과 국공내전에서 장제스의 국민당을 전폭 지지했던 미국은 패퇴한 국민당 군대가 인민해방군에 쫓겨 버마의 국경을 넘었다는 소식을 듣고, CIA 요원을 버마로 급파했다. 국민당 잔당 지도자 리미는 CIA의 지원을 받아 샨주 몽양에서 '윈난반공구국군'을 창설하였는데 주변 산악지대 소수민족인 라후족을 끌어들여 병력을 1만 명까지 늘렸다. 그러자 버마 정부는 즉각 이들을 토벌하기 위해 군대를 출동시켰고 버마군의 공세에 밀린 국민당 잔당은 태국과 국경을 맞댄 몽샷으로 본부를 옮겼다.

국민당 잔당에게 포섭된 라후(拉祜 Lahu)족은 몽족과 더불어 고구려의 후예로 추정되는 민족이다. 중국 윈난성에 약 50만 명이 살고 있으며 버마에 15만 명, 태국에 10만 명, 라오스와 베트남에 각각 1만 명이 살고 있다고 한다. 동남아시아의 6개의 산악민족 중 하나이다. 이들도 몽족처럼 아편을 지배하며 생계를 유지해 왔는데 국민당 잔당이 이 아편사업에 손을 대면서 아편생산이 폭발적으로 늘어났다. 1950년 전까지 연간 30톤이었던 버마 국경의 아편 생산량이 1950년대 중반에는 300~600톤으로 증가하였다. 잔당 지도부는 이 아편으로 군자금을 마련하여 부대를 운영하였다.

이들이 재배한 아편은 CIA가 에어 아메리카 소속의 항공기를 이용하여 몽삿에서 태국 북부 치앙마이를 거쳐 방콕까지 실어다 주었다. 그 아편은 미국을 등에 업고 태국 정치판을 주물렀던 경찰청장 파오 시야논 장군의 비호 아래 홍콩, 말레이시아, 인도네시아, 미국으로 퍼져 나갔다. 현대정치사에서 온갖 음모를 꾸미며 라오스, 멕시코, 온두라스, 니카라과, 파나마로 이어진 CIA의 '마약팔이' 버릇이 바로 여기 버마-태국 국경에서 비롯되었다고 『국경일기』의 저자 정문태 기자는 개탄했다. '마약팔이' 아니면 '반공 용병만들기'가 미국중앙정보국 CIA의 존재의 이유였다면서.

국민당 잔당으로 인해 국토침탈과 안보위협에 직면한 버마의 우누(U Nu) 총리는 유엔에서 이들을 비밀리에 지원하고 있는 미국을 1951년과 1953년 두 차례에 걸쳐 강도 높게 비난했다. 결국 버마와 중국의 밀월관계를 우려한 미국 대통령 드와이트 아이젠하워는 국민당 잔당 철수 결정을 내렸다. 1953~1954년 국민당 잔당 5,770명과 관련자 880명은 대만으로 철수했다. 리미 장군도 대만으로 떠나면서 윈난반공구국군 해체를 선언했다. 이것이 국민당 잔당의 1차 송환이었다.

그러나 국민당 잔당 가운데는 송환을 거부한 이들도 많았다. 대부분 윈난성 출신이었던 그들에게 대만은 또 다른 나라였던 것이다. 더 중요한 이유는 아편이었다. 마약에 중독된 것처럼 이 사업을 포기할 수 없었다. 그들은 리미 장군 후임으로 류위안린柳元麟 장군을 총사령관으로 세우고 5개의 부대로 조직을 재편했다. 제1군사령관은 뤼런하오呂仁豪가 맡았고 제2군사령관은 푸징윈甫景雲이 제3군사령관은 리원환李文煥이 각각 맡았다. 제4군사령관은 장웨이청張偉成이 제5군사령관은 돤시원段希文이 조직을 이끌었다. 5개 부대 중 리원환의 제3군과 돤시원의 제5군은 1961년 2차 송환에도 응하지 않고 버마와 국경을 맞댄 태국으로 건너왔다. 리원환은 제3군 병사 1,400여 명을 이끌고 탐응옵에 본부를 차렸고 돤시원은 제5군 병사 1,800여 명을 데리고 탐응옵에서 동북쪽으로 100Km쯤 떨어진 도이 매살롱에 본부를 차렸다. 이곳은 윈난성 피난민들의 집단 거주지이기도 했다. 대만 정부는 2차 송환에도 응하지 않은 이들과의 연관성을 부정했다. 그리하여 태국 국경에 정착한 국민당 잔당은 국적도 정체도 없는 불법무장세력이 되고 말았다.

태국에 안착한 제3군 리원환은 제5군 돤시원과 손잡고 골든 트라이앵글 마약 패권전에 뛰어들었다. 버마의 군벌 쿤사와 1967년 아편전쟁을 벌인 것이다. 이 전쟁의 결과로 리원환과 돤시원은 국경 마약루트 90%를 손에 쥐었고 골든 트라이앵글은 세계 최대 마약 생산지로 악명을 떨치게 되었다.

골든 트라이앵글

골든 트라이앵글(황금의 삼각주)이라는 말은 태국, 라오스와 국경을 맞댄 버마 따칠렉이라는 곳에서 1950년대 버마의 군벌들이 아편을 금괴와 교환하면서 생긴 말이라 한다. 기록상으로는 1971년 미국 국무부 차관 마

버마 접경지역인 태국 탐응읍에 주둔하고 있는 국민당 잔당 제3군 본부 병사들. 리원환 사령관이 병사들을 사열하고 있다.

샬 그린(Marshall Green)이 마약 관련 기자회견에서 처음 사용했다고 알려져 있다. 골든 트라이앵글은 버마와 태국의 국경인 루악강이 메콩강과 합류하는 지점에서 국경을 이루는 세 나라 즉 태국의 치앙라이주, 버마의 샨주, 라오스 북부 지역의 아편 재배 지역을 일컫는다. 여기에 중국 남부 윈난과 베트남 북부까지 포함시키면 골든 트라이앵글 면적은 한반도의 5배 정도인 95만 ㎢에 이른다고 한다.

아편 재배로 황금의 삼각주를 형성한 세력들을 보면 라오스에서는 프랑스와 미국의 프렌치 컨넥션에 이용된 왕빠오 몽족이 아편 사업을 주도하는 세력이었고, 태국에서는 공산당 섬멸작전에 용병으로 참여하여 태국 정착 허가를 얻고 아편 사업으로 군자금을 마련했던 국민당 잔당 리원환과 돤시원이 또 다른 세력이었으며, '마약왕'이라 불렸던 버마의 샨주 군벌 쿤사가 가장 강력한 세력을 차지했다.

'쿤사'는 태국어로 '촌장'이라는 뜻이다. 그의 본명은 콴요(Kvan)이다. 아버지는 중국인이었고 어머니는 버마의 소수민족 샨족이었다. 그래서 그는 장치푸張奇夫라는 중국식 이름도 가지고 있다. 촌장이었던 아버지가 정적에게 살해되자 고향을 떠나 태국과 라오스의 접경지역인 따칠렉에 숨어 살다가 16살이 되던 해인 1950년 이곳으로 도망온 국민당 잔당에게 군사훈련을 받고 아편 재배법을 배웠다. 국민당 잔당이 두 차례에 걸쳐 대만으로 송환되고 태국으로 옮겨가자 고향으로 돌아와 할아버지와 아버지에 이어 샨주 로이마우의 촌장이 되었다.

1962년 쿠데타를 통해 우누총리를 축출하고 권력을 잡은 네윈은 샨주 독립을 위해 무장투쟁에 나선 샨주군, 샨주연합혁명군 같은 반군과 버마 공산당에 맞서고자 1963년에 각 지역마다 민병대인 '까끄웨예'를 조직했는데 이에 로이마우의 촌장인 쿤사도 까끄웨예 민병대를 이끄는 군벌이 되었다. 네윈의 군사정부는 까끄웨예가 반군에 맞서는 대가로 무장을 허락하였고 아편 사업을 눈감아 주었다. 이로써 쿤사는 군사력과 아편 사업을 통한 군자금을 손에 쥐게 되었고 이를 이용해 자신의 세력을 키워 나갔다.

골든 트라이앵글의 마약 패권을 놓고 쿤사와 국민당 잔당이 아편전쟁을 벌인 것은 1967년 7월이었다. 쿤사의 수송대가 라오스 육군참모총장 우언 랏띠꼰(Ouane Rattikone) 장군으로부터 주문받은 아편 16톤을 그의 마약 정제소가 있는 라오스 반콴으로 운반하던 도중 리원환과 돤시원이 이끄는 국민당 잔당의 습격을 받은 것이다. 쿤사의 수송대 병력은 800여

명이었고 국민당 잔당은 약 1,000명이었다. 이들이 반콴에서 치열하게 전투를 벌이자 우언 랏띠꼰은 라오스 공군전투기와 해군 함정, 보병부대를 투입해 이들을 진압하였다.

라오스 메콩강변의 작은 마을 반콴에서 벌어진 이 기이한 삼파전의 승자는 당연히 우언 랏띠꼰이었다. CIA 도움으로 마약 사업을 벌여온 왕립라오군과 국민당 잔당과는 달리 독자적으로 세력을 키워온 쿤사의 아편 사업을 견제하기 위해 벌인 이 아편전쟁은 사실 우언 랏띠꼰의 계략이었다. 그에게 배신당한 쿤사의 수송대는 82명의 전사자를 내고 아편을 남겨둔 채 메콩강을 건너 버마로 탈출했다. 70명의 전사자를 낸 국민당 잔당은 퇴로가 막히자 왕립라오군에게 전쟁 배상금을 지불하고서야 태국으로 돌아갈 수 있었다. 한편 재정적, 군사적으로 큰 피해를 입은 쿤사는 세력을 복구하기 위해 샨족 반군과의 동맹을 추진하였다. 어머니가 샨족이었던 만큼 소수민족 탄압에 저항하여 무장투쟁을 벌여온 샨주 반군과는 어느 정도 상호협력의 공감대가 형성되어 있었다.

이 사실을 알게된 버마 군부는 1969년 국가전복 모의혐의로 쿤사를 전격 체포하였다. 그가 감옥에 있는 동안 그의 군대는 샨주 반군에 합류하였고 러시아 의사를 납치해 교환조건으로 쿤사의 석방을 요구하였다. 1973년 마침내 석방된 쿤사는 가족을 데리고 버마를 떠나 태국의 반힌땍으로 본부를 옮겼다. 이제 쿤사는 까끄웨예가 아닌 샨 독립을 외치는 샨 연합군 지도자로 타이-버마 국경 무대에 등장했다. 쿤사는 2만 명 가까운 병력을 이끌고 국민당 잔당과 마약패권 전쟁을 벌이며 인도차이나 아편시장을 폭발적으로 키워나갔다.

제2차 세계대전 이전에는 연간 60톤에 지나지 않던 인도차이나 아편

버마의 군벌 쿤사(1934~2007년, 맨 우측)와 그가 설립한 몽따이군 병사들. 젊어서 국민당 잔당에게 군사훈련을 받고 아편 재배법을 배운 쿤사는 국민당 잔당 지도자 리원환, 돤시원과 골든 트라이앵글 마약 패권을 두고 1967년 아편전쟁을 벌였다.

생산량이 1970년대 중반을 넘어서면서 1,000톤을 웃돌았다. 그 무렵 버마에서 생산한 아편 40%와 미국으로 흘러간 마약 70%가 쿤사 손을 거쳤다. 국제마약시장 팽창에는 그 시절 국민당 잔당과 라오스의 몽족을 반공 용병으로 부리며 그 대가로 아편 생산과 운송을 지원한 미국 중앙정보국 CIA가 큰 역할을 했다.

아편은 제국주의가 만든 식민지배의 가장 추악한 유산이다. 19세기 두 차례 아편전쟁을 통해 온 세상을 마약으로 물들였던 주범이 영국이었다면 21세기 골든 트라이앵글에서 벌어진 아편전쟁은 CIA를 앞세운 미국과 여기에 부응한 대만, 태국, 라오스의 친미정권들이 주범이었다. 버마도 직간접적으로 마약 생산과 유통에 한몫 거들었다. 정문태 기자는 이것을 '마약의 국제 정치경제학'이라 불렀다.

먀오족과 몽족은 고구려 유민인가?

고칠 것은 고치고 버릴 것은 버렸다

역사학자들은 역사는 사실을 다루는 학문이자 동시에 사실에 대한 해석의 학문이라고 말한다. 그러나 해석이 사실을 바꿀 수는 없으며 해석으로 사실을 바꾸려는 시도가 전형적인 '역사왜곡'이라는 말도 빼놓지 않는다. 그렇다면 역사와 정치는 불가분의 관계라고 정의해야 옳다. 해석으로 사실을 바꿀 수 있는 능력은 오직 권력만이 가지고 있으며 그러한 행위가 곧 정치이기 때문이다.

승자는 기록하였고 패자는 기억하였다는 말이 있는 것처럼 역사는 기록과 기억에 의해 전파되고 계승되어 왔다. 승자의 자랑스러운 기록은 사료로 인정되어 보존되었고 패자의 고통스러운 기억은 입말로 전승되거나 때론 습속화되어 일상에 스며들었다. 그런데 기록된 역사는 때때로 해석과 세초洗草를 통해 사실과 진실이 바뀌기도 하였고 쉽게 바뀌지 않을 것 같았던 집단의 기억은 망각이라는 시간의 편리에 의해 사라지거나 잊혀졌다.

　나의 첫번째 역사에세이『만주벌판을 잊은 그대에게』는 만주를 둘러싼 왜곡된 기록과 사라진 기억을 윤씨 성을 가진 세 사람의 북로역정을 통해 복기해 보고자 쓴 책이다. 우리 역사의 주무대였던 만주가 어떻게 한순간에 기록과 기억에서 사라졌으며 만주를 복원하려 애쓴 사람들이 왜 역사의 패자로 기록되어야 했는지 그 궁금증을 풀어보려고 했다. 결론은 권력을 쟁취한 승자의 역사왜곡 때문이었다. 백성을 길들이기 위해 그들이 권력으로 장악한 것은 현재가 아니라 과거였다. 시대정신이 제일 먼저 부정되었고 만주에서 전개된 역사적 사실은 대부분 축소되거나 왜곡되었다.

　'묘청의 난'이라 부르는 서경전쟁을 계기로 윤언이, 정지상 등 정적을 제거한 김부식은 고려가 고구려를 계승한 나라라는 시대정신부터 부정했다. 고구려 계승의식은 고려의 대외강경론자들이 부국강병과 북벌, 왕권강화 수단으로 사용했던 이념이었던 만큼 이번 기회에 이를 폐기하여 서경전쟁 같은 반란이 두 번 다시 일어나지 않도록 하겠다는 것이 김부식의 명분이었다. '이자겸의 난'과 '묘청의 난'으로 왕권이 땅에 떨어진 고려 제16대왕 인종(재위기간 1122~1246)은 고려의 건국이념인 고구려 계승의식조차 지키지 못했고, 김부식의 명분에 끌려다녔다.

　이러한 때에 김부식은 그 유명한『삼국사기』를 편찬했다. 고구려, 백제, 신라의 흥망성쇠를 여러 역사서를 참고하여 고칠 것은 고치고 버릴 것은 버렸다면서 새롭게 해석한 역사서를 세상에 내놓은 것이다. 그가 참고했다고 밝힌 역사서는『고기』,『삼한고기』,『신라고사』,『삼국사』와 김대건의『고승전』,『화랑세기』,『계림잡전』, 최치원의『제왕연대력』등인데 논란이 되고 있는 것은 이 역사서들이 현재는 존재하지 않는다는 것이다. 언제 무슨 이유로 사라졌는지는 아무도 모른다. 잦은 국난 때문이라지만 납득하기 어렵다. 그러므로 기존 사료의 어떤 내용을 고쳤고 어떤 부분을 버렸는지 알 수가 없다.

김부식은 『삼국사기』 곳곳에 사론史論을 남겼다. 「신라본기」에 10곳, 「고구려본기」에 7곳, 「백제본기」에 6곳, 「열전」에 8곳에 삼국의 흥망과 인물에 대한 자신의 견해를 피력했다. 먼저 백제의 멸망 원인에 대해서는 "당 고종이 두 번이나 조서를 내려 그 원한을 풀도록 했으나 백제는 겉으로는 따르면서 속으로는 이를 어겨 대국에 죄를 지었으니 그 멸망은 또한 당연하다."고 평했다.

또 고구려의 멸망 원인에 대해서는 "중국의 봉강을 침범하여 원수를 맺고 그 군현에 들어가 살았으니 병난이 끊임없고 화가 미치어 한시도 편안한 세월이 없었다. 급기야 동으로 옮겼지만 수·당의 통일을 무시하고 소명을 거역하고 불순을 내보였다. 게다가 칙사를 토굴에 가뒀으니 거만하고 모진 성격이 어느 정도인지 알 수 있다. 그리하여 중국은 자주 죄를 묻는 군사를 보내게 됐던 것이다." 라며 백제와 고구려가 중국에 불손한 마음을 품고 전쟁을 일삼았기에 망했다는 논조를 폈다.

반면 신라가 삼국을 통일하게 된 경위에 대해서는 "지성으로 중국을 섬겨 사신이 산길, 바닷길에 끊이지 않았으며 항상 자제들을 보내 대궐에 나아가 예의를 배우게 하고 태학에 보내 배우게 하니 성현의 은혜를 입고 미개의 습속을 이겨내고 예의의 나라가 됐다. 또 황제의 위력에 의지해 백제와 고구려를 평정하고 그 땅을 차지해 군현을 만들었으니 거룩한 일이라 할 수 있다."며 중국을 상국으로 잘 모셔 은혜를 입었다는 식으로 논평했다.

이러한 김부식의 사론에는 중국 중심의 일관된 모화사관이 보인다. 철저하게 사대주의에 입각해 삼국의 흥망성쇠를 해석함으로써 해석으로 사실을 바꾼 전형적인 역사왜곡이라 하지 않을 수 없다. 신라 왕족 출신인 김부식은 고려를 신라의 전통을 계승한 나라로 만들고 싶었다. 고려의 건국이념이자 시대정신이었던 고구려 계승의식을 폐기해야지만 신라가 삼국을 통일하면서 잃어버렸던 만주에 대한 기억을 지울 수 있었고 만주에서 전개된 역사를 한반도로 축소시킬 수 있었다. 고구려 유민이 세운 발해의 역사를 수록하지 않은 이유도 이 때문이었다.

김부식의 모화사관은 우리 역사를 초라하게 만들었다. 만주에서 전개된 역사를 한반도로 축소함으로써 중국과 일본이 우리 역사를 폄하하고 왜곡하는 빌미를 주었고 고구려의 전통문화를 중국의 아류로 전락시켰다. 한국과 중국, 일본의 지난한 역사전쟁은 김부식이 지나치게 모화하고 조선시대 유학자들이 지독하게 사대한 결과이다.

중국으로 끌려간 백제, 고구려 유민

백제는 660년에, 고구려는 668년에 신라와 군사동맹을 맺은 당나라의 침입으로 망했다. 백제의 의자왕과 고구려의 보장왕은 포로가 되어 당나라로 끌려가는 수모를 당했다.

『구당서』에 따르면 소정방이 의자왕과 왕족 및 신료 등 93명과 상위계층 1만 2천 명을 당나라로 끌고갔으며 고구려의 경우 이적이 보장왕을 비롯하여 핵심계층 2만 8천 명을 당나라로 끌고갔다고 기록하고 있다. 이

중국으로 끌려간 고구려 유민의 이동경로.
만주에 거주했던 유민들은 국경인 조양(차오양)에서 출발하여 육로를 통해 이동했고 한반도 평양에서 출발한 유민들은 바다 건너 산동(라이저우)에 집결한 후 중국 남방의 공한처로 소개되었다.

와 별도로 669년 5월에 고구려 유민 2만8천2백 가구 약 15만 명을 래주萊州(라이저우, 산동)와 영주榮州(차오양, 조양)에 모이게 한 후 강회도 이남과 산남도(후베이, 후난, 쓰촨 일부)와 량주(간쑤, 녕하, 칭하이) 등 사람이 살지 않는 곳이라는 뜻의 공한처空閑處로 이주시켰다고 기록했다.

다른 역사서들도 대부분 『구당서』와 크게 다르지 않는 가구 수가 같은 장소로 소개되었다고 서술하고 있는데 『통전』에서는 2만8천3백 가구가 이주했다고 하고 『신당서』에서는 3만 가구가, 『삼국사기』에서는 3만8천 가구, 『자치통감』에서는 3만 8천2백 가구가 강회도와 산남도로 이주했다는 기록을 남겼다. 보통 가구 당 4~5명으로 계산하면 끌려간 고구려 유민은 대략 15만명에서 20만명 정도가 된다. 강회는 당나라 때의 행정구역인 강남도와 회남도를 줄인 말이다. 오늘날 중국의 남부 지방 대부분이 이 구역에 속한다.

위의 고구려 유민의 이동경로는 먀오족을 연구해온 김인희 박사가 사료와 현장 답사를 통해 먀오족의 집단 거주지에서 나타나는 여러 특징들을 종합하여 지도로 표시한 것이다. 만주에 거주한 고구려인들은 국경에 위치한 차오양朝陽을 출발하여 베이징北京과 스자좡石家庄, 정저우荊州를 거쳐 우한武漢까지 육로로 이동했다. 그들은 정저우에서 황하黃河를 건넜고 우한에서는 창강長江을 건넜다. 김인희 박사는 『먀오족사시苗族史詩』에서 이 두 개의 강을 건넜다는 사실이 중요하게 거론되는 것에 주목했다. 그리고 먀오족의 복식에 그 해답이 있음을 알았다.

먀오족 여자라면 누구나 두 개 또는 세 개의 선이 그려진 주름치마를 입는다. 치마에 그려진 선은 그들의 조상들이 이동해 온 역사를 그림으로 표현한 것이다. 먀오족 학자들은 이 선이 그들의 조상이 건너온 황하와 창강을 의미한다고 주장한다. 이 전설은 먀오족 사이에서 입말로 전승되어 온 역사적 사실이라는 것이다. 역사가 기록과 기억에 의해 전파되어 왔고 패자의 고통스러운 기억은 주로 입말로 전승되어 왔다는 점을 감안하면 먀오족 학자들의 주장을 무조건 억지주장이라고 폄하할 수는 없을 것 같다. 사시의 가치를 너무나 잘 알고 있는 시인으로서의 생각이다.

김인희 박사는 먀오족 학자들의 주장을 검증하고 이들이 고구려 유민인지 여부를 확인하기 위해 후난 서부와 구이저우 서북부 먀오족 거주지를 광범위하게 조사하였다. 마침내 그는 이 지역 먀오족의 습속이 만주 북방민족의 풍속과 너무나 흡사하여 만주 출신 고구려 유민들이 남천한 결과라고 보았고 이들이 윈난을 거쳐 동남아시아로 이동하여 몽족의 기원이 된 먀오족으로 보았다. 중국 내 먀오족 집단을 크게 동부와 중부, 서부로 구분했을 때 이들은 서부 먀오족에 속한다.

"만주 일대인 차오양에 집결한 고구려 유민은 황하와 창강을 건너 남으로 이주했고 자신들이 건넌 두 개의 강을 치마 위에 수놓았다. 구이저우 중부와 광시성의 먀오족 치마에는 하나의 선이 늘어 세 개의 강이 그려져 있는데 추가된 하나의 선은 구이저우 서북에서 남쪽으로 이동할 때 건넌 강이라 한다. 치마 위에 그려진 강 문양에 대한 설명이 실제 지리적 상황과 부합하는 것으로 보아 치마에 그려진 강 문양은 고구려 유민이 이동 시에 자신들이 건넌 강을 표시했을 가능성이 있다."

김인희 박사는 먀오족에게 있어 가장 중요한 신앙 관념은 조상 숭배라고 말했다. 사람이 죽으면 영혼은 조상이 살던 곳으로 돌아가 조상과 만나 저승으로 가기 때문이다. 망자의 영혼을 초도하는 과정에 조상들이 이동했던 길을 하나하나 되짚어 가는데 이때 만약 조상이 왔던 길을 정확히 되돌아가지 않으면 망자의 영혼은 저승으로 가지 못하고 이승에 남아 귀신이 된다는 것이다. 먀오족이 조상이 이동해 온 길을 정확히 기억하고 있는 이유가 바로 이 때문이며 치마에 강 문양을 새긴 이유도 바로 이러한 신앙 때문이라는 것이다.

그럼 평양에서 출발하여 동부와 중부 먀오족으로 분류된 고구려 유민들은 어떤 사시(史詩)를 가지고 있을까? 중부 먀오족으로 분류된 구이저우 동남 먀오족은 조상들이 해가 뜨는 동쪽 바닷가에서 살았다는 전설을 가지고 있으며, 동부 먀오족인 후난 먀오족은 바닷가 마을을 떠나 또 다른 바닷가 입구의 산에서 살았다는 사시를 가지고 있다. 이들에게는 황하와 창강을 건넜다는 이야기도 없고 두 개의 선이 그려진 치마도 없다. 대신 조상들이 배를 타고 이동했다는 전승이 남아 있다.

해가 뜨는 동쪽 바닷가 평양을 출발하여 또 다른 바닷가 라이저우에 도

먀오족 여인의 주름치마. 치마에 그려진 두 개의 선은 그들의 조상들이 건너온 황하와 창강을 의미한다고 먀오족 학자들은 주장한다.

착한 고구려 유민은 지닝濟寧으로 가서 운하를 이용해 전장鎭江으로 이동했다. 여기서 다시 물줄기를 갈아타고 창강을 거슬러 올라 우한과 장저우에 도착한 이들은 위안강沅江을 따라 후난과 구이저우로 남하했다. 육로로 이동한 서부 먀오족과 달리 거의 배를 타고 이동한 것이다.

구이저우 동남 지역은 생묘 지역으로 오랫동안 폐쇄된 상태에서 자주권을 유지했기 때문에 전통문화가 잘 보존되어 있다. 명나라 만력제가 후난성 펑황에서 구이저우성 둥런에 이르는 180Km 길이로 남방장성을 쌓을 정도로 이 지역 먀오족의 기세는 대단했다. 청나라 옹정제 연간 개토귀류가 실시되기 전까지 외부의 간섭을 받지 않는 먀오족의 세상이었다고 김인희 박사는 말한다. 이 지역 먀오족은 평양에서 격렬하게 반당운동

먀오족의 새날개형 관식. 구이저우 동남 먀오족에게는 고구려 왕족 또는 귀족문화에서 보이는 새날개형 관식이 남아 있다.

을 했던 민족의식이 강한 이들로 사회적 신분도 중상류층 이상의 사람들이었을 것으로 그는 추측했다.

구이저우 동남 먀오족에게는 고구려 왕족 또는 귀족문화에서 보이는 새날개형 관식과 고사절鼓社節이라는 국가단위의 제사의식이 남아 있다. 고구려의 제천의식인 동맹東盟과 유사한 먀오족의 고사절은 부여의 영고迎鼓처럼 북을 모셔오는 의례로부터 시작된다. 전설에 의하면 목고木鼓의 북소리에 따라 유민들이 모이기도 하고 흩어지기도 하면서 서쪽으로 무사히 이동했다고 하는데 이후 새로운 땅에 정착하여 만든 사회를 고사鼓社라 하였고 조상님께 올린 감사의 제사를 고사절이라 불렀다는 이야기가 전해온다.

심사(心史)— 자기 마음대로 고쳐 쓴 역사

김인희 박사의 저서 『1,300년 디아스포라, 고구려 유민』으로 인해 먀오족과 몽족이 고구려 유민일지도 모른다는 인식이 우리 사회에 널리 확산되었고 그만큼 인구에 회자도 되었다. 하지만 그렇다고 자신이 고구려의 후예라고 믿는 먀오족과 몽족이 있을 거라고는 기대하지 않는다. 중국의 먀오족들은 자신들의 조상이 추운 북쪽에서 왔다고 하고 또 해 뜨는 동쪽 바다에서 왔다고만 알고 있을 뿐 구체적으로 누구인지 모르고 동남아시아 몽족들은 자신의 조상이 중국에서 반란에 연루되어 도망온 먀오족으로만 알고 있을 뿐 먀오족의 기원에 대해선 더더욱 알지 못한다. 먀오족 학자들과 일부 지식인들 중에 중국의 건국 신화에 등장하는 치우蚩尤가 먀오족의 조상이라고 주장하는 사람들이 있는데 한편에서는 이를 '조상 만들기' 프로젝트로 보기도 한다.

중국의 건국 신화에는 치우 말고도 중화민족의 조상으로 숭배되는 염제 신농씨와 황제 헌원씨가 등장한다. 건국 신화의 핵심은 이들이 벌인 여러 전쟁 중 황제가 판천대전에서 염제를 복속시키고 탁록대전에서 치우를 제거한 다음 천자의 자리에 올랐다는 전설이며 황제와 염제 부족연맹이 치우의 구려九黎 부족연맹을 격퇴시킨 과정이 곧 중국의 고대 국가 성립 과정이라고 보는 견해이다.

그런데 왜 먀오족 학자들은 하필 황제에게 죽임을 당한 치우를 먀오족의 조상이라 주장하는 것일까? 먀오족은 1980년대 이후 『먀오족간사』를 쓰는 과정에서 치우조상론을 제기했다. 먀오족 학자들은 고문헌상의 치우가 삼묘 계통이라는 설과 중국 학계의 치우가 동이족이라는 설을 받아들여 '치우는 원래 산둥성 일대에 거주한 동이족이었으며 이후 황제와의 전쟁에 패배하여 창강 중류 지역으로 이동하여 삼묘가 되었다'라고 하였다. 이들은 이와 같은 논리로 중국 고대사에서 핵심 민족인 동이족과 삼묘를 자신들의 조상으로 만드는데 성공하였다.

중국은 근대 서구 열강에 의해 나라가 만신창이가 된 경험을 가지고 있다. 현대 중국인들이 말하는 백년국치百年國恥가 그것이다. 대표적인 사건

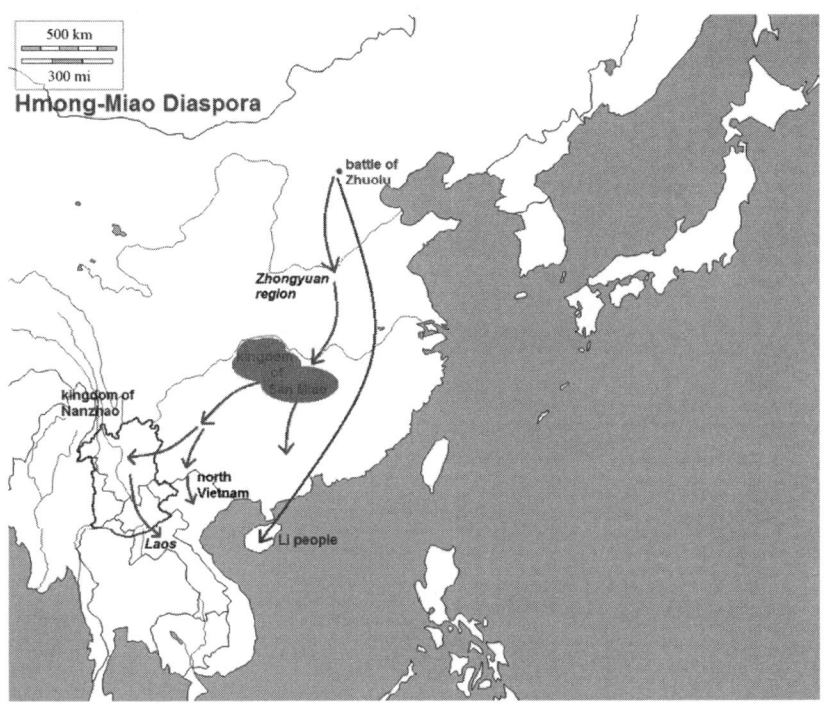

위키백과사전에서 소개하고 있는 몽족-먀오족의 이동경로. 중국 신화를 근거로 먀오족의 조상인 치우가 황제와의 전쟁(탁록대전)에서 패배하여 죽임을 당하자 후손들이 황하와 창강을 건너 남쪽으로 내려와 삼묘국을 세웠으며, 남서쪽으로 이동하여 남조의 일원이 되었고 북베트남과 라오스로 남하한 먀오족은 몽족이 되었다고 소개하고 있다. 여기엔 해 뜨는 동쪽 바다에서 왔다는 먀오족에 대한 설명은 없다.

이 두 번에 걸친 영국과의 아편전쟁일 것이다. 당시 황제였던 도광제(재위기간 1820~1850)의 세 아들이 아편중독으로 사망했을 정도로 아편의 폐해는 심각했다. 전쟁에서 패배한 중국은 난징조약, 텐진조약, 베이징조약 등을 체결하면서 반식민지국가로 전락했다. 영국은 홍콩을 비롯한 주룽반도를 획득했고 러시아는 연해주를 차지했으며 프랑스는 광조우만을 조차했다. 이후 중국 지식인들 사이에서 서구 열강을 배우자는 양무운동(1861~1894)과 변법자강운동(1898)이 일어났으나 모두 실패하였고, 청나라 타도 없이는 열강을 물리칠 수 없다는 분위기가 조성되었다.

이때 등장한 것이 한족 중심의 민족주의였다. 지식인들은 민족국가구성원을 놓고 종족민족주의(혁명파)와 문화민족주의(개량파)로 노선이 갈라졌다. 캉유웨이康有爲와 그의 제자 량치차오梁啓超로 대표되는 개량파는 주권을 국민 전체에 귀속시키는 것이 아니라 군주나 의회에 귀속시키고 한족 이외의 소수민족을 포함하는 다민족국가를 건설하자는 주장을 폈다. 이를 문화민족주의라 하는데 혈통보다는 문화를 중심으로 민족을 규정하여 한족, 만주족, 몽골족, 먀오족, 티베트족이 연합해야 한다는 주장이다.

이에 반해 쑨원孫文과 장타이옌章太炎, 류스페이劉師培로 대표되는 혁명파는 주권을 국민 전체에 귀속시키고 다른 소수민족을 배제한 한족 중심의 일민족국가를 건설하는 입장을 견지했다. 이를 종족민족주의라 하는데 '한족은 만주족과 피가 다르다'며 청나라를 타도하고 만주족을 배제시켜야 한다고 주장했다. 결국 노선이 다른 두 민족주의자들은 1903년 결별했고 쑨원을 중심으로한 혁명파가 1911년 신해혁명을 성공시켜 청나라를 무너트리고 중화민국 시대를 열었다.

그러자 그동안 청나라에 복속했던 외몽골과 티베트가 독립을 선언하였고 신장에서는 군벌 양정신楊曾新이 독립을 선포하는 등 황제의 덕화가 미치지 못했던 변경지역에서 청나라의 지배질서가 먼저 무너지기 시작했다. 이에 쑨원은 다른 민족과의 동화와 융합을 통해 단일화한 대민족을 형성하는 방향으로 전환하였는데 이것이 중화민족주의이다.

개량파와 혁명파는 중화민족주의의 구심점이 한족의 시조인 황제 헌원씨가 되어야 한다는데 합의하고 중화민국은 한족의 나라이며 한족은 황제 헌원씨의 후손이라는 논리로 민족개념을 전파시켰다. 이를 위해 창세신화를 중국의 국조 역사로 바꾸고 신화적 인물을 역사적 인물로 둔갑시키는 역사왜곡을 서슴지 않았다. 이로써 황제 헌원씨와 더불어 그에게 죽임을 당한 치우도 역사적 실존인물이 되었다. 한족이 모두 황제 헌원씨의 후손이라 했으니 치우의 후손도 그에 걸맞는 역사성을 가진 민족이어야 했는데 치우의 후손이 먀오족이라고 가장 먼저 주장한 사람은 장타이옌이다. 그는 국학대사라는 칭호를 받을 만큼 해박한 지식과 탁월한 문장력의 소유자로 알려져 있다. 중국의 대문호 루쉰魯迅의 스승이라는 명성 때문인지 그의 주장은 오늘날까지도 중국 학계에 상당한 영향력을 미치고 있다.

사실 김인희 박사도 먀오족의 풍속인 고사절을 연구하는 과정에서는 치우를 먀오족의 조상으로 보았다. 고사절鼓社節을 고장절古仗節이라고도 했는데 전쟁에서 죽은 먀오족 장수를 기념한다는 의미로 해석하고 "고사절이 먀오족의 조상신인 치우를 기념하기 위한 행사인 것에 비추어 볼 때 옛 장군을 기념하는 명절이라는 의미로 고장절이라 사용했을 가능성도 있다"고 분석했던 것이다. 훗날 그는 『치우, 오래된 역사병』이라는 책을 내면서 이러한 자신의 연구도 비판의 대상이 되었다고 고백했다. 학문의 길은 부끄러운 과거의 행적을 발견하고 수정하는 고단한 수행의 길인지도 모르겠다며 학문의 어려움을 토로했다. 그러면서 그는 다음과 같이 수정한 치우와 먀오족의 관계를 다음과 같이 정리했다.

"청나라 말기에 서구 열강의 침략으로 병탄에 빠진 중국은 한족의 발명으로 이를 극복하려 했고 한족을 응집시킬 영웅으로 황제가 소환되었다. 이제 황제는 역사상의 첫 번째 제왕일 뿐만 아니라 한족과 피를 나눈 혈통적인 조상이 되었다. 명청 시기 세속화되어 별다른 주목을 받지 못했던 치우는 황제를 더욱 빛나게 할 어둠의 역할을 담당하기 위해 역사의 긴 터널을 지나 다시 무대에 섰다."

현재의 먀오족이 하나의 민족으로 성립한 것은 1950년대 이후이다. 베트남 몽족이 호찌민을 도와 독립투쟁과 해방운동에 큰 역할을 하여 베트남 국민의 일원이 된 것처럼 먀오족은 마오쩌둥毛澤東이 홍군과 함께 장정長征에 나섰을 때 그들을 도와 중화인민공화국 수립에 큰 역할을 하였고 하나의 민족으로 당당히 자리매김하였다. 민족이 존재하니 당연히 민족사의 서술이 필요했다. 그러나 먀오족은 송나라 때 처음 문헌에 등장하여 그 이전 역사를 서술하는데 어려움이 있었다.

처음 집필에 참여했던 한족 학자들은 송나라 이전 역사를 무릉만으로 보충하여 먀오족 역사를 진한시대까지 끌어 올렸다. 1980년대 이후 먀오족 학자들이 참여하게 되면서 무릉만 이전에 삼묘와 치우를 민족사에 첨가했다. 치우는 원래 동이족으로 황제와의 전쟁에서 패배하여 남쪽으로 이동하여 삼묘가 되었다는 학설을 삽입한 것이다. 이로 인해 창강 이남에 살았던 먀오족은 산둥성 일대에 거주한 동이족과 같은 민족이 되었으며 치우는 그들의 조상이 되었다. 먀오족 지식인들이 발벗고 나서서 치우를 조상으로 만든 이유는 중화민족주의가 그랬던 것처럼 전 세계에 흩어진 먀오족을 규합할 영웅이 필요했기 때문이다.

1990년대 이후 '톈안먼(天安門) 사태'에 충격을 받은 중국 공산당은 애국주의 교육 강화라는 긴급처방을 내렸다. 주요 내용은 염제와 황제를 중심으로 전 세계 화인華人을 단합시키는 것이었다. 그러나 먀오족은 "우리는 중화민족이기는 하나 염황의 후손은 아니다"라며 자신들의 조상인 치우를 중화민족의 3대 조상으로 인정해줄 것을 강력히 요구했다. 결국 중국 정부는 허베이성 줘루현에 중화삼조당을 짓고 황제, 염제와 함께 치우를 중화민족의 3대 조상으로 모시는 것으로 먀오족과 타협했다. 역사도 신화처럼 발명되거나 창조될 수 있으며 시대가 요구하는 해석으로 역사를 자기 마음대로 쓸 수 있다는 이른바 심사心史의 시대를 연 아주 나쁜 선례였다. 이후 한국과 중국 일본과의 역사전쟁은 자기 마음대로 쓰는 심사를 누가 더 잘 쓰는지를 경쟁하는 정말 유치한 전쟁이 되고 말았다.

오늘날 중화삼조당에 모셔져 있는 치우를 중국인의 조상이라고 인정하는 중국사람은 거의 없을 것이다. 또 13억 중국인 중에 그 누구도 왜 치우가 중국인의 조상이냐고 문제를 제기하는 사람도 없다. 역사가 정치와 불가분의 관계임을 중국인들은 이미 알고 있는 것이다. 역사는 만들어지는 것이며 또 언제든지 바뀔 수 있다는 것도 잘 알고 있다. 이러한 상황속에서 먀오족과 몽족이 고구려 유민이라는 주장이 무슨 의미가 있냐고 반문할 수 있다. 그조차도 그럴 듯하게 쓴 심사가 아니냐고 의심할 수도 있다. 그러나 한가지 분명한 것은 역사적 사실과 진실을 찾아가는 학자들의 고단한 수행의 길은 그 누구도 막을 수 없다는 것이다. 그리고 역사는 사실을 다루는 학문이자 사실에 대한 해석의 학문이므로 시대가 변함에 따라 해석을 달리하여 계속 씌어질 것이며 당대의 시대정신을 가장 잘 구현할 수 있는 것이 역사라는 사실이다.

또 다른 역사해석— 고씨전대리국전高氏專大理國政

중국 윈난성에는 민족 전시장이라 불릴만큼 많은 종류의 소수민족이 살고 있다. 중국 정부가 공인한 56개의 소수민족 중 25개의 민족이 거주하고 있으며 성 전체인구 약 5천만 명의 40%인 2천만 명이 소수민족이다. 이족이 약 500만 명으로 가장 많고 바이족이 160만 명, 하니족이 150만 명, 다이족이 120만 명, 좡족이 115만 명, 먀오족이 110만 명 순이다. 라후족도 50만 명이 살고 있다. 서쪽으로는 버마와 국경을 접하고 있고 남쪽으로는 라오스와 남동쪽으로는 베트남과 국경을 접하고 있다. 그래서 이들 동남아시아 국가에 거주하는 주요 민족들은 대부분 윈난성 출신들이 많다. 국경 개념이 없었던 시대에 민족의 흥망성쇠에 따라 부족들의 이주가 빈번했기 때문이다.

당나라가 건국되던 해인 618년 티베트 고원에서는 좡족(티베트족)이 토번을 건국하였다. 그러자 티베트 고원 동남부에 살던 이족과 바이족이 윈난으로 이주하여 읍국 단위의 6개의 부족국가를 세웠다. 이를 육조라 하는데 이후 시기를 통상 남조라 부른다. 육조 중 가장 번성했던 몽사조(왕의 성씨가 몽사인 부족국가)의 태조 세노라細奴邏는 649년 대몽국을 세웠으며 738년에는 당나라의 지원을 받은 제5대왕 피라각皮羅閣(재위기간 728~748)

이 육조를 통일하고 남조(649~902)를 건국했다.

669년 중국 남부로 소개된 만주 출신 고구려 유민들이 윈난에 도착했을 때 육조 부족국가 간에 치열한 세력 다툼이 있었다. 고구려 유민 중 일부는 대몽국의 일원이 되어 피라각이 육조를 통일하고 남조를 건국하는 데 일조했다. 비록 나라가 망하여 중국 땅에 끌려온 포로 신세였지만 만주벌판을 누볐던 개마무사의 기상만은 살아 있었던 것이다. 남조는 지리적으로 당나라의 적국이었던 토번과 당나라 사이에 있었으므로 당나라의 이이제이 전략을 역이용하여 세력을 크게 성장시켰다. 남조가 토번의 팽창을 잘 막아내자 당나라는 피라각에게 윈난왕 직위를 주면서 책봉관계를 맺었다.

그러나 피라각의 아들 제6대왕 각라봉閣羅鳳(재위기간 748~779)이 즉위하자 당나라는 남조를 직접통치하려는 야심을 가지고 반간계를 써서 내분을 조장하였다. 이에 분노한 각라봉이 반당을 천명하고 토번에 신속하자 당나라에서는 750년부터 753년 사이에 27만 명의 군대를 동원하여 네 차례에 걸쳐 남조를 침략하였다. 고구려 유민사를 연구하는 학자들은 이 전쟁에 큰 의미를 부여하고 있는데 예상과 달리 남조가 당군을 크게 무찌르고 번번이 대승을 거두었기 때문이다. 특히 얼하이 전투에서 당군 7만 명을 수장水葬 시키기도 했다. 학자들은 피라각을 도왔던 고구려 유민들이 이번엔 그의 아들 각라봉을 도와 당나라 군대를 무찌르는데 큰 공을 세운 것으로 보고 있다. 망국의 한을 100여 년만에 이역만리 중국땅에서 복수한 것이다. 이때부터 고구려 성씨인 고씨高氏가 유력 부족이 되어 남조의 지도층에 이름을 올리기 시작했다.

이후 100여 년 동안 전성기를 이어온 남조는 제12대왕 세륭世隆(재위기간 859~877) 연간에 경장황제로 칭제건원하여 나라이름을 대례국으로 바꾸고 황제의 나라임을 선포해 당나라와 어깨를 나란히 하였으나 제14대 왕 순화정舜化貞(재위기간 897~902)이 한족 출신 권신 정매사鄭買嗣에게 왕위를 빼앗기면서 멸망했다. 이후 35년 동안 왕조가 세 번이나 바뀌는 극심한 혼란기를 거쳐 대리국(937~1253)이 세워졌는데 남조의 계승을 선언하며 대리국을 개국한 단사평段思平(재위기간 937~944)은 5호 16국 시대를 풍미했던 선비족 단부의 후손이다.

원나라 실록『원사』에는 단씨段氏 이외에 고씨가 대리국을 다스렸다는 기록이 있어 고구려 유민사를 연구하는 학자들의 주목을 받고 있다. 대리국은 남조보다는 왕권이 강화되었지만 부족 연합의 성격을 완전히 극복하지는 못해 귀족들의 영향력이 강했다. 그래서 1094년 제14대왕 단정명段正明(재위기간 1081~1094)이 양씨楊氏 부족의 수장 양의정楊義貞에게 살해되고 양의정을 토벌한 고승태高昇泰가 스스로 왕위에 오르는 일이 벌어지기도 했다. 고승태는 고구려 유민의 후예로 남조에 이어 대리국에서도 재상의 지위에 올라 있었다.

1096년 병으로 쓰러진 고승태는 단정명의 동생인 단정순段正淳(재위기간 1096~1108)에게 왕위를 반환하라는 유언을 남기고 죽었다. 단정순이 왕위에 올라 단씨 왕조는 지속되었지만 왕권은 더욱 위축되었다. 학계에서는 제14대왕 단정명까지를 전대리국, 제15대왕 단정순 이후를 후대리국으로 구분하기도 하는데 후대리국은 1096년부터 1253년까지 지속되었지만 단씨 왕들은 허수아비에 불과했고 고씨가 대대로 재상에 올라 나라를 다스렸기 때문이다. 이를『원사』에서 '고씨전대리국정高氏專大理國政'이라 표현한 것으로 학계는 보고 있다.

대리국은 1253년 징기스칸의 손자이자 훗날 원나라 초대 황제가 되는 쿠빌라이에 의해 멸망했다. 몽골은 남송 정벌에 앞서 우회 공격로를 확보하기 위해 남송의 배후에 있는 대리국을 먼저 정복하였다. 몽골이 이 지역에 운남행성을 설치하고 왕족인 단씨를 대리총관으로 임명하자 고씨를 비롯한 유력 부족들은 동남아시아로 이주하였다. 윈난성과 버마, 태국 등지에 흩어져 살고 있는 약 80여 만 명의 라후족이 이때 이주한 고구려 유민 고씨 부족이 아닌가 생각된다.

먀오족과 몽족은 고구려 유민인가?

지난 20여 년 동안 역사를 공부하면서 역사적 사실과 진실은 어떻게 다르고 그 차이를 일반 대중들은 어떻게 받아들여야 하는지 늘 궁금했었다. 사관들은 사실을 기록했을 뿐 진실을 말하지 않았고 그 사실을 해석한 역사학자들에게 진실이란 그저 백가쟁명식 담론일 뿐이었다. 이러한 궁금증을 풀어준 책이 와세다대학 이성시 교수가 쓴 『만들어진 고대』였다. 재일교포인 이성시 교수는 한국, 중국, 일본 등 동아시아의 고대 역사가 근대 국민국가 체제 속에서 만들어진 역사라고 주장하는 역사학자이다. 즉 19세기 말에 만들어진 역사에는 동아시아 각국의 현실과 욕망이 고대사에 그대로 투영되어 있다는 것이다. '역사왜곡은 왜 고대사에서 비롯하는가?' 라는 그의 물음에서 그동안 궁금했던 사실과 진실의 차이는 더 이상 의미가 없었다.

나의 첫번째 역사에세이 『만주벌판을 잊은 그대에게』에서 소개한 바 있는 중국의 역사학자 베이징대학 고힐강顧頡剛 교수는 '옛것 의심하기疑

古'를 기치로 내건 중국 의고학파의 핵심인물이다. 1920년대 출간된 그의 논문집 「고사변古史辨」을 통해 역사에 객관성과 과학적 근거라는 잣대를 들이댄 그는 중국 역사학계에 만연한 '옛 해석을 따른다承古訓'는 고질적인 관습을 거부했다. 역사를 의심하고 문헌 실증을 통해 역사의 진실을 밝히려는 그의 시도는 20세기 중국 역사학계에 큰 영향을 끼쳤다. 의고적 태도가 팽배하자 전통사학인 신고信古적 태도의 사학은 무너졌고 새롭게 근거를 제시하지 못하는 사학은 믿을 수 없는 것으로 생각되었다. 과학적 근거의 중요성은 계속해서 고고학과 고증학의 열풍으로 이어졌으며 새로운 사료를 발굴하여 고대의 사실을 증명해 내려는 소위 고사변학파가 등장하게 되었다.

이러한 사회적 분위기 때문이었을까? 지금도 중국인들이 가장 존경하는 정치지도자로 손꼽고 있는 저우언라이周恩來 전 중국 총리의 발언이 역사적 사실과 진실을 궁금해 하는 역사 소비자들에게 작은 이정표로 남아 있다. 1963년 북한사회과학원의 '조중합동고고학발굴대' 대표단을 만난 자리에서 그가 행한 발언의 주요 내용은 이러했다.

"두 나라 역사학의 일부 기록은 진실에 그다지 부합되지 않는다. 이것은 중국역사학자나 많은 사람들이 대국주의, 대국쇼비니즘의 관점에서 역사를 서술한 것이 주요 원인이다. 그리하여 많은 문제들이 불공정하게 쓰여졌다. 먼저 양국 민족의 발전에 대한 과거 중국 일부 학자들의 관점은 그다지 정확한 것은 아니었고 그다지 실제에 부합하지 않았다.(중략) 민족의 역사발전을 연구하는 가장 좋은 방법은 출토된 문물에서 증거를 찾는 것이다. 이것이 가장 과학적인 방법이다. 서적상의 기록은 완전히 믿을 만한 것이 되지 못한다.

왜냐하면 어떤 것은 당시 사람이 쓴 것이지만 관점이 틀렸기 때문이다. 또 어떤 것은 후대 사람이 위조한 것이기 때문에 더욱 믿을 수가 없다. 그래서 역사서는 완전히 믿을 수만은 없는 2차 자료일 뿐이다."

그러나 앞서 설명했듯이 텐안먼 사태에 충격을 받은 중국 공산당은 1990년대에 중화민족주의로 회귀했다. 의고학파가 '만들어진 역사'라며 부정했던 삼황오제가 다시 역사의 전면에 등장했고 '하상주단대공정'이라는 전대미문의 역사왜곡을 통해 위대한 중국을 부르짖으며 단결을 호소했다. 이 단대공정을 주도한 칭화대 리쉐친李學勤 교수는 『의고시대를 걸어 나오며』라는 논문집을 통해 고사변학파의 시대가 끝났음을 공표하기도 했다.

이러한 중국 사회의 신민족주의 광풍 속에서 중국에 유학하여 「한국과 먀오족의 창제신화 비교연구」로 박사학위를 받은 김인희 박사는 한국의 고대사를 인류학적 관점에서 바라보았다. 그의 저서 『1,300년 디아스포라, 고구려 유민』은 이성시 교수가 갈파한 각 나라의 욕망이 그대로 투영되어 있는 고대사가 아니다. 먀오족과 몽족이 고구려의 영광을 재현해줄 그런 위치에 있는 민족도 아니다. 지구상에 살고 있는 수백 수천의 민족 중 하나인 그들의 기원을 찾아가는 학자로서의 고된 여정일 뿐이다.

그럼 먀오족과 몽족이 고구려 유민이라고 주장하며 그가 제시한 19가지 증거를 하나씩 살펴 보자. 19가지 증거는 문헌기록이 3가지, 복식이 5가지, 언어가 2가지, 풍속이 6가지, 체질이 1가지, 지리가 2가지 등으로 구성되어 있다.

문헌기록: 1) ~ 3)

1) 송나라 이전의 먀오족 역사는 만들어진 것이다. 주변의 다른 소수민족의 경우 모두 송나라 이전 문헌에 등장하나 먀오족만이 유일하게 등장하지 않는다.

2) 669년 고구려 유민 20만 명이 중국 내지로 끌려가는데 이들은 주로 강회와 산남 지역으로 이주한다. 강회와 산남은 중국 중부와 남부를 포괄하는 광범위한 지역이나 사람이 살지 않는 공한처로 이동시켰다는 것으로 보아 인구밀도가 낮은 산악지역으로 이동시켰음을 알 수 있다. 『광이기廣異記』는 고구려 유민이 남방으로 끌려간 지 40년~80년 이후에 쓰여진 책으로 후난성 서부 일대에 '고려'라는 지명이 등장한다. 「기고희寄故姬」라는 시는 당나라 시기의 작품인데 후베이성 남부 일대에 '고려'라는 지명이 등장한다. 고구려의 말기 국명은 '고려'이다. 고구려와 직접적인 교류가 없는 이들 지역에서 '고려'라는 지명이 등장하는 이유는 고구려 유민의 집단 거주지였기 때문이다. 고구려 유민이 남방으로 끌려간 후 후난성 일대 인구가 급속도로 성장하는 현상이 발견되는데 이는 고구려 유민의 유입이 있었기 때문이다.

3) 송나라 시기 문헌인 『노학암필기老學庵筆記』에는 '가뤼'라는 민족이 새롭게 등장한다. 역시 송나라 시기 문헌인 『계만총소溪蠻叢笑』에는 먀오족이란 민족이 등장한다. 가뤼는 자칭이고 먀오족은 한족이 부르는 타칭이다. 당시 한족 문인들은 계속해서 반란을 일으키는 낯선 민족의 정체를 알지 못했기 때문에 '야만인'이란 의미에서 먀오족이라 불렀다. 이후 문헌에서 계속해서 이들을 먀오족이라 불렀고 고구려 유민은 이후 먀오족이라 불리게 되었다.

복식에 관한 내용: 4) ~ 8)

4) 먀오족들은 등에 '랑차오'라는 이름의 사방형의 문양이 있는 천을 댄 옷을 입는다. 이들은 이 문양이 조상들이 살았던 궁궐과 도성을 상징한다고 한다. 이와 같이 조상이 살았던 궁궐과 도성 도안을 가진 민족은 중국 남방의 다른 소수민족에겐 발견할 수 없다. 이는 궁궐과 도성을 가졌던 고구려 유민의 역사문화적 유산으로 이러한 역사와 문화적 유산을 소유한 적이 없는 다른 민족 사이에서는 발견되지 않는다.

5) 구이저우 동남지역의 먀오족은 축제 때 새날개형 관식을 머리에 꽂아 장식한다. 신라의 새날개형 관식과 같은 모양이다. 고구려 시기 이미 새날개형 관식이 있었던 것으로 보아 고구려 유민이 남방으로 이주한 후에도 고구려의 전통을 계승한 것으로 보인다. 구이저우 동남지역의 먀오족은 주로 평양 일대에서 이동한 이들로 당시 귀족이나 왕족들로 고구려의 상층문화를 계승하고 있다.

6) 남방민족은 두건을 두르고 북방민족은 모자를 쓰는 것을 좋아한다. 절풍의 구체적인 모양은 차이가 있으나 일부는 원뿔형을 취하고 있다. 먀오족 중 구이저우 서북과 윈난 일대에 거주하는 다화먀오大花苗는 절풍과 같은 **원뿔형의 모자를 쓰고 있다.**

7) 고구려인은 엉덩이가 **뾰족하게** 나온 '궁고'라는 바지를 입었다. 엉덩이가 튀어나온 이유는 말을 타야 하는 생활환경 때문에 삼각형 모양의 바대를 댔기 때문이다. 그런데 먀오족 사회에서도 궁고가 발견된다. 남방 민족들은 종아리를 감싸는 형태인 경의를, 한족들은 가랑이가 터져 있는 개당고를 입었다. 궁고가 중국 남방에서 발견되는 것은 고구려 유민이 궁고를 입고 남하했기 때문이다.

고구려 **무용총 벽화 가무배송도**. 무덤의 주인공(말 탄 사람)을 내세워 떠나보내는 환송 장면 벽화이다. 춤을 추고 노래를 부르는 6명의 무용수와 7명의 합창단이 그려져 있다. 무용수 5명 중 맨앞에 있는 무용수는 새깃을 꽂은 절풍을 쓰고 있으며 바지를 입은 무용수들은 엉덩이가 뾰족하게 튀어나온 '궁고'를 입고 있다.

8) 남방의 민족들은 평지에서 거주하기 때문에 통이 좁은 통군을 입었다. 고구려인들은 말을 타야 하고 산악에서 거주했기 때문에 통이 넓은 주름치마를 입었다. 먀오족들은 모두 주름치마를 입고 있는데 이러한 현상은 한족이나 남방 소수민족에겐 발견되지 않는다. 현재 일부 민족이 주름치마를 입고 있는데 이는 먀오족의 영향을 받았기 때문이다.

언어에 대한 내용: 9) ~ 10)

9) 먀오족은 다른 민족이 부르는 타칭이고 먀오족 스스로는 모두 가-라는 어두음을 가진 자칭을 가지고 있다. 이들 자칭은 모두 송나라

시기의 가뤼에서 변형된 것들이다. 고구려 국명의 마지막 시기의 발음은 고리로 남방으로 이주하면서 남방민족의 발음의 영향을 받아 가뤼로 변한 것으로 보인다. 현재 가루오, 가나오, 가무, 아무, 몽 등의 자칭을 가지고 있는데 서쪽으로 이동할수록 가-발음이 탈락하고 아-가 첨가되었다가 아예 몽으로 발음하는 현상이 발견된다.

10) 남방에서 유일하게 먀오족만이 한국과 같은 '쌀', '벼'라는 말을 사용한다. 고구려 시기에도 쌀, 벼라는 말을 사용했는데 한족 또는 주변의 백월민족과 전혀 다른 도작용어를 가지고 있다. 먀오족은 지역별로 언어차이가 극심함에도 불구하고 벼와 쌀만은 공통적으로 발음하고 있는 것은 벼와 쌀이 이들의 고유어이기 때문이다.

풍속에 관한 내용: 11) ~ 16)

11) 남방민족 중 유일하게 난생신화를 가지고 있다. 먀오족의 신화에 따르면 마이 리에(봄꽃 어머니)가 낳고 새가 품은 알에서 먀오족의 조상이 나왔다. 유화가 낳은 알에서 주몽이 나온 고구려의 난생신화와 매우 유사한 이야기이다. 남방의 다른 민족들은 시조가 알에서 나왔다는 신화를 가지고 있지 않다.

12) 먀오족은 동굴에 조상의 영혼이 깃든 북과 조상의 신상을 모셔 두었다가 축제가 되면 이를 모시고 와 제사를 한다. 축제를 거행할 때면 **나무를 통해 조상의 영혼을 강림시켜 북 안에 모신다**. 남방 민족들도 수목숭배가 있으나 용수라고 하여 물 숭배와 관련이 있다. 나무를 우주사다리라고 인식하는 것은 북방민족의 특징이다. 그리고 조상의 영혼을 북에 강림시키는 의례도 남방민족들 사이에서 발

견되지 않는데 이는 부여의 영고와 같은 방식이다. 동굴에 모셨던 조상의 신상을 모시고 와 여는 축제는 고구려의 수신제에서 수신을 모시고 축제를 거행하는 모습과 일치하는데 이러한 현상 역시 남방 민족들 사이에서 발견되지 않는다.

13) 결혼풍습은 생활환경에 따라 쉽게 변하는 문화이다. 현재 먀오족들 사이에서는 발견할 수 없으나 예전에는 신부집에서 결혼하여 신부집에서 거주했다고 한다. 일부 데릴사위제를 하는 민족을 제외하고 중국 한족과 남방 소수민족들은 모두 남자집에서 결혼하고 남자집에서 생활한다. 신부집에서 결혼하여 신부집에서 생활하는 서옥제壻屋制문화는 고구려와 최근까지 한국사회에서 발견되는 특징이다.

14) 형이 죽은 후에 형수와 결혼하는 풍속은 북방민족의 특징이다. 한 집안의 기밀과 재산이 유출되는 것을 막기 위함으로 고구려에도 형사취수兄死娶嫂 풍습이 있었다. 먀오족은 최근까지도 보편적으로 형사취수를 행했다.

15) 고구려인은 부모나 형제자매가 죽으면 그 시신을 집안에 임시로매장하였다가 부모는 3년간, 형제는 1개월이 지난 뒤 좋은 날을 택해 장례를 치렀다. 고고학적으로도 매우 특이한 장례절차인데 먀오족 중 일부에서 아직도 시신을 집안에 임시 매장하는 풍속이 남아 있다.

16) 먀오족은 사람이 죽으면 영혼을 조상이 살던 원거주지로 돌려보낸다. 이때 조상이 이동해 온 길을 하나하나 되짚어간다. 구이저우 서북과 윈난의 먀오족은 조상의 영혼을 창강과 황하를 건너 조상이 살던 곳으로 되돌려 보낸다. 구이저우 동남의 먀오족은 동방의 해가 뜨는 곳으로 보낸다. 이처럼 조상의 영혼을 각기 다른 곳으로 보

내는 이유는, 전자는 만주 일대에서 이주한 고구려 유민이고 후자는 평양 일대에서 이주한 고구려 유민이기 때문이다.

체질에 대한 내용: 17)

17) 중국의 저명한 인류학자인 페이샤오퉁費孝通은 먀오족 일부의 체질인류학적 특징이 한국인과 가장 가깝다고 언급했다. 중국과학원 원사인 우루캉吳汝康 또한 혈액형 조사를 통해 먀오족이 화북인, 즉 황하 이북 거주민과 같음을 밝혔다. 모두 중화민국 시기인 1935년에 이루어졌던 연구들이다. 근래 진행되었던 체질인류학적 연구 결과는 먀오족이 남방민족적인 특징을 보인다는 것이었다. 이는 고구려 유민이 남방으로 이주한 후에 현지민과 융합되어 현재의 먀오족이 형성되었기 때문이다.

지리에 대한 내용: 18) ~ 19)

18) 먀오족 중 구이저우 서부와 윈난성 일대에 거주하는 먀오족은 자신들의 조상이 눈이 내리고 얼음이 얼고 밤이 긴 곳에서 전쟁에 실패하여 각각 흙탕물과 맑은 물로 이루어진 두 개의 강을 건너서 왔다고 한다. 흙탕물의 강은 황하이고 맑은 물의 강은 창강이다. 이러한 전설은 입말로도 전승되고 자신들이 입는 치마 위에도 두 개의 강을 그려 넣어 기억하고 있다. 이들이 조상이 이동해 온 노선을 잊지 않는 이유는 죽은 동족의 영혼을 조상이 살았던 곳으로 돌려보내야 귀신이 되지 않는다는 믿음 때문이다. 이들은 장례를 치를 때 조상이 이동해 온 길을 따라 조상의 영혼을 한 발 한 발 되돌려 보

낸다. 고구려 유민은 랴오닝성 일대인 차오양과 산둥성의 라이저우에 집결시킨 후에 내지로 이동시키는데 이들은 차오양 일대에서 이주해온 이들이다. 그렇기 때문에 이들은 황하와 창강을 건너 중국 남방으로 이동했고 당시의 기억을 구술과 치마 위의 문양으로 기록하고 있는 것이다.

19) 후난성과 구이저우 동남지역의 먀오족은 동방의 바닷가 국가에서 살았다고 한다. 구이저우 서북과 윈난 일대의 먀오족과는 조상의 기원이 다르다. 그 이유는 이들은 평양을 출발하여 산둥성의 라이저우를 거쳐 베이징과 항저우를 잇는 운하를 타고 전장 일대에서 창강을 타고 이동해 온 이들이기 때문이다.

김인희 박사가 제시한 19가지의 증거는 그가 10여 년에 걸쳐 현지를 답사하고 각종 문헌기록과 복식자료 등을 비교 검토하여 얻은 정보를 분석한 결과이다. 어찌보면 사소하고 소소해 보이는 증거이지만 민족의식이 겹겹이 쌓여 있는 생명력이 강한 증거들이었기에 1300년이 지난 오늘날까지도 이어 온 것이 아닌가 하고 생각된다.

그의 저서 『1,300년 디아스포라, 고구려 유민』과 『치우, 오래된 역사병』을 참고하여 이 글을 쓰는 동안 '역사왜곡은 왜 고대사에서 비롯하는가?'라는 물음에 스스로 답을 할 수 있게 되었고 중국의 철학자 펑유란馮友蘭이 주장한 석고釋古 이론도 어느 정도 이해하게 되었다. 즉 "만들어진 역사는 단호히 배척하지만 사료나 풍속에 내포된 역사적 맥락은 고찰한다."는 석고의 관점이 그의 책 전반에 깔려 있었던 것이다.

제3부
역사의 파편

소설 속의 먀오족과 몽족

먀오족과 몽족이 자신들의 이야기를 글로 남긴 문학작품은 많지 않다. 삶의 흔적이나 생각의 편린을 기록으로 남기는 행위는 정주定住문화의 산물이다. 먀오족과 몽족 같은 디아스포라는 흔적을 남기는 삶 조차 버거운 민족이었다.

먀오족과 관련된 작품으로는 중국작가 션충원沈從文의 소설 『변성邊城』이 유명하다. 션충원이 세상을 떠난 해인 1988년에 이 작품이 노벨문학상 최종 후보에 올랐기 때문이다. 만약 그가 살아 있었더라면 노벨문학상을 받았을 거라는 후일담도 무성하다. 몽족과 관련된 작품으로는 베트남 여성작가 도빅투이Do Bich Thuy의 소설 『영주領主』가 있다. 두 작품 모두 작가의 고향이 소설의 배경이다. 향토색이 짙은 작품이라 먀오족과 몽족이 당대에 어떤 모습으로 살았는지 시대상을 알 수 있다는 점에서 선택하였다. 더불어 소수민족을 주인공으로 내세운 작가의 의도와 작품세계가 궁금하기도 하였다.

중국작가 션충원(심종문)의 소설 『변성』과 베트남작가 도빅투이의 소설 『영주』 표지. 먀오족이 주인공인 소설 『변성』은 2009년에, 몽족이 주인공인 소설 『영주』는 2022년에 국내에서도 출간되었다.

션충원의 소설 『변성』

소설 제목 『변성』은 '변방의 마을'이라는 의미보다는 소수민족이 사는 특정지역을 지칭하는 보통명사로 읽힌다. 창강 지류 중 하나인 샹강 서쪽 지역을 '샹시(湘西)'라는 명사로 부르는 것과 같은 의미이다. 명나라 만력제는 먀오족과 한족 간의 접촉을 차단하기 위해 1615년부터 8년에 걸쳐 후난성 펑황에서 구이저우성 동런까지 약 180Km 길이로 남방장성을 쌓았다. 공식 명칭은 '묘강변장'으로 '먀오족 변방의 울타리'라는 뜻이다. 션충원의 고향 펑황에 있는 펑황고성이 묘강변장이다. 그러므로 묘강변장이 있는 특정지역을 변성이라고 지칭하고 변성을 포함하여 샹강이 흐르는 그의 고향 전체를 샹시라고 부르지 않았나 생각된다.

선충원은 1902년 먀오족과 투자족土家族이 집단 거주하는 후난성 샹시 투자족먀오족자치주 '펑황'에서 태어났다. 그가 태어난 집은 1866년 당시 구이저우 제독이었던 조부 선훙푸沈洪富가 지었다. 펑황고성의 명소이자 중국 문청文靑들의 성지가 된 그의 고택에는 그의 자필원고와 사진, 대표적인 작품들이 전시되어 있다. 가난한 농부였던 조부는 '태평천국의 난'(1850~1864)이 일어나자 쩡궈판曾國藩이 지휘한 샹군湘軍에 입대하여 여러 차례 큰 공을 세웠다. 뛰어난 통솔력으로 두각을 나타내어 1858년 윈난소통진수사가 되었고 1863년에는 귀주제독에까지 올랐다. 펑황지방의 호족으로 지위가 급상승한 조부는 집안을 크게 일으키고 부와 명예를 얻었으나 전쟁에서 입은 부상으로 서른 남짓의 젊은 나이에 세상을 떠났다.

조부가 자식없이 사망하자 그의 한족 조모는 숙조부가 되는 조부의 동생 선훙팡沈洪芳을 먀오족 여성과 혼인시키고 그 사이에서 태어난 둘째아들(선충원의 생부 선중쓰沈宗嗣)을 자신의 양자로 삼아 대를 잇게 했다. 조모는 선중쓰 또한 자신의 남편처럼 군인으로 입신양명하길 바랬다. 샹시 사람들에게는 개토귀류가 시행되면서 대대로 이어온 상무尙武정신이 있었다. 강인하고 용감한 무인을 존경하는 기풍이 그것이다. 특히 1853년 쩡궈판이 샹군을 창건한 후부터 1864년 난징이 함락될 때까지의 12년 동안 샹시에서는 종군하는 열풍이 생겨났고 군인이 되는 것이 모든 샹시 남자들의 꿈이었다.

그러나 군인으로의 성공보다 현실정치에 더 관심이 많았던 선중쓰는 신해혁명 때 펑황의 먀오족들을 통솔하여 반청反淸 봉기를 일으키고 위안스카이袁世凱가 복벽復辟하자 그를 암살할 계획을 세우는 등 지나치게 정치에 관여하여 애써 모은 가산을 모두 탕진하였다. 그는 투자족 여성 황영黃英과 결혼하여 아홉 남매를 낳았는데 션충원은 그 중 넷째이다. 이렇듯 션충원의 가족혈통은 한족, 먀오족, 투자족의 혼혈이었다. 샹시의 인구 대부분을 차지하는 이 세 민족의 융합문화가 곧 션충원의 작품세계 전반에 깔려 있는 샹시문화였다고 비평가들은 말한다.

션충원은 스무 살이 될 때까지 자신의 혈통을 알지 못했다. 아들 둘을 낳은 먀오족 조모는 먼 곳으로 시집을 갔고, 부친 대부터 시작된 소수민족의 혈통은 은폐되었다. 션충원은 어렸을 때 사숙私塾에서 고문古文을 배웠다. 공식적인 학업은 이것이 전부였지만 한족의 전통적인 교육과 한족문화의 영향을 받으며 자랐다. 어려운 가정형편과 샹시사회의 상무정신의 영향으로 일찌감치 군대에 입대한 션충원에게 5년간의 군대생활은 다양한 경험을 통해 삶의 방향을 찾은 소중한 시간이었다.

샹시의 여러 부대를 전전하며 소수민족 특히 먀오족의 곡진한 삶을 목도한 션충원은 글씨를 잘 쓴다는 이유로 서기직을 맡으며 비로소 한 부대에 정착하였다. 이 무렵 그는 중국 소설집『설부총서說部叢書』와 영국소설가 찰스 디킨스의 소설을 읽고 소설 창작에 관심을 가졌다고 한다. 또한 그는 부대 사령관 천취전陳渠珍의 비서가 되어 그가 소장한 송대, 명대, 청대의 그림과 비첩碑帖, 옛 도자기와 청동기,『사부총간四部叢刊』등을 정리하면서 역사와 문물에 대해서도 적지 않은 지식을 쌓을 수 있었다고 한다. 이러한 군대에서의 경험은 훗날 그가 고대 유물에 연구하는데 많은 도움을 주었다. 군대 신문사에서 잠시 교정원으로 일했는데 창사에서 온 인쇄공으로부터 얻은 신식 잡지를 통해 신문화운동에 대해 알게 되었다.

새로운 지식에 눈을 뜬 션충원은 군대생활을 청산하고 삶의 또 다른 활로를 찾아 베이징으로 떠났다. 그의 나이 21살 때인 1923년이었다. 부친

펑황고성(위)과 선충원 고택(아래). 명나라 때 만리장성이 북쪽의 국경이었다면 남방장성은 남쪽 국경이었다. 남방장성을 묘강변장이라고도 불렀는데 펑황고성은 묘강변장의 일부이다. 선충원 고택은 펑황고성 중심에 있다. 구이저우 제독이었던 그의 조부가 1866년에 지었다. 명·청 시대 건축양식의 원형이 비교적 잘 보존되어 있다.

으로부터 집안 혈통에 관한 이야기를 들은 것도 이때였다. 한족의 유가문화와 전혀 맞지 않는 샹시 소수민족의 독특한 문화를 체득하며 성장한 션충원에게 도시는 소외되지 않기 위해 스스로 고립된 섬과 같았다. 학력부족으로 베이징대학 입학은 거절되었고, 청강생으로 수학해야 했다. 문학이론이나 학술적인 이해 또한 도시에서 공부한 사람들보다 한참 뒤쳐졌다. 천신만고 끝에 등단은 했지만 그가 내세울 만한 것은 별로 없었다. 그는 먀오족을 자처했다. 민족 분류에서 먀오족을 선택한 이유는 작품의 서술전략 때문이었다. 그는 먀오족의 삶을 신비화 시켰고 그들이 사는 고향 샹시를 낙원처럼 묘사했다. 비평가들은 이러한 그의 전략이 '민간문화가 지식인들의 관심을 받는 새로운 유행'에 운 좋게 올라 탈 수 있는 계기를 만들었다고 촌평했다.

사실 그에게 먀오족으로서의 정체성을 형성할 기회는 거의 없었다. 자신의 혈통을 알았을 때 그는 이미 성년이었고 샹시를 떠났기 때문이다. 션충원은 한화漢化된 소수민족에 대해서는 군대에서의 간접 경험으로 어느 정도 이해하고 있었으나 원시적 습속을 그대로 간직한 소수민족에 대해서는 알지 못했다. 그의 작품에 등장하는 먀오족 대부분은 그가 상상으로 만들어낸 인물들이다. 션충원의 성장환경에 있어서 도시의 한족들과 다른 점이 있다면 그것은 혈통이 아니라 샹시라는 당시의 도시인들에게는 낯설고 이국적인 지방에서의 경험일 것이다.

션충원은 소외와 무관심으로 점철된 도시생활에 잘 적응하지 못했다.

자신뿐만 아니라 도시인들의 황량한 인간관계를 보면서 고향의 원시적이면서도 인정미가 넘쳐흐르는 생활을 그리워하였다. 그가 워이강唯剛선생에게 "나는 오직 나의 생명이 걸어온 흔적을 백지에 쓰려고 한다."고 고

베이징대학 청강생 시절의 션충원(1902~1988). 그의 본명은 심악환沈岳煥이다. 이 무렵 작가로서 문장을 따르고 글을 쫓겠다는 의미로 심종문沈從文으로 개명했다.

백한 것처럼 선충원의 작품들은 샹시생활의 추억을 아름답게 묘사한 것이 대부분이다. 소설『변성』도 이러한 분위기에서 씌여졌다.

"사천四川에서 호남湖南으로 가는 길에 관가에서 닦은 도로 하나가 동쪽으로 나 있다. 이 길을 따라 가노라면 호남 서쪽 경계 부근에 다동茶峒이라 불리는 작은 산성이 나타난다. 거기에 작은 강이 하나 흘러 지나가는데 강가에는 작은 흰탑이 세워져 있고 그 탑 밑으로 외딴 인가가 한 채 보인다. 이 집에 한 노인과 여자애 그리고 누렁 개 한 마리가 함께 살아가고 있었다."

소설『변성』은 총 21장으로 구성된 중편소설이다. 위의 1장 첫 문장은 이 소설의 배경이 되는 지역을 '호남 서쪽 경계 부근에 다동이라 불리는 작은 산성'이라고 서술하고 있다. 중국은 34개의 행정구역을 한 글자 약칭으로 표기한다. 글자와 영어 알파벳, 숫자로 표기되는 자동차 번호판이 대표적인 경우인데 여기서 한 글자로 표기된 것이 행정구역의 약칭이다. 예를 들어 푸젠福建성의 약칭은 민閩이고 장시江西성의 약칭은 간贛이다. 또 상하이上海시의 약칭은 호沪이고 후난湖南성의 약칭은 샹湘이다. 그래서 '호남 서쪽'을 샹시湘西라고 부르는 것이다. '다동이라 불리는 작은 산성'이 꼭 펑황고성을 지칭하는 것은 아니지만 소설이 고향 샹시를 배경으로 하고 있는 만큼 펑황고성으로 보기도 한다.

소설『변성』을 번역하여 국내에 소개한 정재서 교수는 21장으로 구성된 이 소설을 두고 "매 장이 한 편의 시이며 연결시키면 한 편의 장시가 된다. 또 마치 스물한 폭의 그림으로 연결된 그림책 같다."고 촌평했다. 시정詩情과 화의畵意가 넘치는 작품이라는 것이다. 매 장을 연결하면 다음과 같은 줄거리가 전개된다.

다동 인근 나루터에 50년 넘게 나룻배를 끌어온 사공과 손녀 취취가 살고 있다. 사공의 딸은 다동에 주둔하고 있던 한 군인과 깊이 사랑하여 딸 취취를 낳았다. 군인으로서의 사명을 버리고 사공의 딸과 도망갈 수 없었던 군인은 고민 끝에 자살을 선택했고 홀아버지와 뱃속의 아이 때문에 차마 떠나지 못했던 사공의 딸 역시 아기를 낳자마자 강물에 뛰어들어 군인의 뒤를 따랐다. 사공은 손녀 취취를 홀로 키웠다.

취취는 가무잡잡한 피부에 맑은 눈빛을 가진 처녀로 자랐다. 2년 전 단오날 나루터에서 조금 떨어진 마을로 축제 구경을 갔다가 오리잡기 대회에 참가한 나송이라는 청년을 만났다. 첫 만남에서 약간의 오해가 호감으로 작용했는지 그날 이후 취취는 무엇인지 알 수 없는 기분에 사로잡히곤 했다. 취취가 만났던 청년 나송은 크고 작은 배 4척을 가진 선주 순순의 둘째아들이었다.

순순은 친구 사귀길 좋아하고 남을 잘 도와주어 재산을 크게 일구지는 못했지만 선박 물류사업은 그런대로 잘 운영했다. 그는 강에서 돈을 벌었고 그 돈을 강처럼 시원하게 썼다. 그에게는 두 아들이 있었는데 큰아들 천보와 단오날 취취가 만났던 둘째 아들 나송이 그들이다. 두 아들 모두 건강하고 용감하며 좋은 청년이었다. 순순의 두 아들은 남몰래 사공의 손녀 취취를 좋아했다.

순순은 자신의 큰아들과 취취를 혼인시키고 싶어했다. 그래서 취취아버지 친구 양씨를 보내 청혼했다. 그러나 취취는 나송을 좋아하고 있었기에 호응하지 않았고 사공 역시 취취의 마음을 알고 있었기에 적극적으로 나서지 않았다. 취취의 답을 얻지 못한 큰아들 천보는 낙심하여 긴 뱃길에 올랐다가 불의의 사고로 목숨을 잃고 말았다.

천보의 사고 소식을 들은 순순과 사공은 큰 충격을 받았다. 두 사람 사이에 오갔던 혼담은 없었던 일이 되었다. 사공은 손녀 취취가 자기 엄마와 너무 닮아서 모녀의 운명이 같아질까봐 노심초사했다. 그는 나송의 속마음을 알아보기 위해 대화를 시도했지만 말을 빙빙 돌리고 어물쩍하게 일을 끌다가 형 천보를 죽게 만들었다는 오해만 샀다. 사공은 시름에 몸져 누웠다.

사공은 아픈 몸을 이끌고 순순을 찾아갔다. 산촌의 자위단장네와 사돈을 맺으려 한다는 소문 때문이었다. 이 소문이 사실이라면 취취와 나송의 인연은 여기서 끝나는 것이다. 이루어질 수 없는 사랑 때문에 목숨을 끊은 딸을 생각하며 사공은 순순과 담판을 시도했다. 그러나 이번에도 말을 빙빙 돌렸고 젊은이들의 일에 더 이상 참견하지 말라는 핀잔을 들었다. 소문이 사실이었던 것이다. 나송은 이 일로 아버지와 한바탕 말다툼을 하고 집을 나가버렸다. 순순은 자신의 큰아들과 작은 아들의 불행이 참견하기 좋아하는 이 노인네 때문이라고 오해했다.

그날밤 천둥 번개가 치고 큰 비가 내렸다. 나룻배는 떠내려 갔는지 사라졌고 집 뒤의 흰 탑도 무너졌다. 그리고 사공도 숨을 거뒀다. 취취는 할아버지의 장례를 치르면서 그동안 할아버지가 자신 때문에 얼마나 노심초사 했는지 알게 되었다. 오해가 지나쳤다는 것을 깨달은 순순은 취취를 며느리로 삼겠다고 했지만 집을 떠난 나송이 언제 다시 돌아올지는 아무도 모르는 일이었다. 취취는 할아버지 대신 나룻배를 끌며 나송을 기다렸다.

"겨울이 되어 무너진 흰 탑이 다시 세워졌다. 그러나 달빛 아래에서 노래를 불러 취취의 영혼을 꿈속에서 훨훨 날게 했던 그 젊은이는 아직 다동으로 돌아오지 않았다. 어쩌면 그 사람은 영원히 돌아오지 않을 수도 있다. 또 어쩌면 바로 내일 돌아올지도 모른다."

소설 『변성』은 이렇게 끝난다. 향토색 짙은 방언과 몽환적이고 아련한 분위기, 문명의 때가 묻지 않은 풍경과 그 속에 사는 사람들의 순박한 이야기가 이 작품의 가장 큰 미덕이라고 비평가들은 말한다.

그러나 당시 일반 대중에게는 크게 주목받지 못했다. 자연의 아름다움과 지극히 소소한 개인사를 서술한 작품이었기에 역사의 격랑기를 관통하는 특별한 감흥이 없었다. 그럼에도 불구하고 문장 실력만큼은 인정 받았다. 일반인들이 사용하는 구어口語로 이루어진 쉬운 문장에다 자연에 대한 순수하면서도 깨끗한 감성이 유려하게 펼쳐져 있다는 점 때문이었다. 정통 한족 계통의 작가가 아님에도 일반 문인의 수준을 넘어 현대 중국에서 가장 높은 수준의 문장을 구사했다는 찬사도 이어졌다. 루쉰은 미국기자 에드거 스노(『중국의 붉은 별』을 쓴 기자)에게 중국 신문화를 대표하는 최고의 작가로 션충원을 소개하기도 했다.

션충원은 신해혁명 이후 평황에서 먀오족들이 일으킨 봉기가 실패하여 수천 명의 먀오족들이 처참하게 처형당하는 것을 보았다. 성루에는 잘린 머리와 피범벅이가 된 사람의 귀가 가득했고 성밖 백사장에는 수백 명의 시신이 마구 널브러져 썩고 있었다. 죽은 사람은 모두 야만족으로 취급당한 먀오족 남자들이었다. 션충원은 이런 비참한 광경을 영원히 잊을 수 없었고 평생 권력을 남용하는 것을 혐오하게 되었다. 1946년 국민당과 공산당 간의 2차 국공내전이 발발하자 민족의 대재앙이라며 강렬한 반전 정서를 나타낸 것도 이러한 이유 때문이었다. 션충원의 현실정치에 대한 태도는 그 어떤 정치적인 파벌들과 달랐다. 그는 사회정치적 시각으로 현실정치를 보지 않았고 문학과 생명의 시각으로 현실정치를 관찰하고 판단했다.

그는 문학을 도덕적, 교육적 목적의 성취를 위한 한 방편으로 보는 중국 전통문학의 '문이재도文以載道'를 비판하면서 문학은 그 어떤 정치적 목적을 담아서는 안된다고 주장했다. 만약 문학이 반드시 그 어떤 '도'를 담아야 한다면 그 '도'는 작가가 직접 체험하고 느낀 '인간성'을 담아야 한다고 강조했다. "한 위대한 작품에서는 늘 인간성의 가장 진실한 욕망을 표현한다"고 보았던 것이다. 이러한 인간성 사상과 더불어 생명을 추구하고 생명의식을 탐구하는 것이 그의 창작의 원천이었다. 션충원은 인성의 치유자를 자처하며 민족정신의 재건을 목표로 창작에 전념하였다. 그는 좌익을 경시하지 않았고 우익도 멸시하지 않았으며 오직 진실을 추구하는 자유주의 중간작가의 태도를 취하였다.

이러한 태도로 션충원은 국민당과 공산당 양 진영으로부터 비난을 받았다. 급기야 중화인민공화국이 수립되고 처음 소집된 1949년 7월 전국 제1차 문학예술인대표자회의에서 제명되는 수모를 당했다. 한때 자살을 시도하기도 했던 그는 자신의 작품이 정치를 위한 도구가 될 수 없다고 생각하여 과감히 붓을 꺾고 중국 문단에서 사라졌다. 이후 30여 년 동안 션충원은 오직 고대 문물에 대한 연구에만 몰두하였다. 그 결실로 탄생한 것이 『중국 고대 복식 연구』이다. 단순히 복식에 관한 설명만이 아니라 당시 정치, 군사, 경제, 문화, 민속, 철학 등 제반 학문과 연계시킨 이 역작은

2011년 『중화현대 학술명저총서』 3집에 선정되었다. 지금도 여전히 해당 영역에서 경전과 같은 지위를 차지하고 있다.

도빅투이의 소설 『영주』

도빅투이의 소설 『영주』는 베트남 하장성 옌민현의 드엉트엉 지역에서 전해 오는 몽족의 영주 '숭쭈어다'에 대한 전설을 소재로 한 작품이다. 19세기 당시 농민들에게 토지의 소유자인 영주는 왕 이상의 존재였다. 토지사용권이 곧 생사여탈권이었기 때문이다. 전설은 그런 힘을 가진 영주가 황음무도하다 못해 두 개의 구멍이 있는 돌기둥을 만들어 사람을 함부로 죽이다가 한순간에 몰락하는 내용을 담고 있다.

히말리아산맥의 동쪽 끝자락에 위치한 베트남 하장성은 북쪽으로는 중국의 윈난성, 광시성과 274km 국경을 맞대고 있고 동서남쪽으로는 까오방성, 뚜옌꽝성, 라오까이성, 옌바이성으로 둘러싸여 있다. 베트남의 63개 지방정부 가운데 가장 북쪽에 위치하고 있으며 소수민족이 주민 대부분을 차지한다. 20여 종족이 살고 있는데 전체 인구 약 93만 명 중 몽족이 30만 명으로 가장 많다. 성도는 하장시이고 동반을 비롯하여 박메, 박꽝, 호앙수피, 메오박, 꽌바, 꽝빈, 비쑤옌, 씬먼, 옌민 등 10개의 현으로 구성되어 있다. 유네스코가 세계지질공원으로 지정한 동반지질공원의 빼어난 경관이 천혜의 절경을 이루고 있지만 산세가 험하고 교통이 불편하여 외지인의 발길을 허락치 않는 오지 중 오지이다. 동반지질공원은 동반, 메오박, 꽌바, 옌민현에 걸쳐 있는데 이 지역이 오늘날 하장성 몽족자치구이다.

19세기까지만 해도 이 지역은 몽족의 독립 왕국이었다. 청나라의 탄압을 피해 이곳까지 도망온 먀오족은 청나라가 두 차례에 걸친 '아편전쟁' 과 '태평천국의 난' 등으로 혼란을 겪자 이 틈을 이용하여 청나라로부터 독립을 쟁취했다. 그리하여 소설에서처럼 하장성의 여러 지역은 몽족의 영주가 다스렸다. 베트남과 중국의 경계에 있었지만 베트남 응우엔왕조의 통치력은 여기까지 미치지 못했고 중국 청나라의 개토귀류도 이 험한 고원지대에서는 무용지물이었다. 지방 군벌들은 아편 거래에만 열을 올렸을 뿐 통치에는 별 관심이 없었다.

몽족 영주들이 다스린 지역을 통합하여 몽족의 왕으로 추대된 사람이 브엉쩐득이다. 그의 조상은 동반현 사판지역의 영주였다. 사판 역시 양귀비가 널리 재배되었던 지역이라 브엉쩐득의 조상은 아편을 통해 상당한 부를 축적하였다. 양귀비 재배면적 확대는 필연적으로 타지역 영주와의 분쟁을 유발하였는데 이 분쟁의 최종 승자가 브엉쩐득이었다. 하장성 몽족자치구 4개 현은 브엉찐득이 통치했던 지역이었다.

그러나 브엉쩐득도 프랑스의 점령은 피하지 못했다. 그는 프랑스에 대항하기 위해 궁전을 새로 짓고 성벽을 요새처럼 둘렀다. 그의 궁전에는 100여 명의 병사가 기거할 수 있는 64개 방과 무기장고, 보석창고, 아편창고가 있었다. 아편은 여전히 몽족 왕국의 재정적 원천이었다. 브엉쩐득은 이를 바탕으로 프랑스에 맞서 싸웠다. 브엉쩐득 회유에 실패한 프랑스는 이 지역에서의 아편 재배를 금지시키기도 했다.

소설의 주무대인 옌민현 드엉트엉은 북베트남 고원지대에서도 뛰어난 풍광을 자랑하는 곳이다. 토질이 비옥하고 기후도 온난하여 어떤 작물을 심어도 잘 자랐다. 고품질의 아편 생산기술을 가지고 동남아시아로 이주한 먀오족은 윈난성과 접경을 이루고 지형과 기후가 비슷한 베트남, 라오

메오궁전을 위에서 본 모습. 몽족의 왕으로 추대된 브엉찐득(1865~1947)은 프랑스에 대항하기 위해 동반현 사판에 궁전을 새로 지었다. 100여 명의 병사가 기거할 수 있는 64개 방과 무기창고, 보석창고, 아편창고를 배치하고 주변에 원형으로 성벽을 둘러 궁전을 요새화하였다.

스, 버마의 고원에서 아편을 재배하였는데 드엉트엉은 특히 아편을 가장 많이 재배하여 훗날 베트남 정부가 아편 척결조치를 취했을 때 단속이 쉽지 않았던 곳으로도 유명하다.

작가 도빅투이는 하장성에서 태어나고 자랐다. 그는 200여 년 전 드엉트엉을 다스렸던 몽족의 한 영주가 사람을 죽이기 위해 만들었다는 돌기둥 전설을 익히 들어 알고 있었다. 하장성 박물관에 전시되어 있는 이 돌기둥의 높이는 약 1.9미터로 크지는 않지만 손을 넣을 수 있는 두 개의 구멍이 있어 얼굴을 돌기둥에 향하게 하고 팔을 벌려 두 손을 구멍에 넣고 묶으면 돌기둥에 매달리게 되는데 전설에 등장하는 숭쭈어다 영주는 이런 방법으로 사람을 매달아 죽였다. 그러나 박물관 직원도 또 작가도 이에 대한 근거자료를 단 한줄도 찾을 수 없었다. 전설은 전설일 뿐이었고 나머지는 작가의 상상력으로 완성시켜야 했다. 이 소설은 허구지만 완전한 허구도 아닌 것이다.

소설『영주』는 19장으로 구성되어 있다. 각 장마다 몽족의 민요에서 따온 노래 가사가 제목으로 붙어 있다. 마치 민요 가사에 맞춰 소설이 쓰여진 것처럼 얼개가 비슷하게 전개된다. 민중의 서사가 노래로 불려지면 민요가 되고 입말로 전해지면 전설이 되는 것이므로 민요와 전설의 얼개가 비슷한 것은 너무나 당연한 일이다.

전설의 주인공 영주 숭쭈어다는 남자 구실을 못하는 성불구자였다. 아편과 황음荒淫에 빠져 살았다. 길을 가다가도 마음에 드는 여자가 눈에 띄면 수단방법을 가리지 않고 데려와 하룻밤 노리개로 삼거나 첩으로 삼았다. 그래서 동네 처녀들이 밖에서 일할 때면 얼굴에 숯검정을 바르고 헌 치마를 입어 그의 눈에 띄지 않게 조심했다.

영주에게는 본부인인 큰 마님을 비롯하여 여러 명의 첩이 있었는데 그 중 넷째 부인 방쩌를 가장 사랑하고 아꼈다. 그러나 자유분방한 방쩌는 남자 구실을 못하는 영주가 성에 차지 않았다. 그녀는 영주의 마부 루민상과 몰래 정을 나누면서 영주에게 받지 못한 다른 사랑을 받았.

큰 마님은 여자의 직감으로 방쩌의 외도를 눈치챘다. 하녀가 방쩌의 방에서 루민상의 베레모를 가져왔던 것이다. 마구간 뒤 옥수수 창고에서 두 사람이 한몸이 되어 뒹구는 것도 목격했다. 같은 여자로서 동변상련이 없지는 않았으나 그래서 더욱 수치심을 느꼈다. 평생 영주의 그늘에서 재산을 관리해온 그녀는 이 사실을 영주에게 알렸다. 방쩌도 영주 소유의 재

하장성 박물관에 보관되어 있는 돌기둥. 돌기둥의 높이는 약 1.9미터로 크지는 않지만 손을 넣을 수 있는 두 개의 구멍이 있어 얼굴을 돌기둥에 향하게 하고 팔을 벌려 두 손을 구멍에 넣고 묶으면 돌기둥에 매달리게 된다. 몽족의 영주 숭쭈어다는 이런 방법으로 사람을 매달아 죽였다.

산이었던 것이다.

영주는 두 사람을 매달아 죽일 돌기둥을 만들었다. 온갖 방법으로 사람을 죽이며 통치의 위엄을 세우려 했지만 만족스럽지 않았다. 누구나 볼 수 있고 보면 겁에 질릴 수 밖에 없는 공개처형 방식을 택했다. 천천히 죽어가는 고통에 시신조차 까마귀의 먹이가 되게 하는 참혹하기 그지없는 형벌이었다. 루민상은 살려 달라고 애원했지만 방쩌는 죽음 앞에서 당당했다. 여자는 남자의 소유물이 아니라는 것을 죽음으로 보여 주려는 듯했다. 결국 두 사람은 돌기둥의 첫 번째 희생자가 되었다.

작가는 소설 중간중간에 아편의 추억을 소환했다. 마치 아편을 직접재배해본 사람처럼 양귀비꽃의 아름다움과 양귀비 열매에서 유액을 채취하는 장면을 묘사하였다. 당시로선 아편이 유일한 환금작물이었기에 영주의 모든 땅에선 양귀비가 재배되었다. 농부들이 영주의 땅에 양귀비를 파종하고 잘 키우면 그것으로 도지賭地의 의무는 끝났다. 수확은 영주의 식솔들이 직접했다. 봄에 아편 수확이 끝나면 농부들은 비로소 옥수수 농사를 지어 영주와 반타작했다. 작가는 아편 유통에 대해서도 언급하였는데 '국경을 넘어온 거래상에게 큰 아편 한 냥을 넘겨주었다'는 표현이 그것이다. 국경은 중국과의 국경일 것이며 거래상은 아편을 수집하는 지방 군벌이나 마방일 것이다.

소설은 타오짜방과 타오짜뽀 두 쌍둥이 형제의 이야기로 옮겨 간다. 형 타오짜방은 자신의 집과 정혼녀 쏭빠씬의 집을 오가며 농사일을 거들었고 동생 타오짜뽀는 강에서 물고기를 잡아 어려운 살림에 보탰다. 가난하지만 부모님과 함께 단란하게 사는 우애가 좋은 형제였다. 이들의 불행은 타오짜방이 쏭빠씬과 함께 옥수수를 파종하다가 우연히 영주의 눈에 띄면서 시작되었다. 쑹빠씬의 외모와 노래소리에 반한 영주가 그녀를 첩으로 삼겠다고 쑹빠씬의 아버지를 불러 청혼을 한 것이다. 갑자기 정혼녀를 빼앗기게 된 타오짜방은 눈앞이 캄캄했다. 쑹빠씬도 영주의 첩이 되느니 차라리 죽어버리겠다고 날마다 통곡했다.

그때 큰 마님이 쑹빠씬의 집을 방문하여 두 사람이 도망갈 것을 권유했다. 자신이 도와주겠다며 돈도 주었다. 도망가다 물에 빠져 죽었다고 자신이 확인해 주면 영주도 단념할 거라 했다. 영주에게 시집와서 지난 30년 동안 한번도 여자가 되어보지 못한 큰 마님은 이 지긋지긋한 황음 놀음을 끝내고 싶었다. 방쩌의 비극을 되풀이하고 싶지 않았다.

타오짜방의 집에는 영주가 보낸 사람들이 들이닥쳤다. 그들은 다짜고짜 아편을 내보이며 아편 절도 혐의로 타오짜방 아버지를 끌고 갔다. 이에 완강하게 저항한 타오짜방은 그들이 휘두른 주먹에 거의 초죽음이 되었다. 집에 돌아온 타오짜뽀는 난장판이 된 집과 쓰러져 있는 형을 보고 쑹빠씬을 포기하게 하려고 영주가 벌인 일임을 금새 알아챘다. 내일 형이 영주 앞에 나타나지 않으면 아버지가 죽게 될 거라는 저들의 협박도 어머니로부터 들었다. 아버지와 형을 살리기 위해선 자신이 형의 운명을 대신하는 수밖에 다른 도리가 없어 보였다.

다음날 타오짜뽀가 영주를 찾아가자 아버지는 석방되었다. 대신 타오짜뽀가 그 자리에 감금되었다. 영주는 쌍둥이 형제를 구분 못했다. 타오짜뽀를 타오짜방으로 알고 돌기둥에 매달았다. 후환을 없애겠다고 벌인 이 살육이 양호유환養虎遺患이 될 줄은 그는 미처 몰랐다.

영주는 큰 마님이 쑹빠씬의 집에 가서 무슨 말을 했는지 다 알고 있었다. 큰 마님과 동행했던 하인이 영주의 겁박에 이실직고했던 것이다. 영주는 큰 마님에게 친정으로 돌아가라고 명했다. 다른 사람 같았으면 벌써 돌기둥에 매달아 배신의 말로를 보여주었겠지만 30년동안 재산을 관리해 준 본부인이었기에 목숨만은 살려 주었다. 영주의 집에서 나온 큰 마님은 영주를 처음 만났던 채심밭을 잠시 서성이다 곧바로 강물에 투신하였다. 그녀도 방쩌처럼 죽어서야 비로소 자유의 몸이 되었다.

　타오짜뽀의 장례를 마친 타오짜방은 동생의 복수를 결심하고 어른들과 머리를 맞댔다. 마침내 결혼식 날이 왔다. 쏭빠씬의 어머니가 중국사람이라 중국인 요리사를 불렀다며 수십 명이 크고 작은 칼을 소지하고 영주의 집으로 들어 갔다. 요리가 거의 완성되고 잔치 분위기가 한창 무르익었을 때 요리사들이 갑자기 무사로 변신하여 영주의 식솔들을 제압하고 집에 불을 질렀다. 이때 타오짜방이 영주 앞에 나타났다. 귀신을 본 듯 놀란 영주는 허둥대며 도망가다 타오짜방의 칼을 맞고 쓰러졌다. 소설과 전설은 모두 이렇게 막을 내린다.

영화에서 만난 몽족

몽족이 등장하는 미국 영화가 있다. 라오스에서의 비밀전쟁을 부정했던 미국이 자신들이 저지른 전쟁범죄를 영화의 소재로 삼아서 비밀전쟁 자체를 희화화시킨 액션 코미디 영화가 〈에어 아메리카〉이다. 멜 깁슨(Mel Gibson)과 로버트 다우니 주니어(Robert Downey Jr)가 주연한 이 영화는 1990년에 만들어졌다. 빌 클린턴 행정부가 라오스 비밀전쟁에 미국이 개입했음을 인정하고 알링턴 국립묘지에 몽족군과 참전용사의 희생을 기리는 명판을 설치한 것이 1997년이니까 이 비밀전쟁은 미국내에서 이미 공공연한 비밀이었던 것이다. 비밀전쟁의 결과로 라오스 몽족 난민들의 이민을 받아들일 수 밖에 없었던 미국 사회에서 보수적인 미국인과 몽족 이민자와의 화해를 그린 영화가 2008년 개봉한 〈그랜 토리노〉이다. 클린트 이스트우드(Clint Eastwood)가 주연하고 감독한 이 영화는 연기자로서 그의 마지막 작품이다.

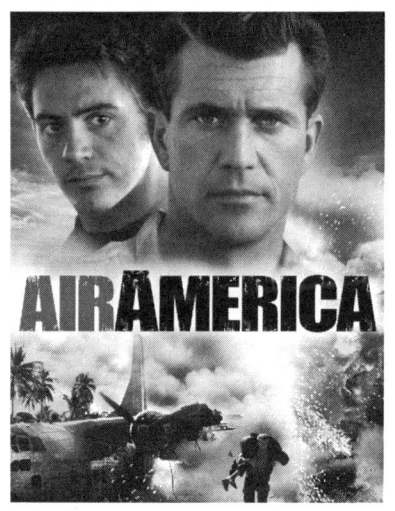 

라오스 몽족이 등장하는 미국 영화 『에어 아메리카』(1990)와 『그랜 토리노』(2008) 포스터. 이 영화들은 미국이 라오스에서 저지른 전쟁범죄를 교묘하게 은폐하면서 미국인의 정의감과 휴머니즘을 부각시켰다는 평가를 받고 있다.

멜 깁슨의 〈에어 아메리카〉

2005년 9월 중국 후난성 즈장芷江의 비호대飛虎隊 기념관(플라잉 타이거스 메모리얼)에 미군 동상이 건립되었다. 동상의 주인공은 클레어 셔놀트(1893~1958) 장군이다. 1944년 11월 미공군 조종사 루돌프 쇼 중위를 구출한 것을 계기로 호찌민에게 미국과의 두 번째 인연을 맺어준 바로 그 사람이다. 중국은 항일전쟁 승리 60주년을 맞이하여 일본군이 항복문서에 서명했던 이곳에 미공군의 공적과 셔놀트의 업적을 기리기 위해 기념관을 짓고 동상을 세웠다. 중국과 미국의 관계가 좋았던 시기였기에 이러한 이벤트가 가능했겠지만 중국 대륙에 미군의 동상이 세워졌다는 것은 동상의 주인공이 그만큼 중국에 큰 업적을 남겼기 때문일 것이다. 대만의 수도 타이베이 228평화공원에도 그를 기리는 기념비가 있다. 화인華人들이 이토록 셔놀트를 추앙하는 이유가 무엇인지 정말 궁금했다.

중일전쟁(1937~1945)이 일어나기 전부터 장제스蔣介石는 중국 공군력 확충에 많은 공을 들였다. 일본군과의 전투를 통해 제공권 확보가 얼마나 중요한지 절실히 깨달았기 때문이다. 그는 먼저 공군을 육군에서 독립시켜 육해군과 동등한 지위에 올려 놓았다. 그리고 자신이 항공위원회 위원장을 맡고 부인 쑹메이링宋美齡을 비서장으로 임명하여 일본의 침략에 대항할 수 있는 공군력 건설에 박차를 가했다. 쑹메이링은 남편을 대신해 미국, 독일, 이탈리아, 영국, 프랑스 등에서 비행기를 구입하고 공군 전문가와 조종사, 정비기술자, 훈련교관 확보에 나섰다. 셔놀트가 장제스의 공군 자문으로 합류한 것도 이때였다.

1938년 셔놀트는 쿤밍에서 중국 공군의 현대화 작업을 개시하였다. 그러나 1940년이 되자 중국 공군은 거의 붕괴되다시피 했다. 조종사와 최신 장비가 절대적으로 부족했기 때문이다. 셔놀트는 미국에서 조종사를 모집하는 방안을 장제스에게 건의했다. 장제스는 처남이자 미국에서 로비 임무를 맡고 있던 쑹쯔원宋子文을 통해 루즈벨트 대통령에게 적극적인 로비를 펼쳤다. 마침내 쑹쯔원은 1년 계약에 기간이 끝나면 원대 복귀한다는 조건으로 100명의 조종사와 200명의 지상요원을 미국 항공대에서 모집할 수 있는 권리를 얻어 냈다. 미국은 일본에게 선전포고를 한 상태가 아니었기 때문에 군대 병력을 파견할 수가 없었다. 이들은 민간인 신분의 용병이었다.

셔놀트는 미국인 용병 비행부대인 플라잉 타이거스(Flying Tigers)를 창설하고 사령관에 취임했다. 플라잉 타이거스는 중국공군을 대신하여 태

장제스(좌)와 그의 부인 쑹메이링(중앙) 그리고 지금도 중국(대만) 공군의 아버지로 추앙받고 있는 클레어 셔놀트(우).

평양전쟁 초기에 일본군을 상대로 전투를 벌였다. 이 용병 비행부대는 약 300여 대의 일본 항공기를 격추하거나 지상에서 격파하는 전과를 올리고 1년 뒤인 1942년 7월 미육군 제23전투비행단으로 재편되어 인도의 제10공군에 편입되었다. 셔놀트 또한 장군(준장)으로 승진하여 제23전투비행단 사령관이 되었다.

1942년 9월 쿤밍 비행장에 전투기 27대가 착륙했다. 인도 카라치 비행장에서 미군에게 훈련받은 중국인 조종사들이 마침내 파일럿이 되어 고국으로 돌아온 것이다. 이들의 귀환은 중국 공군의 부활을 의미했다. 중국 공군은 쿤밍과 충칭의 대공 방위를 맡으면서 셔놀트의 주중 미공군과 연계하여 일본군과 치열한 항공전을 벌이며 중국 서부 지방에서부터 점차 제공권을 확보해 나갔다. 또한 구이린과 즈장, 헝양, 류저우, 링링 등 광시성과 후베이성 후난성에 비행장을 건설하여 전진기지를 확보하였으며 일본군이 점령하고 있던 난창, 이창, 우한 등 양쯔강 중류와 홍콩, 광저우, 하이난까지 작전 범위를 넓혀가며 일본군 기지와 비행장을 폭격하여 큰 피해를 입혔다.

1943년 3월 셔놀트의 제23전투비행단은 중국 전역을 담당하는 제14공군으로 확대되었고 10월에는 중국 공군과 미국 제14공군을 통합한 중미 연합공군이 창설되었다. 중미 연합공군의 공세가 점점 강화되자 일본도 중국 비행장을 폭격하며 일진일퇴의 공방전을 벌였으나 이미 태평양전쟁에서 미군의 강력한 공세에 몰리기 시작한 일본은 손실된 전력을 회복할 방법이 없었다. 태평양전쟁이 진행되는 동안 미국은 중국 공군에 모두 1,387대의 항공기를 제공하고 조종사를 훈련시켰다. 그리하여 전쟁이 막바지에 이르렀을 때 중국 공군은 6백여 대의 각종 항공기와 약

13만 명의 공군병력을 보유하게 되었다. 일본이 항복하자 중미 연합공군은 1945년 9월 15일에 해체되었다. 셔놀트 장군은 종전 직전인 1945년 7월 6일 영예롭게 퇴역하여 미국으로 돌아갔다. 그는 중국 하늘에서 벌어진 전쟁에서 최대 공로자이자 승리자였다.

클레어 셔놀트가 다시 중국에 나타난 것은 1946년 2차 국공 내전이 막 시작될 무렵이었다. 군복을 벗은 그는 민간항공운송사(CAT, Civil Air Transport) 사장이 되어 돌아왔다. 전역 후 그는 장제스의 재정지원과 미국의 행정지원에 힘입어 전쟁 중에 중국 국방물자 총무를 역임했던 화이팅 윌라우어(Whiting Willauer)와 함께 CAT를 설립했다. 용병 비행부대 플라잉 타이거스에서 활약했던 역전의 용사들을 다 불러 모았고 운행을 멈춘 잉여 군용 화물기들을 사들였다. 장제스와 국민당을 지원하기 위한 프로그램의 일환이었다.

처음에 CAT는 일본군에 의해 철도, 도로, 교량이 파괴된 중국 내륙에 식량과 의약품을 공수했고 유엔이 제공한 구호물자를 실어 날랐다. 그러다 국공내전이 격화되자 국민당군에게 무기와 탄약, 식량을 전달하고 부상병들을 이송시켰으며 수만 명의 피난민을 대피시키기도 했다. CAT의 마지막 임무는 장제스를 비롯한 패퇴한 국민당 간부들을 대만으로 피신시키고 윈난성에 남아 있던 국민당 잔당 세력을 버마로 수송하는 것이었다. 셔놀트는 이 임무를 마지막으로 사장직에서 물러났다.

1950년 미국중앙정보국(CIA)은 비밀리에 CAT를 인수했다. 윌라우어를 사장으로 내세워 여전히 민간항공운송사로 위장했지만 아시아에서 CIA의 작전을 지원하는 임무를 수행했다. 한국전쟁에서 CIA의 작전에 동원된 CAT는 100여 차례에 걸쳐 중국 본토를 비행하면서 비밀요원과 물자를 공수했다. 한국전쟁 이후엔 주로 베트남과 라오스에서 활약했다. 1953년 제1차 인도차이나전쟁에서 패색이 짙어진 프랑스는 미국에 탱크와 중화기를 라오스로 공수할 C-119 수송기의 지원을 요청했는데 전쟁에 직접적인 개입을 꺼렸던 아이젠하워 대통령은 CAT를 동원해 프랑스의 요구를 마지못해 들어 주었다. 제1차 인도차이나전쟁의 대미를 장식한 디엔비엔푸 전투도 CAT가 있어 가능했다. 그 시작인 프랑스의 카스토르 작전부터 CAT는 모두 682회 작전에 동원되었으며 수송기 한 대가 격추되어 조종사 두 명이 사망하기도 했다.

1954년 제네바협정 후 프랑스를 대신한 CIA는 라오스에서 본격적인 작전에 돌입했다. 도미노 이론에 경도된 미국은 대대적인 라오스 지원에 나서 군사고문단을 파견했으며 친미정권 정부군을 육성하고 자금과 물자를 지원했다. 비공식적으로는 CIA와 특수부대 '그린베레'를 보내 라오스의 몽족을 반공무장세력으로 조직하고 지원했다. CAT는 라오스에서 CIA의 이런 작전을 수행하는데 중요한 역할을 담당했다.

1955년 태국의 우돈 미공군기지에 둥지를 튼 CAT는 그해 9월에서 12월까지 무려 25개 지역에서 200회의 작전에 동원되었다. 1957년에는 위앙짠에 자리를 잡았으며 1960년부터는 수송기뿐만 아니라 헬리콥터까지 작전에 동원하기 시작했다. 이들이 맡았던 중요한 작전 중의 하나는 친미반공세력으로 CIA가 양성한 왕빠오의 몽족반군을 지원하는 것이었다. 군수물자와 식량은 물론이고 아편의 수송까지도 모두 CAT가 담당했다. 1959년 CAT는 '에어 아메리카'로 이름을 바꾸었다.

영화 〈에어 아메리카〉의 시대적 배경은 왕빠오의 몽족군이 빠텟라오

공산반군에게 밀려 고전을 면치 못했던 1969년이며 라오스의 수도 위앙짠에서 북쪽으로 약 125Km 떨어진 비밀 장소 룽첸이 주무대이다. 이곳엔 왕빠오의 몽족군 본부와 리마사이트 20A로 불린 룽첸비행장, 그리고 헤로인 정제공장이 있었다.

로스앤젤레스의 한 방송국에서 교통방송 기자 겸 헬리콥터 조종사로 근무하던 빌리 코빙턴(로버트 다우니 주니어 분)은 고속도로에서 저공비행을 했다는 이유로 조종사 면허를 정지당했다. 졸지에 직장을 잃고 실업자가 된 빌리에게 '에어 아메리카'라는 항공사가 찾아와 대만 조종사 면허증과 고액의 급여를 약속하며 스카우트를 제의했다. 근무지가 라오스라는 점이 마음에 걸리긴 했지만 빌리는 흔쾌히 제의를 받아들이고 라오스로 떠났다.

빌리의 주업무는 C-123 프로바이더 화물기로 리마사이트로 날아가 몽족에게 식량을 전달하고 아편을 수집하는 일이었다. 같은 일을 하는 동료 조종사들 중에 진 라이악(멜 깁슨 분)을 만나 우정을 쌓기도 했다. 조종사들 대부분이 무기와 아편 거래에 직·간접적으로 연루되어 있었지만 내막을 알지 못했고 알 수도 없어 항상 위험에 노출되어 있었다.

이런 위험한 일을 그만두고 태국에 정착하고 싶어한 진은 정착자금 마련을 위해 무기 밀매에 직접 관여하였고 라오스의 저너럴 리 숭(버트 쿼크 분) 장군은 몽족들로부터 수집한 아편을 헤로인으로 가공하여 베트남 사이공의 떤선녓 공군기지로 실어 날랐다(숭 장군은 왕빠오를 모델로 한 인물임에 틀림 없다).

그러던 어느날 데이븐 포드(레인 스미스 분) 미상원의원이 에어 아메리카가 아편 사업에 관여하고 있다는 소문의 진상조사를 위해 라오스에 왔다.

영화 〈에어 아메리카〉의 두 주인공. 진 라이약 역의 멜 깁슨(좌)과 빌리 코빙턴 역의 로버트 다우니 주니어(우). 두 사람 뒤로 보이는 비행기는 C-123 프로바이더 화물기이다. 베트남전쟁 때 고엽제를 살포한 비행기로 유명하다.

에어 아메리카를 운영하는 CIA 라오스지부 도널드 레몬드(켄 젠킨스 분) 소령과 롭 디엘(마샬 그랜트 분)은 상원의원에게 난민캠프와 불교사원 등을 보여주며 시선을 다른 곳으로 돌리려고 애를 썼다.

그 와중에 몽족마을에 식량을 공수하고 돌아오던 빌리와 잭 닐리(아트 라플로어 분)의 화물기가 빠텟라오 공산반군에 의해 격추되었다. 소식을 들은 숭 장군의 필라투스 경비행기가 추락 현장에 도착했으나 어찌된 일인지 숭 장군은 아편 가방만 챙기고 두 사람을 남겨둔 채 떠나버렸다. 결국 두 사람은 진과 다른 조종사에 의해 겨우 구출되었다. 그런데 엎친데 덥친격으로 빌리와 진을 태운 헬리콥터가 라오스의 또 다른 부족에게 격추되어 두 사람은 포로 신세가 되었다. 여기서 진의 기지가 발휘되는데 이 부족에게 최신 무기 거래를 제안한 것이다.

거래가 성사되어 자유의 몸이 된 두 사람은 진의 집으로 갔다. 진에게는 현지인 아내와 두 자녀가 있었다. 미국의 비밀전쟁에 자신들이 용병으로 동원되었다는 사실을 알게 된 진은 빌리에게 당장 회사를 그만두자고 했지만 빌리는 사지에 자신들을 버리고 간 숭 장군에게 앙갚음을 해야 할 일이 남아 있었다. 두 사람이 기지로 돌아왔을 때 함께 사지에 남겨졌던 잭은 피살당했고 두 사람은 아편 밀매자로 지목되어 있었다. 이 모든 것이 숭 장군의 계략으로 CIA의 도널드 소령과 롭이 데이븐 상원의원에게 그렇게 보고했던 것이다.

이에 격분한 빌리는 암시장에서 수류탄을 구입하여 숭 장군의 헤로인 가공공장을 폭파시켜 버렸다. 에어 아메리카를 떠나기로 결심한 두 사람은 자신들의 임무를 마무리 짓기 위해 각자 마지막 비행에 나섰다. 빌리는 난민수용소로 보내는 밀가루 안에 헤로인이 숨겨져 있는 것을 발견하고 비행기를 비상착륙 시킨 후 탈출했으며 C-123 화물기에 거래할 무기를 싣고 가던 진은 빌리의 구조 요청에 기수를 돌렸다.

빌리 구출에 성공한 진은 이번엔 숭 장군의 몽족군과 빠텟라오 공산반군과의 교전으로 난민캠프가 위험하다는 연락을 받았다. 진은 난민구호를 맡고 있는 미국국제개발청 소속의 콜린 낸드로(낸시 트래비스 분)를 구출하러 다시 기수를 돌렸다. 그러나 콜린은 자기 혼자만 탈출하는 것을 완강히 거부하였다. 진은 결국 무기를 포기하고 난민들을 비행기에 태웠다. 무기밀매를 위해 빌린 진의 C-123 프로바이더는 난민들을 가득 싣고 자유를 향해 힘차게 날아 올랐다.

영화 〈에어 아메리카〉는 이렇게 끝난다. 미국식 정의가 무엇인지 보여주는 전형적인 할리우드 영화이다. 미국의 전쟁범죄는 영화에서처럼 조직이나 개인의 일탈로 치부하면 그만이다. 사회적 이슈를 액션 코미디 영화로 만들어 이슈 자체를 희화화시키는 것이 미국 영화산업이 가지고 있는 정치력이다. 오락영화로 간주되는 순간 역사적 사실은 그럴듯하게 쓴 한 편의 영화 시나리오 그 이상이 될 수 없는 것이다.

클린트 이스트우드의 〈그랜 토리노〉

영화의 제목 〈그랜 토리노〉는 포드자동차가 만든 세단 이름이다. 영화의 배경도 포드자동차 공장이 있는 미국 미시간 주 디트로이트 시 외곽 하이랜드파크이다. 한때 '자동차 공업의 메카'로 불렸던 디트로이트 시는 관련 산업이 한창 번성했을 때인 1950년에 인구가 180만 명에 이르렀으나 지금은 70만 명 정도로 자동차 산업의 몰락과 함께 급격히 쇠락한 도시이다. 영화에서처럼 백인 이웃들은 사라지고 이민자 출신 유색인들이 도시의 빈 곳을 채우고 있다. 미국에서도 사회양극화가 심하고 범죄율이 높은 도시로 유명하다.

이 도시에서 40년 동안 포드자동차의 노동자로 일하다 은퇴한 월트 코알스키(클린트 이스트우드 분)가 이 영화의 주인공이다. 그는 자신의 신념이기도 한 미국 전통의 보수적 가치들이 도시의 모습처럼 쇠락해 가는 것에 대한 반감과 한국전쟁에서 겪은 참혹한 기억을 평생 안고 살아온 탓에 주위 사람들에게 쉽게 마음을 열지 않는 냉소적인 성격의 노인이었다. 이런 월트의 완고한 성격을 자식들마저 외면하자 그의 아내 도로시는 신앙의 도움으로 그가 참회하고 정신적 고통에서 벗어나기를 간절히 기원한다는 유언을 남기고 세상을 떠났다.

도로시의 유언에 따라 자노비치(크리스토퍼 칼리 분) 신부는 수시로 월트를 찾아와 고해성사를 권유하고 삶과 죽음에 대한 이야기를 시도하였다. 월트의 정신적 고통이 상대를 죽이지 않으면 자신이 죽어야 하는 전쟁상황 속에서 항복하러 온 17살 어린 중국 소년병까지 무참히 죽이면서 살아 남았다는 죄책감 때문이라는 것을 알고 있었던 것이다. 그러나 월트는 "남자는 명령을 받고 행한 행위에 대해서는 후회하는 것이 아니다"라며 자노비치 신부의 권유를 단호히 거절하였다.

독거노인이 된 월트의 무료한 일상에 옆집으로 이사온 몽족 가족이 개입하면서 월트의 삶이 조금씩 변화하기 시작했다. 몽족 가족은 할머니와 엄마, 딸 수 로어(아니 허 분) 아들 타오 방 로어(비 방 분) 등이다. 이민자가 많은 이 동네에는 몽족계, 라틴계, 흑인계 불량배들이 떼로 몰려 다니며 세력을 과시하고 또래에게 가입을 종용했는데 타오는 늘 몽족 불량배들의 타깃이었다. 타오가 월트의 그랜 토리노 세단을 훔치러 차고에 들어갔던 것도 이들 불량배들의 강요 때문이었다.

타오의 도둑질은 월트에게 발각되어 실패했다. 그러자 몽족 불량배들은 타오의 책임을 다그치며 강제로 차에 태우려 했다. 이를 본 타오 가족들이 몰려나와 이들의 행동을 제지하다 월트의 집 마당에까지 들어가 실랑이를 벌였다. 이때 월트가 총을 들고 나와 불량배들을 내쫓았다. 위기를 모면한 타오 가족은 월트에게 진심으로 고마워했다. 꽃과 음식으로 고마운 마음을 전하려 했지만 월트는 거들떠 보지 않았다. 이번엔 엄마와 수, 타오가 직접 화분을 들고 방문했다. 타오는 자신이 그랜 토리노를 훔치려

한 범인이었다고 자백하고 사과했다.

며칠 후 이번엔 타오의 누나 수가 길거리에서 흑인 불량배에게 봉변을 당하고 있는 것을 차를 타고 가던 월트가 발견하고 구해주었다. 두 사람은 함께 차를 타고 오면서 처음으로 대화를 나누었다. 수는 자신의 가족이 이곳으로 이사 오게된 이유를 다음과 같이 설명하였다.

"베트남전쟁 때문이에요. 우리 몽족은 당신들 편에서 싸웠어요. 그리고 미국이 철수했을 때부터 공산주의자들은 모든 몽족 사람들을 죽이기 시작했죠. 그래서 우리는 이곳으로 이주했어요."

이 대목에서 월트가 경험한 한국전쟁에서의 참혹한 기억과 몽족 가족이 베트남전쟁 때문에 난민이 되어 겪어야 했던 슬픈 기억이 서로 공유되

월트에게 화분을 선물하는 수와 타오. 옆집으로 이사온 몽족과의 운명적인 만남은 이렇게 시작되었다.

면서 두 사람은 이전보다 훨씬 더 가까워졌고 수의 저녁 초대에도 기꺼이 응하는 사이가 되었다. 수의 집을 방문한 월터는 몽족의 가족 샤먼으로부터 "과거에 저지른 어떤 잘못 때문에 삶에 만족 못하고 기쁨 없이 살고 있다."는 관상평을 듣고 자신의 속마음을 들킨 것 같은 충격을 받았다. 이를 계기로 월터는 야만인들이라고 경멸했던 몽족의 문화를 조금 더 우호적으로 이해하게 되었다.

타오가 그랜 토리노를 훔치려 했다는 사실을 알게된 엄마는 사죄의 의미로 일주일동안 월트가 시키는 일을 하게 했다. 노동으로 죄값을 치루라는 것이었다. 타오는 월트가 시키는 허드렛일부터 동네 일까지 최선을 다했고 노동의 진실이 삶의 진실에 값함을 보여 주었다. 월트는 그런 타오가 점점 미더워졌다.

영화는 이 시점에서 월트의 건강상태를 다루었다. 각혈을 하는 장면과 자신의 병원차트를 심각하게 들여다보는 장면 그리고 자신의 건강문제를 상의하기 위해 자식들에게 전화하는 장면 등이 그것이다. 그러나 여전히 자식들과는 소통이 안되었고 스스로 체념하는 모습만 보여 주었다. 월트의 건강을 걱정하는 것은 타오가 유일했다. 담배를 끊어야 한다고 여러 차례 충고도 했다. 월트는 그런 타오가 친손자처럼 느껴졌을 것이다. 돈이 없어 학교를 다니지 못했다는 타오를 위해 월트는 건설현장에 일자리를 구해주었고 필요한 공구도 사주며 당당한 사회인으로 살아 갈 수 있도록 도와주었다. 뿐만 아니라 수와 타오의 여자친구 유암을 함께 바비큐 파티에 초대하여 데이트 할 때 차가 필요하면 그랜 토리노를 빌려주겠다고 약속하였다. 어느덧 아내 도로시가 떠난 빈자리를 옆집의 타오와 수가 대신 채우고 있었다.

그러나 월트와 몽족 가족과의 우정은 그리 오래 가지 않았다. 몽족 불량배들이 자신들의 조직에 가담하지 않는다고 일을 마치고 귀가하는 타오의 얼굴을 담뱃불로 지지며 폭행했던 것이다. 타오의 얼굴을 보고 격분한 월트가 이들을 찾아가 혼자 있던 불량배 두목을 두들겨 패고 다시는 타오에게 접근하지 말라고 경고했다. 그러자 몽족 불량배들은 타오의 집에 총기를 난사하고 마침 외출 중이었던 수를 폭행하여 거의 초죽음 상태가 되게 하였다. 월트는 몽족 불량배들이 이 도시에서 사라지지 않는한 타오와 수가 정상적으로 살아 갈 수 없다는 것을 알게 되었다. 다른 사람의 입장을 이해하는데 인색했던 월트였지만 이 문제만큼은 자신이 나서지 않으면 해결할 수 없다는 것도 알게 되었다.

다음날 월트는 당장 복수하러 가자는 타오를 달래 놓고 자노비치 신부를 찾아가 난생 처음 고해성사를 했다. 진심으로 자식들과의 불화를 회개하며 용서를 구했다. 그러나 그는 자신을 괴롭혔던 한국전쟁에서의 참혹한 기억과 죄의식은 참회하지 않았다. 그것은 말로써 용서를 구할 것이 아니라 행동으로 속죄해야 할 일이었다. 타오를 다시 만난 월트는 자신이 한국전쟁에 참전했을 때 중국군 기지를 함락시키기 위해 출동했다가 자기 혼자만 살아 돌아온 이야기를 들려 주며 그때 받은 은성무공훈장을 타오의 가슴에 달아주었다.

"나는 한국전쟁에서 살아남기 위해 너같은 어린애까지 죽였다. 내 손은 이미 더럽혀졌다. 너는 나와 같은 인생을 살지 말고 너의 인생을 살아라. 내 손으로 끝내야 할 일이 있다."

같이 가겠다는 타오를 지하실에 가둬 놓고 월트는 몽족 불량배 아지트를 찾아 갔다. 몽족 불량배들도 총기로 만반의 준비를 하고 월트를 기다렸다. 몽족 불량배를 마주한 월트는 그들의 잘못을 크게 꾸짖고 담배를 입에 물었다. 이어 주머니에서 무언가를 꺼내려는 순간 그것을 권총이라고 판단한 몽족 불량배들의 총기가 일제히 불을 뿜었다. 월트는 많은 이웃들이 보는 앞에서 즉사했다. 그의 손에는 한국전쟁에 참전했을 때의 부대마크가 새겨진 라이터가 쥐어져 있었다.

몽족 불량배들은 살인 현행범으로 즉시 체포되었고 타오와 수, 몽족 가족들은 이들의 횡포에서 비로소 벗어났다. 영화 비평가들은 월트가 타오를 대신해서 죽은 것이라고 입을 모았다. 그가 한국전쟁에서 죽인 중국 소년병과 같은 동아시아 종족인 몽족 소년 타오를 위해 자신의 목숨을 헌신함으로써 얼마 남지않은 생명으로 더 큰 생명을 이어가게 하는 이것이 그에게는 진정한 의미의 속죄였다는 것이다.

영화 〈그랜 토리노〉는 흥행에도 성공했을 뿐만 아니라 영화 평론가들로부터도 좋은 평가를 받은 작품이다. 2010년 일본 아카데미상 최우수 외국작품상을 받기도 했다. 영화가 성공한 만큼 영화에 대한 비평과 해설도 차고 넘친다. 그 중 하나를 소개하면 "미국적인 가치관으로 평생을 살아온 주인공이 새로운 미국인인 타오와 몽족 가족들에게 미국적인 가치를 전달하며 오래된 미국인의 영혼과도 같은 차인 그랜 토리노를 신세대 미국인 타오에게 넘겼다."는 평가가 있다. 즉 미국에 정착한 라오스 몽족 난민들을 미국인으로 받아들이는 공식적이고 상징적인 영화라는 것이다.

또 다른 평가는 왕빠오 몽족(타오)과 빠텟라오 몽족(몽족 불량배) 간의 싸움(내전)에 미국(월트)이 개입하여 공개적으로 헌신함으로써 미국의 비밀전쟁을 휴머니즘을 포장하려 했다는 것이다. "영화 카메라가 월트의 죽은 육체를 십자가의 예수상처럼 희생적인 종교적 이미지로 각인시키고 숭고한 죽음으로서 공동사회에서 기억에 남을 만한 장례식 장면을 연출했다."는 평가가 그러한 의도를 말해준다.

여기서 월트가 한국전쟁에서 죽였다는 소년병이 북한군이 아니라 중국군으로 설정한 이유가 궁금했다. 한국전쟁에 참전한 중국군 중에 몽족의 조상이라 할 수 있는 먀오족이 포함되어 있었다는 것을 시나리오 작가가 이미 알고 있었던 모양이다. 중국 군대가 한반도에 출병한 것은 임진왜란(1592)과 한국전쟁(1950) 때로 두 번 모두 전선이 중국땅으로 확대되는 것을 막기 위한 파병이었다.

임진왜란과 한국전쟁은 여러가지 면에서 비슷한 점이 많은 전쟁이었다. 전쟁의 기미가 뚜렷했는데도 너무 안이하게 대처한 점도 그렇고 백성과 국민을 제쳐놓고 왕과 대통령이 먼저 도주한 점도 비슷하다. 한반도가 전쟁터이고 한민족이 절대 피해자인데도 강대국만 쳐다보며 종전과 휴전을 맞이한 점도 닮은 꼴이다. 두 전쟁 모두 다국적군이 참전했는데 유엔군이 참전한 한국전쟁처럼 임진왜란 또한 한·중·일 3국간만의 전쟁이 아니었다. 동북아를 넘어 아시아 각국 각지의 용병들이 참전한 국제전이었다. 실제 명나라는 여러 나라의 용병을 동원하였다. 가급적 한족 대신 주변 국가에서 모병해 파병했다.

1593년(선조 26) 4월 10일, 병조판서 이항복이 의주에서 원병으로 온 명나라 장수 유정의 부대를 방문했다. 이때 유정은 "조선에선 보지 못한 이국의 특이한 재주를 가진 병사가 많다."고 자랑하면서 휘하 병사들의 출신지와 무기들을 소개한 장면이 실록에 남아 있다.

천조장사전별도. 임진왜란이 끝나고 철군하는 명나라 군대의 모습을 그린 기록화이다. 명나라 군대엔 동남아시아 용병들이 다수 참가하였다.

"신이 또 부총병 유정을 문안하였는데(중략) 사용하는 각종 군기를 꺼내 보여주고 거느고 있는 섬라暹羅, 도만都蠻, 소서小西, 천축天竺, 육번六番, 득릉국得楞國, 묘자苗子, 서번西番, 삼색三塞, 면국緬國, 파주播州, 당파钂鈀 등 귀화한 사람들을 좌우에 도열해 서게 하고 차례로 각각 자신의 묘기를 자랑하도록 하여 종일 구경시켰습니다."

유정은 원래 명나라 남쪽 국경을 담당한 장수였다. 그의 군대는 쓰촨성을 중심으로 동남아시아 전역에서 모집해 편성한 소모병召募兵이었다. 여기서 섬라는 태국을 말하며 도만은 명나라 때 쓰촨성 경내에 있었던 소수민족이고 소서와 천축은 포르투갈이 지배하던 인도 식민지이다. 득릉국은 미얀마와 태국 국경에 산악지역에 살던 크메르 계통의 몬족이고 신출귀몰하여 귀병鬼兵이라고 불렸던 묘자는 지금의 먀오족이며 서번은 백인인 윈난 푸미普米족이고 삼색은 티베트 지역이다. 면국은 미얀마의 한자명 면전綿甸으로 유정이 평정했던 버마족을 말하며 파주는 구이저우의 한 지방이다. 이렇듯 동남아 병사 5,000여 명이 참전했는데 독특한 모습을 하고 있었기에 철군하는 명나라 군대를 그린 「천조장사전별도」에 그 특이한 모습이 남아 있는 것이다.

한국전쟁에 참전한 중국군은 중국의 정규군인 인민해방군이 아니라 중국인민지원군(약칭 중국군)이다. 당시 신생 공산국가였던 중화인민공화국이 유엔군과 공식적인 전쟁을 한다는 인상을 피하기 위해 정규군인 인민해방군과는 다른 직제와 편제를 꾸렸다. 공식적으로는 모두 지원병인 것처럼 위장했으나 사실은 만주에 주둔했던 인민해방군 제4야전군이 이름만 바꾸어 참전한 것이다. 제4야전군은 인민해방군 가운데 최정예부대로 동북변방군으로 편성되었을 당시 25만여 명 수준이었다. 한국전쟁 참전을 위해 병력을 70만 명으로 증강했는데 중국인민해방군 전체 병력의 18%에 해당하는 엄청난 규모였다.

중국군 사령관은 제1야전군 사령관인 펑더화이彭德懷가 맡았다. 그는 마오쩌둥과 동향으로 후난성 샹탄 출신이었다. 샹군의 전통을 이어온 후난성 먀오족들은 대부분 제1야전군에 소속되어 펑더화이를 따라 한국전쟁에 참전했다. 그러므로 월트가 죽였다는 소년병이 몽족의 조상이라 할 수 있는 먀오족 병사라 해도 이상할 것이 없었다.

먀오족과 몽족의 복식문화

화포花布 이야기

2022년 10월, 아들이 학예연구사로 일하고 있는 추사박물관의 특별기획전에 갔다가 신상웅 작가가 염색한 화포의 실물을 처음 보았다. 그의 저서 『쪽빛으로 난 길』에서 그가 그토록 찾아 다녔던 푸른색 바탕에 흰무늬의 화포가 전시실 곳곳에 걸려 있었다. 먀오족과 몽족에 대한 관심으로 그의 책을 몇 차례 통독했던 터라 화포가 낯설지 않았는데 뜻밖의 장소에서 만나니 더욱 반가웠다. 이렇듯 인연은 무시로 우연을 동반한다. 전시실 한켠에는 화포에 대한 작가의 생각이 역시 푸른색 바탕에 흰글씨로 쓰여 있었다.

"화포의 핵심은 물을 들이지 않는 부분에 있었고 그곳의 무늬가 화포의 얼굴이 되었다. 화포라고 해서 꽃만을 소재로 하지는 않았다. 꽃은 화포의 대표 주자일 뿐 모양도 다양한 구름처럼 화포의 대상은 무궁무진했다. 화포는 그러니까 염색이라는 일이 일률적으로 고르게 물을 들이던 방식에서 어떤 무늬를 표현하기 시작한 것이다. 천 위에 누군가 의견을 남겼다고 볼 수 있다. 그건 이전의 염색과 다른 길이었다. 그런 화포가 세상 도처에 있었던 것을 나만 몰랐던 것이다. 나도 푸른 천 위에 내 의견을 남기고 싶었다."

추사박물관에서는 2021년과 2022년 특별기획전으로 추사 김정희의 아버지 김노경의 연행燕行(1822)과 추사의 연행(1809) 관련 유물을 '추사필담첩1, 2'라는 제목으로 전시하였다. 필담筆談은 말이 통하지 않거나 말로 의사를 전달할 수 없을 때 글로 써서 대화를 나누는 행위이다. 추사필담첩은 박제가, 김노경, 김정희, 김명희(김정희의 아우) 등이 사절단의 일원으로 베이징北京에 갔을 때 청나라 문인들과 나눈 대화를 필사한 책이다.

신상웅 작가의 화포가 이 특별기획전에 초대된 이유된 그의 또 다른 저서 『1790년 베이징』 때문이다. 미술(동양화)을 전공한 그는 박제가가 그렸다는 「연평초령의모도延平髫齡依母圖」에 숨겨진 비밀을 찾아 일본과 중국을 오가며 그림 속 주인공 정성공과 박제가의 행적을 추적하였다. 조선과 중국 지식인 관계망의 정점에 섰던 박제가는 10년동안 네 차례 중국을 다녀왔다. 그의 셋째 아들 박장암이 부친과 청나라 문인들이 교유하며 주고받은 시, 편지 등을 엮어 펴낸 『호저집』에 172명의 중국 인사가 등장하는 것을 보면 박제가가 중국 명사들과 얼마나 많은 교유관계를 맺었는지 짐작하게 한다. 그중에는 옹방강, 완원 같은 청나라 학계의 일급 지식인도 있었다. 훗날 추사가 이들과 사제의 도의道義를 맺음으로서 박제가가 추사의 학문을 이끈 스승이었다는 속설이 생겨났다. 박제가의 중국에서의 행적이 19년 뒤 자연스럽게 추사의 연행과 연결되었던 것이다. 완원은 추사에게 고증학, 금석학 이론과 학설을 전해주었고 추사는 이 두 사람과의 교류를 통해 청조학淸朝學 연구의 제일인자로 거듭날 수 있었다.

"바사芭沙 마을은 구이저우성 오지의 먀오족 마을이다. 마을의 여인들은 진하게 쪽물을 들인 푸른색 천으로 옷을 지어 입는다. 그녀들은 납염蠟染을 하는데 먼저 밀랍으로 천 위에 무늬를 그리고 쪽물을 들인 다음 밀랍을 제거하면 흰무늬가 나타난다. 화포라고 부른다. 밀랍 대신 단풍나무 진액이나 송진을 사용하기도 한다. 이렇게 만들어진 아름다운 화포로 지은 옷은 명절이나 특별한 날에만 입는다."

저자 신상웅의 원래 직업은 염색가이다. 쪽을 재배하고 쪽물을 들인 화포를 만드는 것이 그의 일상이다. 염색을 할 수 없는 겨울에는 화포를 찾아 중국과 동남아시아를 여행했다. 주로 먀오족과 몽족이 사는 마을을 찾아다녔다. 여행에 앞서 염색과 화포에 대해 조사해 보면 현재까지 염색과 화포가 일상으로 남아있는 곳이 대부분 먀오족과 몽족이 거주하는 오지 마을이었다. 위의 글은 장샤오숭張曉松이 지은 『민초들의 노래草根絶唱』에 나오는 내용이다. 이런 자료들이 그의 쪽빛 여행길을 안내하였다. 그리고 그 또한 오지마을을 찾아 다니며 느낀 소회를 글로 남겼다. 『쪽빛으로 난 길』은 그렇게 쓰여졌다.

문학은 그 어떤 정치적 목적을 담아서는 안된다는 신념 때문에 일찌감치 붓을 꺾고 중국 문단을 떠났던 『변성』의 작가 션충원도 자신의 뿌리라 할 수 있는 먀오족 복식에 대해 언급했다. 절필 후 문학 대신 역사를 선택한 그는 박물관에 근무하며 고대 문물을 탐구하였다. 고대 문물 중에서도 특히 방직과 복식을 심도 깊게 연구하여 1981년 『중국 고대 복식 연구』라는 기념비적인 저서를 세상에 내놓았다.

그가 언급한 먀오족 복식에 관한 내용은 대부분 『황청직공도皇淸職貢圖』에서 발췌했다. 『황청직공도』는 청나라와 외교관계를 맺고 있는 국가의 37개 민족과 청나라의 통치하에 있는 264개 소수민족의 모습을 그린 총 301개 도상圖像으로 이루어져 있다. 민족 고유 의상을 입은 한 쌍의 남녀를 묘사했는데 그림 속 인물들은 그들의 문화관습을 보여주는 상징물과 함께 등장한다. 그림의 상단에는 각 민족의 역사와 거주지역, 음식과 복식, 풍속과 기호, 토산품에 대한 설명이 적혀 있다. 이 책은 청나라 6대 황제 건륭제(재위기간 1735~1796) 때인 1763년에 간행되었다. 9권으로 구성되어 있으며 먀오족에 대한 설명은 제4권에 나온다.

"상의는 밀랍으로 바탕에 문양을 그린 다음 염색하는데 염색이 끝나 밀랍을 제거하면 채색 비단처럼 화려한 문양이 나온다. 옷깃은 따로 없고 옷의 목 부위를 잡고 머리부터 집어넣어 입는다. 남자는 청포로 머리를 싸고 여자는 말총 등으로 만든 가발을 본래 두발에 얹어 틀어 올렸는데 한쪽으로 치우친 모습이 말斗처럼 생겼으며 나무빗으로 두발을 정리했다."

셴충원은 화포를 만들어 온 중국 소수민족의 납염 공예 기술을 높게 평가하였다. 그중에서 복식과 풍속이 비슷한 먀오족과 야오족, 부이족을 서남 형제 민족이라 불렀는데 이들이 구이저우성과 윈난성에 집단으로 거주하고 있기 때문이다.

"식물 섬유로 만든 토포土布에 납염蠟染 방식으로 가공하는 것은 서남 형제 민족들의 장기이다. 송대 개인 필기에 보면 이를 점랍만點蠟幔이라고 칭했다. 당대 인염印染 방식은 대략 세 가지, 즉 협힐夾纈, 교힐絞纈, 납힐蠟纈 등으로 구분한다. 그중에서 납힐은 대나무 가지에 밀랍을 발라 세포細布에 화조나 기하 도안 등을 그려 넣는 방식이다. 도안이 완성되면 염색을 하는데 염색이 끝나 밀랍을 제거하면 아름다운 문양이나 도안이 드러난다.

이러한 납염 공예는 지금도 묘족(먀오족)과 포의족(布依, 부이족)의 일상 생활에서 여전히 활용되고 있으며 전업이 아닌 다시 말해 상품으로 판매하지 않는 수공업 제품의 중요한 부분을 차지하고 있다. 가공 기술은 집안 대대로 전수된 것이다. 문양이 아름답고 매우 치밀하여 예술적 수준이 상당이 높다. 일반적으로 남청색 위주이나 여러 가지 다른 색을 겸한 것도 있으며 염료는 주로 현지의 전청색(靛青色, 쪽의 짙은 남색)을 사용한다."

션충원의 평가처럼 중국의 소수민족들은 그들의 풍속과 관습을 바탕으로 독특한 복식문화를 만들어 왔다. 납염 공예 기술과 자수 기술이 있어 가능했다. 특히 먀오족의 납염 공예는 국가급 무형문화유산에 등재되어 다채롭고 화려하며 정교함의 품격을 인정 받았다. 구이저우성의 단자오丹寨 먀오족의 납염이 2006년 제1차 중국무형문화유산에 등재되었고 2008년에는 구이저우성 안순安順 먀오족의 납염이 제2차 중국무형문화유산에 등재되었으며, 2011년에 쓰촨성 궁현珙县 먀오족의 납염이 제3차 중국무형문화유산 목록에 등재되었다.

먀오족 여성이라면 반드시 배워야 했던 염색과 납염 기술로 먀오족들은 자신들의 역사와 문화, 종교를 옷에 새겼다. 그래서 먀오족의 전통 의상을 '몸에 걸치는 먀오족의 사시史詩'라고 부르기도 한다. 김인희 박사가 먀오족과 몽족이 고구려 유민이라고 주장하면서 제시한 19가지 증거 가운데 복식이 5가지, 풍속이 6가지를 차지한다.『황청직공도』에서 보듯 복식과 풍속은 국가와 민족을 구별짓는 척도가 된다. 우리가 먀오족의 복식과 풍속에 주목하고 관심을 가지게 된 이유도 고구려와의 연관성 때문이다. 구이저우 먀오족 옷에서 발견되는 사방형 문양의 랑차오와 새날개형 관식 그리고 제사의식인 고사절이 그 좋은 예다.

고구려의 제천의식인 동맹과 유사한 먀오족의 고사절은 부여의 영고처럼 북을 모셔오는 의례로부터 시작된다. 북을 모셔오는 의례는 곧 조상신을 모셔오는 의식이다. 고사절 때 북으로 모셔온 조상신은 남목을 통해

집안 고구려 고분벽화 장천 1호분 전실 왼쪽 벽의 일부. 장천1호분은 고구려의 복식과 풍속이 잘 표현된 풍속 벽화의 보고寶庫이다.

하강한다. 나무는 천계와 지상을 잇는 우주수의 기능을 한다. 또 조상신은 새의 형상으로 강림하기도 한다.

북방민족의 토템인 남목과 새가 고사절에 등장하는 것을 여러 차례 목격한 김인희 박사는 먀오족의 제사의식이 고구려의 제천의식과 별반 다르지 않다고 결론지었다. 이는 곧 먀오족이 고구려의 후손일 가능성과 연결되었고 집안 고구려 장천1호분 고분벽화에 등장하는 제사 장면이 그러한 가능성을 확인시켜 주었다. 장천1호분 벽화 그림은 고구려 풍속 벽화의 보고寶庫로 알려져 있다.

장천1호분 벽화 그림을 보면 무성한 가지와 이파리, 커다란 열매가 열려 있는 나무와 그 나무를 향해 날아가는 새가 가장 먼저 눈에 들어 온다. 그리고 나무 앞에 앉아 무언가를 읽고 있는 사람이 보이는데 머리에 절풍折風을 쓰고 새 깃털을 꽂은 것으로 보아 제문을 읽고 있는 제사장일 가능성이 높다. 나무 주변에는 두 손을 공손히 모으고 있는 사람들 사이로 고개를 들어 새를 바라 보는 사람과 춤을 추는 사람, 무릎을 꿇고 있는 사람 등이 보인다.

고구려의 제천의식 동맹은 10월에 북을 모셔와 거행하는 국가 단위의 의례였다. 벽화 그림에서 보듯 조상을 상징하는 새가 등장하고 수목을 통해 조상신이 하강하기를 기원하는 의례를 거행하였다. 그런데 이 장면이 오늘날 먀오족의 고사절에서 고스란히 재현되고 있는 것이다. 우리는 고구려의 복식과 풍속을 다 알지도 잘 알지도, 못한다. 김부식이 고구려 계승의식을 폐기하는 과정에서 관련 자료도 모두 폐기했기 때문이다. 그나마 1500여 년 만에 세상에 나온 고구려 고분벽화가 당대의 복식과 풍속을 유추할 수 있도록 도와주고 있으니 새삼 고맙고 감사할 따름이다.

먀오족과 만주족

명나라를 무너트리고 청나라를 세운 만주족은 한족 왕조의 통치이념인 화이사상을 철저히 배격하고 정치문화제도에서 민족적 이원성을, 지배원리에서 지역적 다원성을 유지하면서 다민족 통합을 달성하고자 했다. 정복왕조로서 당연한 융화정책이었다. 이를 위해 황제의 덕화가 미치지 못하는 변경지역을 교화하여 청나라의 지배질서를 확립하고 영토를 확장하기 위해 강력한 개토귀류를 실시하였다.

이 정책은 강희제와 옹정제, 건륭제에 이르기까지 약 100여 년 동안 계속되었는데 그 결실 중 하나가 『황청직공도』의 편찬이었다. 건륭제가 이 도록의 편찬을 명한 것은 광활한 영토에 분포되어 있는 다양한 민족들이 청나라의 통치하에 하나로 통일되었음을 과시하기 위해서였다. 그래서 『황청직공도』는 청나라의 강성함을 상징한다. 강대해진 국력을 과시하기 위한 영토의 확장과 민족화합의 기록인 것이다.

중국 땅에 수많은 왕조가 명멸하였지만 한번도 왕조의 직접적인 통치를 받아본 적이 없었던 먀오족은 옹정제 연간에 청나라에 완전히 복속되었다. 이로써 천 년 넘게 유지해온 먀오족의 자치는 무너졌고 청나라 지배에 저항하는 크고 작은 봉기와 기의가 일상화되었다. 청나라는 먀오족에 대한 통치를 공고히 하기 위해 무력 진압과 더불어 습속 연구를 병행하였다. 『검서黔書』, 『속검서續黔書』, 『검기黔記』, 『검남식략黔南識略』, 『검남식방기략黔南識方紀略』, 『홍묘귀류도紅苗歸流圖』 등이 연구 결과로 편찬된 책이다. 여기서 검黔은 구이저우성의 약칭이다. 먀오족의 본거지인 구이저우성을 중심으로 연구했음을 알 수 있다. 그림과 해설이 있는 내용만 따로 모아 『백묘도百苗圖』를 편찬하기도 했는데 82점의 그림으로 구성된 이 도록에는 먀오족의 풍속과 세태, 복식이 잘 표현되어 있다. 김인희 박사가 먀오족이 고구려 유민이라고 주장하면서 제시한 먀오족의 풍속 역시 『백묘도』를 근거로 한 것이다

최근의 연구성과에 따르면 먀오족은 60개 계열로 분류되며 계열에 따른 복식의 양식과 풍격風格이 조금씩 달라 중국의 소수민족 중에서도 가장 많은 종류의 복식을 가진 민족으로 평가되고 있다. 여장女裝은 14개 유형에 77개의 양식이 있으며 남장男裝은 15종 양식이 있다고 한다. 그런데 현대의 먀오족 복식은 청나라 때 편찬한 도록의 그림과 사뭇 다르다는 주장이 있다. 청나라의 지배 기간 동안 먀오족의 복식이 완전히 바뀌었다는 얘기이다. 특히 남성의 복식은 청나라 말기가 되면 거의 소실되고 여성 복장도 점차 만주족의 복장과 비슷하게 변해갔다는 것이다.

청나라 통치기간 296년 동안 먀오족은 30년에 한 번씩 작은 봉기를 일으켰고 60년에 한 번씩 큰 봉기를 일으켰다. 먀오족의 기의는 청나라 조정의 압살정책과 강제적인 동화정책에 대한 먀오족의 반항을 말해준다. 허나 실패한 봉기는 더욱 잔인한 도살과 강제적인 복장 개변을 초래하였다. 먀오족의 3대 투쟁 중 건가기의(1795~1797)가 실패하자 청나라는 먀오족 남성들에게 만주족 남성처럼 변발을 강제하였고 한족의 복장을 착용하게 했다. 여성들의 주름치마가 사라진 것도, 먀오족이 숭상하던 붉은색 염색이 쪽빛 전청색 염색으로 바뀐 것도 이때였다. 강제적인 복장 개변은 중화민국 시기까지 계속되었는데 복식이야 시대와 유행에 따라 무시로 바뀔 수 있는 것이지만 전통 복식이 신속히 분포되고 소실된 가장 큰 원인은 아무래도 강제적인 동화정책에서 찾아야 할 것 같다.

먀오족과 몽족이 고구려 유민이라면 청나라의 만주족과는 형제지의관계라 해도 과언은 아닐 것이다. 두 민족의 조상이 퉁구스계 북방민족인 말갈족이기 때문이다. 나의 첫번째 역사에세이 『만주벌판을 잊은 그대에게』에서 고구려 멸망 이후 고구려의 고토에 세워졌던 발해국과 요나라, 고려와 금나라, 원나라와 조선, 그리고 청나라까지 만주와 한반도에서 전개된 역사를 개략적으로 개관한 바 있다. 그중에서 청나라를 세운 만주족을 특히 주목하였는데 조선이 만주를 포기하고 여진족(만주족)과 결별하면서 반도국가로 전락한 과정도 살펴보았다.

고구려가 멸망하자 고구려의 핵심 구성원이었던 말갈족이 발해국을 세워 고구려의 고토를 회복하였으나 백두산의 화산폭발이라는 자연재해와 거란(요나라)의 침략으로 한순간에 멸망했다. 말갈족은 여진족으로 이름이 바뀌어 요나라에 복속되었는데 한화漢化된 먀오족을 숙묘라 부른 것처럼 요나라에 동화된 여진족을 숙여진이라 불렀고, 끝까지 복속을 거부한 여진족을 생여진이라 불렀다. 생여진은 고구려의 다물정신 계승과 만주 강역을 놓고 고려와 각축을 벌였다. 이 싸움에서 승리한 여진족이 요나라를 멸망시키고 금나라를 세웠다. 그러나 금나라는 건국 119년 만에 칭기스칸이 이끈 몽골군에 패해 멸망했다.

몽골이 세운 원나라에 복속된 여진족은 몽골에 항복했음에도 국체를 보존한 고려와 원나라 사이에서 완충세력을 유지하다 일부는 이성계를 도와 조선 건국에 동참하였고 일부는 주원장과 합세하여 원나라를 몰아내고 명나라를 건국하는데 일조하였다. 이후 조선과 명나라는 치열하게 여진족 쟁탈전을 벌였는데 이성계와 왕업으로 얽혀 있던 여진족은 '왕자의 난'으로 이성계가 실각하자 이에 대한 반발로 명나라에 내조하였다. 여진족에 대한 지배권을 상실한 조선은 여진족을 오직 징벌의 대상으로만 삼았고 이후 오랑캐라 부르며 멸시로 일관했다.

명나라에 복속되었지만 만주에 산재한 여진족을 통합하여 흥기의 발판을 마련한 누루하치는 '만력삼대정萬曆三大征'이라 불리는 세 차례의 큰 전쟁으로 국력이 피폐해진 명나라를 멸망시키고 청나라를 세웠다. 금나라에 이어 중국 땅에 세워진 여진족의 두 번째 정복왕조였다. 청나라는 민족의 이름을 여진족에서 만주족으로 바꾸고 『황청직공도』에서 보듯 중국 땅을 지배한 그 어떤 왕조보다도 넓은 강역과 다양한 민족을 통치하였다. 먀오족의 복식과 풍속에 만주족의 습속이 남아 있는 것은 민족성의 근본이 같기 때문이 아닌가 생각된다.

먀오족과 몽족의 복식문화

옷은 '몸을 싸서 가리거나 보호하기 위해 피륙 따위로 만들어 입는 물건'이다. 인간이 살아가는데 꼭 필요한 3대 요소인 의식주 중 하나로 성별, 풍속, 신분, 환경 등에 따라 입는 옷이 구분된다. 옷의 꾸밈새를 복식이라 하는데 옷과 장신구를 총칭하는 말이다. 이 말에는 문화적 상징의 기능이 내포되어 있다.

먀오족을 연구한 학자들의 공통점은 먀오족이 입고 있는 옷의 꾸밈새로 먀오족의 갈래와 분포를 정의했다는 점이다. 특히 옷의 색상에 따라 화묘花苗, 백묘白苗, 흑묘黑苗, 청묘青苗, 홍묘紅苗 등으로 구분했다. 이러한 구분은 청나라 시기부터 지금까지 이어지고 있다.

화묘는 꽃무늬로 염색한 화포를 즐겨 입는 먀오족을 말한다. 구이저우성

베트남 꽃몽족의 전통의상. 베트남 북부의 라오까이성 박하와 싸빠는 꽃몽족의 집단 거주지이다. 장날이 되면 물물교환을 위해 시장을 찾은 소수민족보다 이들의 의상을 보러 온 관광객들로 더 북적인다.

성도인 구이양을 비롯하여 쭌이, 안순, 통언, 비제와 쳰난 부이족 먀오족 자치주, 쳰시난 부이족 먀오족 자치주, 쳰둥난 먀오족 둥족 자치주 등 구이저우성 대부분 지역에 걸쳐 광범위하게 거주한다. 『황청직공도』에는 "화묘는 원래 서남이西南夷로서 묘苗에 속하는 한 종족이다. 종래로 토사土司가 없었고 명나라 시기부터 구이양, 쭌이 등 여러 곳에 귀속되었다"고 기록되어 있다. '토사가 없었다'는 것은 명나라 이전엔 왕조의 직접적인 통치를 받지 않았다는 얘기다. 화묘가 곧 생묘生苗였던 것이다. 화묘는 스스로를 몽주蒙周라 칭하였다. 꽃을 수놓은 옷을 입은 먀오족이라는 뜻이다.

베트남에도 화묘가 있다. 몽화싸인족이라 부르는 꽃몽족이 그들이다. 몽족 집단 중 가장 화려한 복식을 착용하며 머리장식과 복식의 구성이 중국 먀오족 복식과 거의 같다. 화포를 만드는 방법도 같아서 아마를 재배하여 아마섬유로 옷감을 짜고 재단한 후 밀랍으로 다양한 무늬를 그려 넣은 다음 쪽을 재배하여 쪽잎으로부터 추출한 인디고 염료로 쪽물을 들이고 이어 밀랍을 제거하면 검푸른색 바탕에 흰무늬의 화포가 만들어 진다. 꽃몽족은 베트남 북부 라오까이성 박하와 사빠에 집단으로 거주하는데 이들이 전통의상을 입고 참가하는 장날이면 물건을 사러 온 사람보다 꽃몽족의 화려한 복장을 보러 온 관광객들로 더 북적인다고 한다.

흰옷을 입는 먀오족 공동체를 백묘라 한다. 이들도 구이저우성 대부분 지역에 걸쳐 광범위하게 거주한다. 스스로를 몽두蒙豆라 칭하였는데 흰 옷을 즐겨 입는 먀오족이라는 뜻이다. 특히 조상에게 제사를 지낼 때 제주祭主는 반드시 흰옷을 입었다. 특이한 것은 옷에 새 무늬가 가득 수놓아 있다는 것이다. 고사절 때 여성이 입는 백조의百鳥衣가 연상되는데 백조의는 옷 한벌에 새가 백마리 있다는 의미이다.

먀오족 출신 복식 연구자로『묘족복식문화』를 저술한 중국 서남민족학원 양정원 교수의 주장에 따르면 먀오족의 무늬장식 중에서 사용 지역이 넓고 출현 빈도수가 가장 많은 조형은 단연 새무늬인 조문鳥紋이라고 한다. 먀오족은 새를 사람의 영혼으로 여기고 토템으로 숭배해 왔기 때문에 조상을 섬기는 고사절엔 제사복장으로 백조의를 입었다는 것이다.

베트남에서는 백묘를 몽짱족이라 부른다. 흰치마를 입는 몽족이라는 뜻이다. 베트남 최북단 하장성의 동반, 메오박 등 하장성 몽족자치구에 주로 거주한다. 몽짱족 여자가 흰치마를 입는 이유는 세상을 떠난 조상들이 흰치마를 입고 있다는 믿음과 흰치마를 입고 있어야 조상들에게 환영 받는다는 풍습 때문이다. 그래서 몽짱족 여인들은 나이가 들기 전에 흰치마 2벌을 미리 만들어 둔다. 하나는 망자를 위한 수의이고 다른 하나는 자신이 입을 상복이다. 아마섬유로 만드는 망자의 상의는 성별에 관계없이 어깨부분에 새의 날개처럼 보이는 장식이 달려 있는데 새를 토템으로 여기는 습속이 여전히 남아 있기 때문이다.

흑묘는 구이저우성 첸난둥 일대에서 검정에 가까운 짙은 청색 옷을 입는 먀오족 공동체를 가리킨다. 종족이 많고 습속이 서로 달라 같은 색깔의 복식을 착용한다는 점 이외에 공통분모가 많지는 않다. 남녀 모두 맨발로 살고 원숭이처럼 날렵하게 산을 타는데 강한 성격을 가졌다고 기록되어 있다. 임진왜란에 참전하여 조선왕조실록에 귀병鬼兵이라고 기록되었던 묘자苗子를 연상시킨다.

베트남에서는 흑묘를 몽덴족이라 부른다. 검정옷을 입는 몽족이라는 뜻이다. 라오까이성 사빠지역 소수민족의 53%를 차지하는 대표적인 몽족이다. 라이쩌우성과 손라성에도 집단으로 거주한다. 20년 전 목쩌우 출장에서 만났던 그들도 흑몽족이었다. 여러 차례 인디고 염색을 하여 검정에 가까운 짙은 청색 옷을 만들어 입는데 목부위와 소매 부분만 자수를 놓아 전체적으로 세련된 느낌을 준다. 토시와 각반도 검정색인데 보온과 제충 효과가 있다고 한다. 흑몽족 여자는 원형의 터빈과 체크 문양의 스카프를 머리에 두르고 다양한 목걸이와 귀걸이 은팔찌를 착용한다. 그들이 걸을 때면 어디선가 짤랑거리는 소리가 들린다.

홍묘는 명·청 시기에 후난성 샹시, 구이저우성 첸둥 지역의 먀오족 여자들이 흔히 입던 붉은색 치마에서 그 이름이 유래되었다. 『검서』에 기록된 홍묘 관련 기사에는 "홍묘는 석石씨, 오吳씨, 용龍씨, 마麻씨, 전田씨 등 다섯 성씨를 갖고 있다"고 했다. 실제로 전체 먀오족 중에 이 다섯 성씨가 중국 남서부에 넓게 분포되어 있고 가장 많은 인구를 차지하고 있다. 먀오족의 잦은 봉기가 분산과 확산을 촉발시켰기 때문이다. 특히 건륭제와 가정제 연간에 발생한 '건가기의'는 대규모 이동을 견인했고, 베트남을 비롯한 동남아시아로의 남천도 이때 이루어졌다.

건가기의는 개토귀류 이후 먀오족 지역으로 이주한 한족과 만주족의 착취와 노략질을 견디지 못한 먀오족이 생존권을 지키기 위해 일으킨 봉기이다. 건륭 60년(1795), 구이저우성 동쪽의 송도청에서 시작되었는데 송도청 대채영 출신의 석류등이 이 기의를 주도했다. 이어서 후난성 영수청 황과채 출신의 석삼보가 기의를 일으켰고 이를 신호로 오반생, 오릉등, 오팔월이 쓰촨성 봉황청 부근 진간에서 기의를 일으켰다. 홍묘의 다섯 성씨 중 석씨와 오씨가 기의를 주도한 것이다. 며칠 사이에 구이저우, 후난, 쓰촨으로 봉기가 확대된 것은 홍묘인 이들의 사전 모의가 있었기 때문이다. 가경 원년(1797)에 봉기가 진압되었는데 이때부터 먀오족 남자들은 만주족처럼 변발을 해야 했고 복식은 한족을 모방해야 했다. 수염을 기르지 않았으며 목에 은태를 걸어 한족, 만주족과 구분하였다.

베트남에서는 홍묘를 몽화도족이라 부른다. 대부분 몽화싸인족인 꽃몽족에 흡수되어 옷의 꾸밈새만 가지고는 종족 구분이 어렵다. 베트남의 험준한 산악지대에 살면서 외부와의 접촉을 꺼리는 몽족이 있다면 몽화도족일 가능성이 크다. 그들은 중국에서 도망쳐 온 조상으로부터 고립된 삶의 양식을 물려 받았고 지금까지도 고수하고 있다. 삶의 터전을 한족과 만주족에 빼앗기고 태산준령을 넘어 이 험준한 산중으로 쫓겨와서 화전을 일구며 살아온 먀오족과 몽족에게 고립이란 더 이상 그 누구에게도 간섭받지 않는 그들만의 '자유'라고 혹자는 말한다. 그래서 몽족을 '자유로운 사람'이라고 부르는지 모르겠다.

탈주와 도피의 역설

동남아시아 산악지대 조미아(Zomia)

베트남의 몽화도족같이 험준한 산악지대에서 살고 있는 몽족의 고립된 삶을 긍정하고 응원하는 정치인류학자가 있다. 미국 예일대학의 제임스 스콧(James Scott) 교수가 바로 그 사람이다. 그는 국가의 폭력과 착취를 피해 산악지대로 탈주한 소수민족을 주체적인 존재로 의미를 부여한다. 산은 험하고 궁핍한 곳이지만 자유의 공간이며 그 누구의 지배도 받지 않는 주체적인 공간이라는 것이다. 반면 평지의 국가체제는 사람을 노동력과 착취의 대상으로만 여길 뿐 개인의 자유와 행복을 보장하는 체제가 아니라는 것이 그의 연구 결론이다.

그는 이 연구 결론을 바탕으로 '동남아시아 산악지대 아나키즘의 역사'를 부제로 하는 『조미아, 지배받지 않는 사람들』이라는 책을 냈다. 조미아(Zomia)란 '동떨어졌다'는 의미의 '조(Zo)'와 사람이라는 뜻을 가진 '미(Mi)'

가 결합된 용어로 평지 사회와 동떨어진 산악지대의 소수민족을 지칭한다. 이 용어는 지리적 환경에 확대 적용되어 동남아시아, 중국 남부, 인도 동북부 산악지대에 걸쳐 살아가는 먀오족, 몽족, 까잉족, 까친족, 라후족 등 소수민족을 가리키는 말로 사용되고 있다.

조미아의 소수민족은 정치적, 사회적 약자의 위치에 있는 사람들로 국가를 포함한 거대 집단의 폭력적이고 수탈적인 구속에서 벗어나기 위해 산악지대로 피신한 사람들이다. 그러므로 그들은 자신들이 처한 상황에 따라서 집단을 분산하고 재편성하여 여기저기 이동하였고 자신들이 처한 삶의 조건과 환경에 조응하는 사회조직과 종교문화를 형성해왔다. 그 밑바탕에는 자율과 평등의 신념이 깔려 있었다.

스콧 교수는 조미아의 소수민족은 원래부터 그곳에서 살았던 미개한 사람들이 아니라 폭력과 착취를 피해서 높은 산악지대의 척박한 곳을 옮겨가면서 다양한 종족들이 뒤섞여 구성된 집단이라는 점을 강조한다. 평지의 국가나 사회는 그들이 문명을 알지 못하는 원시인 취급을 하지만 조미아 사람들이 일군 삶의 행태는 척박하고 긴급한 삶의 환경에 적응하면서 형성된 것일 뿐이라는 것이다. 조미아 사람들의 관점에서 보면 자신들을 문명화하려는 평지 사람들의 시도는 자신들을 다시 포획하여 권력 집단의 이익을 위한 자원으로 삼으려는 술수로밖에 보이지 않을 것이다. 이 점은 서구열강의 식민지배가 문명화 담론을 통해서 그 정당성을 확보했던 역사를 반추해볼 때 쉽게 납득이 된다.

몽족이 왜 조미아의 일원이 되었는지는 제2부 「몽족의 역사를 만나다」 '먀오족에서 몽족으로'에서 이미 살펴보았다. 요약하면 그 시작은 명나라의 건국이었다. 원나라를 북쪽으로 몰아내고 중원을 차지한 명나라는 남서부 구이저우로 피신한 원나라 잔존세력을 소탕하기 위해 남서부에 거주하는 먀오족의 토사를 먀오족이 아닌 한족으로 대체하려 했다. 이에 반발하고 저항하는 먀오족을 잔인하게 진압한 명나라는 한족들을 대규모로 이주시키고 구이저우를 하나의 성으로 독립시켰다.

한족 군대와 농민, 상인, 공인들이 구이저우로 흘러들어 오자 먀오족 거주지에 커다란 변화가 생겼다. 명나라는 군대를 동원해 먀오족 마을을 침입하고 사람들을 도살했으며 산속으로 몰아냈다. 이렇게 빼앗은 땅은 한족들에게 나누어 주어 살게 했다. 이로 인해 한족은 평지에 살고 소수민족은 산악지대에 거주하는 형국이 조성되었다.

그러나 명나라는 먀오족을 완전히 제압하지는 못했다. 명나라가 임명한 토사의 지배를 받는 먀오족을 숙묘라 했고, 토사가 존재하지 않는 지역의 먀오족을 생묘라 하였는데 생묘는 끝까지 복종하지 않았을 뿐만 아니라 숙묘 지역을 침입하는 일까지 벌어졌다. 생묘의 세력을 제압하지 못한 명나라는 결국 성을 둘러싸서 고립시키는 방법을 선택했다. 명나라가 남쪽 국경으로 남방장성을 쌓은 이유는 생묘의 저항을 감당할 수 없었기 때문이다.

명나라를 멸망시키고 청나라를 세운 만주족은 영토확장의 일환으로 강력한 개토귀류를 실시하여 구이저우성에 신강육청을 설치했다. 청나라는 여기에 관리를 파견하고 군사를 주둔시켜 해당 지역을 직접통치함으로써 생묘 지역도 마침내 청나라의 직접 지배를 받게 되었다.

그러나 중국 남서부의 소수민족 지역은 몽골, 티베트 지역과 달리 처음부터 청나라 지배질서 확립에 따른 국가적 이익에 부합되지 않는 지역으로 인식되어 왔기 때문에 먀오족을 교화의 대상으로 여기지 않았다. 개토

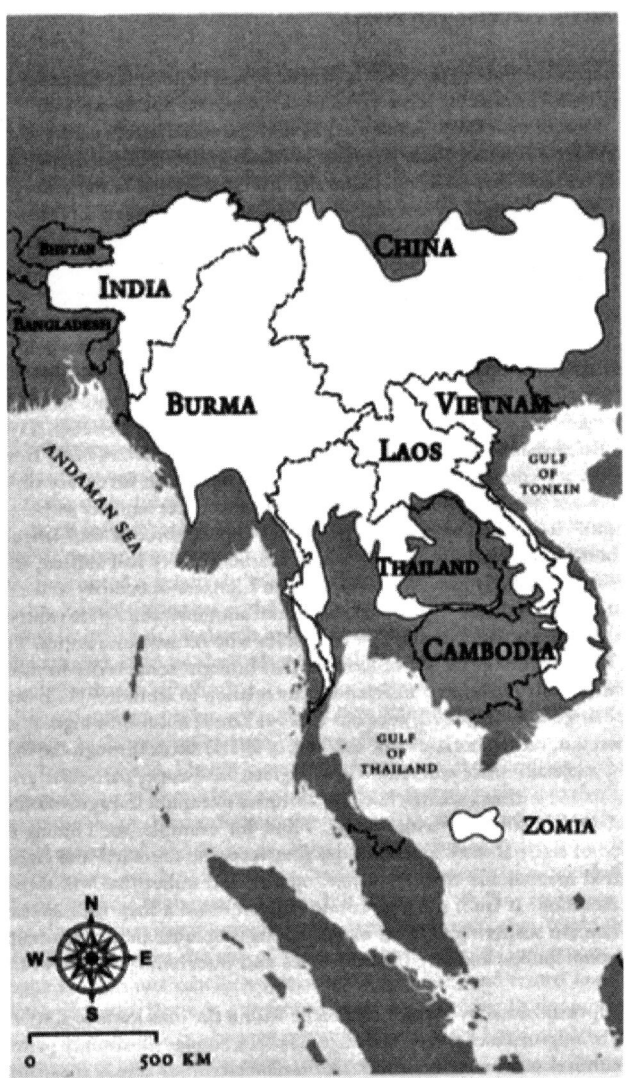

제임스 스콧 교수가 주장하는 조미아 지역(흰색 부분). 조미아는 베트남, 라오스, 태국, 버마와 중국의 윈난성, 구이저우성, 광시성, 쓰촨성 일부 그리고 인도 동북부까지 뻗어있는 해발 300미터에서 4,000미터에 이르는 광활한 산악지대를 일컫는다. 넓이가 250만 제곱킬로미터에 달하는데 먀오족, 몽족, 까잉족, 까친족, 라후족 등 종족과 언어가 다른 1억 명 가량의 소수민족이 이곳에서 살고 있다고 한다.

귀류의 본래 의도와 달리 무력을 동원하여 무차별적인 살상과 약탈만 자행했을 뿐이다. 이러한 대규모 살상과 약탈은 먀오족으로 하여금 민족적 감정을 자극했고, 청나라에 대해 끊임없이 저항을 불러일으키는 계기가 되었다.

청나라의 5대 황제 옹정제로부터 10대 황제 동치제에 이르는 120여 년 동안 먀오족의 3대 투쟁이 있었다. 역사는 이를 옹건기의, 건가기의, 함동기의라고 기록하고 있다. 이 3대 저항으로 먀오족의 3분의 2인 약 300백만 명이 목숨을 잃었으며 수십만 명이 남쪽으로 피신하여 베트남을 비롯한 동남아시아 산악지대의 몽족이 되었다.

조미아는 베트남, 라오스, 태국, 버마와 중국의 윈난성, 구이저우성, 광시성, 쓰촨성 일부 그리고 인도 동북부까지 뻗어있는 해발 300미터에서 4,000미터에 이르는 광활한 산악지대를 일컫는다. 넓이가 250만 제곱킬로미터에 달하는데 종족과 언어의 배경이 다양한 1억 명 가량의 소수민족이 이곳에서 살고 있다고 한다.

국가에 대항하는 역사

제임스 스콧 교수의 주요 연구는 동남아시아 농민과 다양한 형태의 지배에 대한 저항 전략에 초점이 맞춰져 있다. 그의 저서 제목만 보더라도 『농민의 도덕경제: 동남아시아의 반란과 생계』, 『약자의 무기: 농민 저항의 일상적 형태』, 『지배, 그리고 저항의 예술: 은닉 대본』, 『국가처럼 보기: 국가는 왜 계획에 실패하는가』, 『농경의 배신: 길들이기, 정착생활, 국가의 기원에 대한 대항서사』 등 농민, 권력, 계급, 저항, 동남아시아 정치에 천

착하고 있음을 알 수 있다.

더욱이 그의 연구에 많은 영감을 주었다는 에드먼드 리치의 『버마 고산지대의 정치 체계: 카친족의 사회구조 연구』와 피에르 클라스트르의 『국가에 대항하는 사회: 정치인류학 논고』를 보면 인류문명과 국가주의를 비판해온 그의 연구의 지향점이 어디를 향하고 있는지 분명히 알 수 있다. 그는 자신의 저서 『조미아, 지배받지 않는 사람들』의 첫 페이지에 클라스트르의 『국가에 대항하는 사회』의 한 대목을 열쇠 말로 수록하였다.

"역사를 가진 사람들의 역사를 계급투쟁의 역사라 한다. 틀린 말이 아니다. 그렇다면, 역사없는 사람들의 역사는 국가에 대항한 역사라 할 수 있다."

사실 중국 변방에 살았던 소수민족에게 국가는 재앙이었다. 명나라와 청나라가 실시한 개토귀류는 소수민족을 토벌하고 평정하는 개토와 명·청의 지배력이 전혀 미치지 않는 소수민족의 문화와 습속을 귀류 즉 길들이기를 통해 한화시키는 것이 목적이었다. 명·청의 지배력이 확대될수록 그 팽창지점에 살던 사람들은 흡수되어 한족이 되거나 종종 반란을 일으켰다가 실패하고 멀리 도주했다. 이 과정이 되풀이되면서 문화적으로 복합적인 도피 공간들이 국가의 배후에서 생겨났다.

중국 국가의 영향권에서 도피한 사람들 중에는 먀오족과 몽족뿐만 아니라 티베트·버마어족 계열의 라후족, 하니족, 아카족 등도 있었다. 이들 또한 패배의 유산을 갖고 있는 산악 부족으로 지난 몇 세기에 걸쳐 중국으로부터 오늘날의 태국, 버마, 라오스, 베트남 북부 지역으로 옮겨 왔다. 국가의 힘이 직접 미치지 않는 그곳에서, 그만큼 세금이나 강제 부역, 징

병에서 벗어난 그곳에서, 잦은 전염병과 흉작으로부터 벗어난 그곳에서 그들은 상대적으로 자유와 안전을 누리며 살았다.

먀오족과 몽족이 조미아의 각 지역으로 흩어졌을 때 대부분은 높은 산악지대에서 아편과 옥수수를 재배하며 살았지만 일부는 중간 정도의 산악지대에서 벼를 재배하기도 했고 수렵채집과 화전을 일구기도 했다. 스콧 교수의 분석에 따르면 윈난 남서부 조미아에 사는 소수민족은 힘의 우위에 따라 거주하는 산악지대의 고도를 달리했는데 해발 1,500미터 아래에서는 몬족이, 1,700미터까지의 고원 분지에서는 따이족이, 그보다 높은 고도에서는 먀오족과 야오족이, 그리고 가장 약한 집단이었던 아카족은 1,800미터 이상 고지대에서 거주했다고 한다.

인류문명과 국가주의를 비판해온 스콧 교수는 조미아의 존재가 국가라는 괴물을 길들이는데 중요한 도구가 될 수 있다고 보았다. 그러나 지난 반세기 동안 기술적 성취와 주권에 대한 열망이 결합되어 조미아에 살고 있는 사람들의 상대적인 자율성이 약화됨에 따라 제2차 세계대전 이후의 상황에서는 자신의 분석이 잘 맞지 않는다고 인정했다.

"오늘날의 세계에서 우리 자유의 미래는 국가라는 괴물을 피하는 것이 아니라 그것을 길들이는 힘겨운 작업에 달려 있다. 우리는 점점 더 표준화되고 있는 온갖 제도적 모델에 둘러싸인 세상에 살고 있다. 북대서양의 사유재산 모델과 국민국가 모델이 세계를 지배하고 있다. 우리는 사유재산에 의해 생겨난 부와 권력의 엄청난 불평등에 맞서서 그리고 국민국가에 의해 깊숙이 파고든 규율에 맞서서 싸우고 있다. 사람들은 그 어느 때보다도 절망적으로 자신의 안위와 번영을 지배자들의 솜씨와 선의에 맡기게 됐다. 그리고 국가라는 괴물을 길들이기 위해 우리가 간직하고 있는 허약한 단 하나의 도구는 (고대 그리스에서 비롯된) 또 다른 북대서양 모델인 대의제 민주주의이다."

스콧 교수도 인정했듯이 비국가 공간으로 도피한 사람들의 터전이었던 조미아는 급속히 사라지고 있다. 이제 지도에서 인간이 살아가는 영토 가운데 국가의 영역이 아닌 곳을 찾는 일은 의미가 없는 일이 되었다. 전근대시대의 도피가 자유와 권리를 찾기 위한 최선의 선택이었던 것과 달리 현대사회에서 국가 공간에서 벗어나기 위한 도피는 더 이상 합리적인 선택으로 보이지 않는다. 도피가 아니라 연대를 통해 더 강력한 정치공동체를 형성함으로써 자유와 권리를 보장받는 민주주의 제도가 허약하지만 가장 현실적인 방법이라고 주장하는 학자들이 점점 늘어나고 있다.

조미아의 먀오족과 몽족

중국 조미아에 거주하고 있는 먀오족이 중국 정치공동체의 구성원으로 보장받은 것은 1950년대 이후이다. 1934년 마오쩌둥이 홍군과 함께 대장정에 나섰을 때 구이저우성과 윈난성 산악지대에 살고 있었던 먀오족은 그들이 장정에 성공할 수 있도록 물심양면으로 도왔고 결과적으로 중화인민공화국을 수립하는데 크게 기여했다는 평가를 받았다.

이러한 평가는 중국 정부로 하여금 먀오족의 민족사를 중국 역사에 포함시키는 공정을 추동시켰고 중국 신화에 등장하는 삼묘와 치우를 먀오족의 조상으로 치환시켜 주었다. 이로써 먀오족은 산둥성 일대에 거주한 동이족과 같은 민족이 되었다. 나아가 중국 정부는 허베이성 줘루현에 중화삼조당을 짓고 황제, 염제와 더불어 치우를 중화민족의 3대 조상으로 모심으로써 먀오족을 중화민족의 구성원으로 받아들였다. 현재 중국 내 먀오족 인구는 약 950만 명이다.

베트남 몽족도 중국 먀오족과 비슷한 경로로 베트남 정치공동체의 구성원이 되었다. 베트남 조미아에 거주하였던 몽족은 몽족의 왕 브엉쩐득의 항불운동 사례에서 보듯 베트민 결성을 주도하였고 호찌민을 도와 독립투쟁과 해방운동에 적극 참여하였다. 특히 조미아 영역인 디엔비엔푸에서 벌어졌던 전투에 참전한 몽족은 자신들의 정체성에 부합하는 반외세투쟁에 헌신함으로써 조상 대대로 내려온 탈주와 도피의 굴레를 단숨에 벗어 던졌다. 그래서일까? 그들의 활약이 가장 눈부셨다는 것이 디엔비엔푸 전투를 연구한 학자들의 공통된 의견이다. 이로써 베트남 몽족도 베트남 사회주의공화국의 일원이 되었다. 현재 베트남에는 약 100만 명의 몽족이 살고 있다.

라오스 조미아에 거주하였던 몽족은 베트남전쟁의 최대 피해자였다. 특히 미국 CIA의 비밀작전에 용병으로 참전한 왕빠오의 몽족군과 그들의 가족, 아편재배에 동원된 '리'씨 몽족은 지금도 라오스 정부의 탄압을 피해 라오스 조미아 어딘가에 숨어서 반정부 무장투쟁을 벌이고 있다. 약 3만여 명으로 추산되는 이들은 크게 두 그룹으로 나뉜다. 한 그룹은 왕빠오의 몽족군이고 다른 그룹은 짜오파(Chao Fa) 부대이다.

왕빠오의 몽족군은 미군이 철수하고 라오스가 공산화되자 태국으로 탈출하였고 난민수용소를 거쳐 미국 등으로 이주하여 지금은 세력이 많이 약화되었다. 오늘날 라오스에서 활동하는 몽족 반정부 무장세력은 대부분 짜오파 부대이다. 왕빠오의 몽족군보다 나중에 무장투쟁에 합류한 짜오파 부대는 라오스 정부의 라오화정책으로 점차 위협받고 있는 몽족의 정체성을 보존하고 고원지대에 몽족의 국가를 건설하겠다는 꿈을 가지고 있다. 라오화정책이란 몽족처럼 화전경작과 아편을 재배하고 있는 소수민족을 고원지대에서 저지대로 강제로 이주시켜 재정착시키는 사업이다. 현재 라오스에는 약 60만 명의 몽족이 국가에 대항하는 아나키스트처럼 살고 있다.

태국의 조미아는 라오스, 버마와 국경을 맞대고 있는 치앙마이, 치앙라이 등 북부 산악지대이다. 이곳에 약 25만 명의 몽족이 살고 있다. 중국 청나라의 탄압을 피해 남천한 먀오족 중 일부가 윈난성에서 라오스와 버마를 거쳐 이곳까지 이동해 왔다. 2021년 6월말 태국 정부가 발표한 자료에 따르면 55만 명에 이르는 국적 없는 인구의 대다수가 태국 국경 지역에 살고 있는데 그중 42%가 치앙마이와 치앙라이에 몰려 있다고 한다. 이들 모두가 소수민족은 아니지만 절대 다수를 차지하고 있는 것은 사실이다. 태국에 거주하는 몽족 대부분도 국적이 없다. 태국 정치공동체의 구성원 지위 즉 법적 국민의 지위를 획득하지 못했기 때문이다. 정부의 통제를 받는지 여부는 알 수 없지만 국가의 보호를 받지 못하고 있는 것은 확실해 보인다.

치앙라이에는 그 유명한 골든 트라이앵글이 있다. 황금의 삼각주라 불리었던 이곳은 태국과 버마의 국경인 루악강이 메콩강과 합류하는 지점에서 국경을 이루는 세 나라, 태국의 치앙라이주, 버마의 샨주, 라오스 북부 지역의 아편 재배 지역으로 유명한 곳이었다. 태국에서는 국민당 잔당과 라후족이, 버마에서는 마약왕 쿤사와 샨족이 그리고 라오스에서는 왕빠오의 몽족이 아편사업으로 세력을 키웠다. 여기에 중국 남부와 베트남

북부를 포함시키면 조미아는 소수민족들의 거대한 아편제국이었던 셈이다. 그러니 영국, 프랑스, 미국처럼 아편을 식민지배의 도구로 활용해온 제국주의 세력에게는 눈독을 들일만한 매력적인 지역이 아닐 수 없었다. 지금은 아편 대신 커피를 재배하는 면적이 점점 늘어나고 있지만 여전히 아편은 소수민족의 생계를 책임지고 있다.

탈주와 도피의 역설

스콧 교수가 주장하는 조미아의 존재가 여전히 유효하고 쓸모 있는 지역이 있다면 버마의 국경 산악지대가 아닌가 싶다. 버마는 다민족, 다종교, 다문화 국가로 버마족이 전체 인구 6천만 명의 70%인 4천2백만 명을 차지하고 있고 나머지 30%인 1천8백만 명은 130여 개의 소수민족으로 구성되어 있다. 중국, 인도, 방글라데시, 라오스, 태국과 국경을 접하고 있는데 접경 지역 대부분이 중국, 인도와 맞닿아 있어 일찍부터 이 두 지역의 이주민들이 경계 지역에 거주하거나 혹은 경계를 넘나들었다.

영국이 버마에 본격적으로 진출하는 19세기 이전까지 수백 년 동안 인도에서는 무슬림이, 중국에서는 여러 소수민족이 건너와 버마족이나 다른 현지 소수민족과 혼거하였다. 이때까지만 해도 소수민족에 대한 버마족의 지배는 매우 느슨했다. 소수민족은 그들의 고유 언어와 문화를 유지하였으며 조공을 바치는 정도였다.

그러나 영국과의 세 차례 전쟁에서 패배하여 영국의 식민지가 되면서 버마족과 소수민족과의 공존이 깨지기 시작했다. 영국 식민당국은 다수 종족인 버마족을 견제하기 위해 까잉족, 친족, 까친족 등 일부 소수민족에게만 군 입대 기회를 주었다. 특히 까잉족은 기독교화 됨과 동시에 식민 군대의 중심 역할을 하였다. 이것은 제국주의의 전형적인 분할지배 정책이었다. 이러한 영국의 분할지배 정책은 종족 간 불신을 증폭시켰고 독립 이후 건국 과정에서 종족분쟁의 원인이 되었다.

『버마 고산지대의 정치체계』를 저술한 영국의 사회인류학자 에드먼드 리치는 "현대정치 지도 위에 표시된 버마는 자연스러운 지리적 혹은 역사적 실체가 아니고 지도 제작자들의 소설"이라며, "19세기말 영국 제국주의의 무력 외교와 행정 편의의 창조물"이라고 지적했는데 오늘날 버마의 종족분쟁과 내전이 영국 식민지배의 유산임을 분명히 하였다.

1946년 영국은 버마를 여러 개의 민족국가로 분리 독립시키려 했다. 영국의 분할지배 정책에 협력했던 까잉족이 사는 까잉주를 중국의 홍콩처럼 영국령으로 독립시키려는 의도였다. 이에 대해 아웅산(Aung San)을 비롯한 버마의 독립운동가들은 '하나의 버마'를 주장하며 영국 정부에 정면으로 맞섰다. 1947년 1월 영국으로 날아간 아웅산은 영국 수상 클레멘트 애틀리(Clement Attlee)와 담판하여 분리 독립이 아닌 연방 독립을 이끌어 냈다. 이어 샨주의 삥롱에서 샨족·까친족 친족 등 소수민족 지도자들을 만나 소수민족에 대한 평등한 대우와 자치권을 핵심으로 하는 역사적인 '삥롱 협정'을 체결했다. 분리 독립을 요구했던 까잉족은 이 회담에 참석하지 않았다. 협정이 체결된 2월 17일은 현재 '버마연방의 날'로 정해져 있다.

삥롱 협정의 핵심 내용은 소수민족 모두가 버마의 정치통합과 새로운 국가 건설에 참여하는 대신 자신들의 거주지에서 자치제를 행사할 수 있는 권리와 자신들의 언어와 문화를 보존할 수 있는 권리를 보장 받는다는

버마의 국부로 추앙받고 있는 아웅상(1915~1947). 서른두 해 짧은 생을 살다 간 아웅상이 버마의 국부로 추앙받는 이유는 버마 군대의 창설 멤버인 '30인의 동지'의 한 사람으로서 독립운동에 온전히 헌신했기 때문이기도 하지만 영국 수상 애틀리와 담판하여 버마의 연방 독립을 이끌어 낸 주역이었기 때문이다. 버마 국민들이 가장 좋아한다는 위의 사진은 1947년 1월 '애틀리-아웅상 협정'을 맺을 당시 영국 런던에서 찍은 것이다.

것이었다. 이를 위해 샨족, 까친족, 친족 등 3개 주요 소수민족 지역에서 먼저 자치를 시행하고 나머지 소수민족 지역에서도 순차적인 자치를 시행하여 하나의 버마를 완성한다는 것이었다. 다만 10년 동안 이 연방제를 시행해 보고 지속 여부를 그때 다시 논의하기로 명시하였다.

그러나 하나의 버마를 건설할 독립정부가 채 구성되기도 전에 아웅상이 무장 괴한들에 의해 피살되자 뼁롱 협정은 구심점을 잃고 표류하기 시작했다. 아웅상처럼 버마 군대의 창설 멤버인 '30인의 동지'의 한 사람으로 독립정부의 초대 총리가 된 우누(U Nu)는 아웅상과 생각이 많이 달랐다. 그는 종족, 문화, 지역적 분할은 일시적인 것으로 영국의 식민지 분할지배 정책 때문이며 진정한 국민통합은 하나의 언어, 하나의 문화로 통합되어야 한다고 굳게 믿고 있었다. 그러자 영국의 식민지 분할지배 정책에 협력하면서 버마족과 반목하였던 까잉족, 까친족, 라까인족 등의 소수민족은 분리 독립을 요구하며 버마족 중심의 중앙정부에 맞서 무장투쟁을 전개하였다.

버마족과 소수민족과의 내부 갈등은 군의 직접적인 정치개입과 지배를 초래하였다. 1962년 군부는 소수민족 반란으로 인한 국가위기를 해소한다는 명분으로 쿠데타를 감행하였고 소수민족을 연방 구성원으로 인정하지 않으면서 이들의 존재를 군부의 정치적 역할과 군사독재를 합리화하는 수단으로 이용하였다. 군은 지속적으로 자치권을 요구해 온 소수민족들이 버마 연방을 붕괴시킬 것이라 주장하며 소수민족 지역에 대한 권력 이양을 거부해 왔다. 군의 정치개입은 벌써 60년이 넘도록 지속되고 있는데 언제 끝날지 모르는 이 내전으로 버마는 지구상에서 가장 불행한 나라가 되었다.

버마에 거주하는 130여 개의 소수민족 중에는 먀오족의 후예인 몽족도 있다. 중국 윈난성과 가까운 까친주에서 여러 소수민족과 혼거한다. 인구는 약 6만 명 정도이고 대부분 고산지대에서 화전을 일구며 살고 있지만 일부는 버마의 주요 소수민족 무장반군 중 하나인 까친독립군(KIA)으로 활동하고 있다. 이들에게 여전히 유효한 질문은 '국가란 무엇인가?'이다. 국민의 생명과 재산을 보호해 주지 않는 국가, 그런 국가에 대항하며 탈주와 도피로 종족을 보존해온 버마의 소수민족은 수천 년 역사를 지닌 조미아의 아나키즘 전통을 이어가고 있다.

[에필로그]

어두어진 등불

제32회 하계올림픽이 2021년 7월 23일 일본의 수도 도쿄에서 열렸다. 원래는 2020년 7월에 개최되었어야 했으나 코로나 바이러스 감염증의 세계적인 확산으로 1년 늦게 열린 것이다. 올림픽경기가 열릴 때마다 많은 화제를 뿌리며 새로운 스포츠 스타가 탄생하곤 하는데 이번 도쿄올림픽에서는 여자 기계체조 개인종합에서 올림픽에 처음 출전한 아시아계 미국선수가 금메달을 따서 화제가 되었다. 특히 그녀의 이름 '수니리(Suni Lee)'는 언뜻 들으면 한국 이름 '이순이'처럼 들리기도 하여 우리나라에서 더 큰 관심을 끌었다. 본명은 수니사리(Sunisa Lee)이고 수니리는 애칭으로 불리는 이름이었다.

그녀는 라오스 몽족 출신 이민자의 후손이었다. 제2부 「몽족의 역사를 만나다」편의 '라오스 몽족의 끝나지 않은 전쟁'에서 기술했듯이 미국의 비밀전쟁에 협력했던 라오스 몽족은 미국이 베트남전쟁에서 철수하자 미국에 협력한 대가를 혹독히 치러야 했다. 공산화된 조국의 탄압을 피해 목숨을 걸고 이웃나라 태국으로 탈출해야 했으며 전쟁 난민이 되어 수용소에 수감되어 있다가 미국 등 세계 곳곳으로 뿔뿔히 흩어져야 했다. 수니리의 할아버지는 극적으로 미국으로 이주하여 미네소타주 세인트폴에 정착했다고 한다.

2023년 미국 LPGA투어 CPKC 여자오픈에서 한국선수를 꺾고 우승한 미국 프로여자골프선수 메건캉(Megan Khang)도 비슷한 사례로 소개되었다. 그녀는 우승 후 가진 인터뷰에서 "나의 성과 외모를 보고 사람들은 대개 한국사람인 줄 안다. 부모와 친척들이 늘 몽족 문화와 전통을 가르쳐줘서 몽족으로서 자부심을 가지고 있다. 최초의 몽족 LPGA 투어 선수가 된 것이 자랑스럽다."는 소감을 밝혔는데 이어서 그녀가 소개한 가족사는 아버지가 여섯살 때 가족과 함께 라오스를 탈출하여 태국 난민촌을 거쳐 미국 메사추세츠주에 정착했다는 내용이었다.

두 사람의 가족사가 언론에 보도되면서 라오스 몽족의 끝나지 않은 전쟁이 다시금 인구에 회자되고 한편에서는 동아시아 몽족의 슬픈 역사가 고구려 유민의 디아스포라에서 시작되었다는 점이 부각되었지만 몽족이 한국인의 또 다른 초상일 수도 있다는 주장에는 그다지 공감하지 않았다. 오히려 그런 역사를 부담스러워 하는 사람들이 더 많았다. 그러나 한류가 시작되고 K-컬쳐를 전세계로 확산시킨 곳이 아시아였던 만큼 한국과 아시아와의 특수한 인과관계만큼은 부정하지 않았다.

서구 열강의 막강한 위력으로 동양사회의 전통이 무너지기 시작한 19세기 이후 이른바 서세동점西勢東漸의 파고를 견뎌내고 21세기 들어 아시아가 세계 경제와 문화를 선도할 수 있는 힘을 가지게 된 것은 서구의

수니사리의 금의환향. 제32회 도쿄올림픽 여자 기계체조 개인종합에서 금메달을 딴 라오스 몽족 출신 미국선수 수니사리(가운데)가 가족과 함께 금의환향하고 있다.

미국 LPGA 투어 여자 오픈에서 우승한 메건캉. 경기 내내 한국사람으로 오해 받을 정도로 한국 사람 이미지를 가지고 있었던 메건캉도 라오스 몽족 이민자 출신 미국인이다.

개인주의에 가려졌던 아시아의 공동체문화가 근대화·산업화 과정에서 필연적으로 발생하는 인간 관계의 결핍을 해소하는 대안으로 떠올랐기 때문이다.

개인주의는 분명 인간에게 자유와 평등을 가져다 주었지만 그 이상으로 소외와 차별도 양산해 왔다. 아시아의 전통적 가치는 근대화와 산업화가 조금 늦어 서구 열강의 지배를 받은 수모 속에서도 개인주의 보다 훨씬 견고한 인간 관계 문화가 사회 전반에 뿌리 내리고 있었기에 인간성 상실의 대안으로 각광받고 있는 것이다. 한류와 K-컬쳐도 그 대안 중 하나로 계속 진화하고 확산하고 있다.

이미 100년 전에 한류와 K-컬쳐의 확산을 예측하고 독려하여 유명해진 시가 있다. 인도의 시성詩聖 라빈드라나트 타고르(Rabindranath Tagore)가 1929년 동아일보 기자에게 써주었다고 알려진 메모가 그것이다.

"아시아의 황금시대에 빛나는 등불을 들고 있던 나라의 하나였던 한국은 동방의 등불이 되기 위해 다시 빛나기를 기다리고 있다.

In the golden age of Asia, Korea was one of its lamp-bearers and that lamp is waiting to be lighted once again for the illumination in the Asia."

타고르가 써주었다는 메모는 시라기보다는 어떤 함의가 담겨진 메시지로 읽힌다. 영국의 식민지배를 받고 있는 자신의 조국 인도처럼 일본의 식민지배를 받고 있는 한국 국민들에게 희망을 주기 위해 일본 방문길에 이런 글을 써서 기자에게 전달했다고 하는데 시인 주요한이 이 메모에

「동방의 등불」이라는 제목을 붙이고 새롭게 번역하여 한류와 K-컬쳐를 예측한 명시로 탈바꿈시켰다.

> 일찍이 아시아의 황금 시기에
> 빛나는 등불의 하나였던 한국
> 그 등불이 다시 켜지는 날
> 너는 동방의 밝은 빛이 되리라

이 정도의 각색이라면 번역과 해석의 차이로 인한 문학적 상상력이라 할 수 있겠지만 누군가 타고르의 노벨문학상 수상 시집인 『기탄잘리』에 수록된 시(기탄잘리 35) 11행을 첨삭하여 15행으로 구성된 「동방의 등불」을 완성하였고 마지막 구절 '나의 마음에 조국 한국이여 깨어나소서'에는 원문에 없는 '한국'을 삽입하여 마치 한국인에게 주는 헌시인양 작품을 왜곡시키는 편집을 서슴지 않았다.

물론 지금은 이러한 사실이 연구자들에 의해 모두 밝혀지고 언론을 통해 공개됨으로써 '노벨문학상 수상자의 권위에 기댄 짝사랑' 쯤으로 치부되고 있지만 한때 이 시가 교과서에 빠짐없이 수록되어 아직도 많은 한국 사람들은 「동방의 등불」을 타고르가 한국인을 위해 쓴 헌시로 인식하고 있다. 심지어 이러한 인식은 인도까지 전해져 한·인 양국간의 우호증진의 매개체로 활용되고 있는데 지난 2011년 인도정부는 타고르 탄생 150주년을 기념하여 타고르의 흉상을 한국에 기증하였고 현재 서울 종로구 혜화동 대학로에 설치되어 있다. 또 2019년에는 인도 타고르 박물관에 한국실을 설치하여 타고르 시집 『기탄잘리』의 한국어 번역본, 「동방의 등불」이 실린 한국 교과서와 신문 사본, 타고르 관련 한국 도서 등을 전시하고 있다.

2019년은 3·1운동 100주년이 되는 해였다. 타고르가 한국을 '빛나는 등불' 운운한 것은 다름 아닌 3·1운동 때문이었다. 3·1운동 이전에는 한국이라는 나라를 잘 알지도 못했다. 비폭력 만세운동으로 독립운동을 전개한 한국의 사례는 모한다스 간디(Mohandas Gandhi)와 함께 독립운동을 벌여온 타고르에게 많은 영감을 주었다.

그해 아시아에서는 3·1운동의 영향을 받은 민중봉기가 연달아 일어났다. 4월 3일 인도의 서부 도시 펀자브 암리차르에서는 영국의 식민통치법에 항의하는 시민들의 대규모 봉기가 있었고 5월 4일 중국의 수도 베이징 천안문 광장에서는 반제국주의 반봉건주의를 기치로 학생들의 시위가 있었다. 모두 비폭력 평화시위였으나 시위를 진압하는 과정에서 적지 않은 인명 피해가 발생했다. 특히 인도 암리차르에서는 시민들에게 무차별 총격을 가해 수천 명의 사상자가 발생하는 대참사가 일어났다. 1913년 노벨문학상을 수상한 공적으로 1915년 영국으로부터 기사 작위를 받은 타고르는 이 학살사건에 대한 항의의 뜻으로 작위를 반납했고 간디를 중심으로 한 비폭력 저항운동의 기폭제가 되었다.

타고르가 써준 메모에서 '아시아의 황금시대에 빛나는 등불을 들고 있던 나라의 하나였던 한국'이라는 표현은 1919년 비폭력 민중봉기가 발생했던 아시아의 세 나라 중 하나라는 의미로 해석된다. 그럼 '동방의 등불이 되기 위해서 다시 빛나기를 기다리고 있다'의 의미는 무엇일까? 그것은 빼앗긴 나라를 되찾는 광복과 식민지배의 학정에서 벗어 나는 해방을 기다리고 있다는 뜻일 것이다. 이는 한국뿐만 아니라 아시아 피식민지 국가들 모두의 염원이었다. 마침내 한국은 일본의 패전으로 광복과 해방을 맞았지만 타고르가 말한 동방의 등불은 되지는 못했다. 스스로의 힘으로 광복을 쟁취하지 못했기 때문이다. 광복은 분단으로 이어졌고 분단은 다시 동족상잔의 전쟁으로 이어졌다.

전쟁의 폐허 속에서 국가를 재건해야 하는 한국에게 동방의 등불은 먼 나라 이야기였다. 연이은 독재정권의 등장으로 "한국에서 민주주의를 기대하는 것은 쓰레기통에서 장미꽃이 피기를 바라는 것과 같다."는 조롱을 받기도 했지만 스스로 이를 감당할 역량을 키우며 산업화와 민주화의 가시밭길을 헤쳐 왔다. 산업구조가 성공적으로 고도화되고 몇 차례 정권교체가 평화적으로 이루어지자 세계의 눈이 한국의 경제성장과 정치실험에 쏠렸다. 이른바 한류라 불리는 K-컬쳐가 주목 받기 시작한 것도 이때였다. 대중문화부터 빠르게 확산되었다.

2000년대 들어 한국에서는 촛불집회라는 독특한 형식의 시위문화가 자리를 잡았다. '촛불문화제'라는 이름으로 열리는 촛불집회는 항의나 추모를 목적으로 하는 비폭력 평화시위의 주요방식이다. 그동안 숱하게 촛불을 밝히며 시위를 벌였지만 2016년 10월부터 2017년 3월까지 박근혜 대통령의 탄핵을 촉구하는 촛불집회는 전세계 언론의 지대한 관심을 받았다. 마침내 촛불의 힘으로 대통령의 탄핵이 이루어지자 촛불혁명이라는 신조어까지 생겨났다. 어느덧 촛불혁명은 K-컬쳐의 대명사가 되었다. 타고르의 혜안대로 동방의 등불이 되기 위해 다시 빛나기를 기다린 긴 여정의 결과가 촛불혁명으로 나타난 것이다.

그러나 한국이 밝힌 민주화의 등불은 2022년 10월 29일, 서울 용산구 이태원동에서 발생한 과밀 인파에 따른 압사 사고로 인해 조금씩 어두워지고 있다. 이태원 참사는 국민들에게 '국가란 무엇인가?'를 진지하게 되묻게 했다. 좁은 골목에서 159명이 죽어가는 동안 한국에는 국가 시스템이 없었다. 안전관리 시스템도 사고예방 시스템도 긴급대응 시스템도 국가가 아니면 할 수 없는 재난대비 역할이 전혀 없었다. 국민의 생명을 지켜주지 못하는 국가는 더 이상 국가라고 할 수 없다.

골목에서 길을 잃은 그날 이후
먹기만 하면 체했다
천천히 꼭꼭 씹어 먹고 물을 자주 마셔도
먹고 나면 가슴이 더부룩하고 답답했다
병원에서는 아무 이상 없다고 했다
기능성 소화불량 같다고 껌을 씹으라 했다
저작운동도 운동이니까
씹고 싶은 세상 것들 질겅질겅 씹다 보면
답답한 가슴이 조금은 나아질 거라 했다
허공에다 주먹질 하는 것보단 나을 거라 했다

골목이 눈에 밟혀 잠이 오지 않을 땐
두 눈에 인공눈물을 넣었다
회개하듯 눈물을 흘려야 가슴이 후련했다
때때로 목에 물파스도 발랐다
서늘한 파스 냄새가 불면의 목을 졸랐다
알사탕도 좋은 약이 되었다

깨물지 않고 오물조물 녹여 먹다 보면
단물이 사라지듯 달면 삼키는 병도 사라졌다
골목을 겨우 빠져 나온 그 순간부터
세상 모든 것이 상비약이 되었다

— 졸시 「상비약」 전문

베트남 출장 중에 한 두번 만난 몽족을 이토록 오랫동안 기억할 줄 몰랐다. 몽족 그림과 함께 한 집에서 20년을 살았으니 삶이 기억하고 몸이 반응하는 것은 당연했다. 관련 서적도 계속 출간되어 지적 호기심을 충족시켜 주었기에 관심을 확대재생산할 수 있었다. 그러던 차에 김인희 박사의 책에서 호주의 인류학자 게디스의 글을 보았다.

"세계 역사상 수많은 고난을 겪으면서도 끝까지 굴복하지 않은 두 개의 민족이 있는데 하나는 유대인이고 다른 하나는 먀오족이다."

망국의 유민이 되어 중국으로 끌려 간 고구려 백성들의 이후 행적이 궁금했다. 고구려의 후예로 알려진 중국 먀오족과 동남아시아 몽족의 역정을 살펴보면서 국가는 민족의 운명공동체라는 확신이 잠시 흔들리기도 했다. 특히 인류문명과 국가주의를 비판해 온 제임스 스콧 교수의 주장에 귀 기울이는 동안 '망국의 유민인 디아스포라가 국가를 거부하는 아나키스트가 될 수 있을까?' 하는 생각이 들 정도였다.

유대인들은 마침내 자신들의 국가를 건설했다. 조상의 땅 팔레스타인에 유대 국가를 건설하는 것을 목표로 전개한 민족주의 운동이 결실을 맺은 것이다. 이 운동을 시오니즘이라 하는데 세계대전을 겪은 뒤 전 세계에 흩어져 살고 있던 유대인들이 시오니즘으로 결집했기 때문에 가능했다. 시오니즘이 유대인이 믿는 종교에서 기인한 것인지 아니면 유대인이라는 민족의 운명공동체에서 기인한 것인지는 알 수 없다. 결집할 수 있는 구심점이 있다는 것과 그런 운동이 가능했다는 점이 놀라울 따름이다. 현재 유대인의 인구는 약 2,000만 명으로 추산되는데 이스라엘에 900만 명, 미국에 900만 명, 그리고 세계 곳곳에 200만 명이 살고 있다고 한다.

그럼 유대인 못지 않게 강인하고 끊질긴 민족으로 평가 받고 있는 먀오족과 몽족은 어떠한가? 그들이 고구려 유민의 후예라고 주장하는 김인희 박사의 19가지 증거에서 확인했듯이 먀오족을 결집시키고 있는 것도 조상이다. 조상 숭배라는 신앙 관념이 오늘날의 먀오족 사회를 지탱해 주고 있는 것이다.

먀오족은 조상들이 살았던 궁궐이나 도성을 기억하기 위해 사방형의 문양이 있는 '랑차오'라는 이름의 옷을 입었다. 조상이 이동해 온 길을 정확히 기억하기 위해 치마에 강 문양을 새겼고 동굴에 조상의 영혼이 깃든 북과 조상의 신상을 모셔 두었다가 축제 때가 되면 이를 모시고 와 제사를 지냈다. 무엇보다도 사람이 죽으면 영혼을 조상이 살던 원거주지로 돌려 보내야 조상을 만나 저승으로 간다고 굳게 믿었다. 먀오족의 삶과 풍속에서 조상이 빠지는 법이 없었다.

그러나 먀오족은 조상이 살던 땅으로 영혼만 보냈을 뿐 자신들이 그곳에 가서 국가를 건설하겠다는 꿈을 꾸지 않았다. 먀오족은 중국에 소개된 후 공한처럼 문명과 동떨어진 곳에서 살았고 개토귀류 이전만 해도 국가의 필요성을 크게 느끼지 못했다. 더군다나 조상의 땅이 어디인지 정확히 알지도 못했다.

만주를 조상의 땅이라고 주장할 수 있는 중국 내 소수민족은 먀오족과 만주족 그리고 조선족이다. 모두 고구려의 후손들이다. 현재 만주족이 약 1,000만 명이고 먀오족이 약 950만 명, 조선족이 약 200만 명 정도 되니까 인구가 유대인과 얼추 비슷한 2,000만 명 정도 된다.

고구려를 건국한 주몽은 나라를 세운 후 국호를 '고구려'라 짓고 연호를 '다물'이라 하였다. 다물은 '다시 무른다', '되찾는다'라는 뜻을 가진 순우리말이다. 고조선의 옛 영토를 회복하겠다는 의미에서 그렇게 지었다고 하는데 오늘날에는 극단적인 민족주의 용어로 인식되어 사람들의 입에 잘 오르내리지는 않는다. 유대인에게 시오니즘이 고난과 역경을 이겨내는 데 큰 힘이 되었던 것처럼 영혼이나마 조상의 땅으로 돌아가기를 원했던 먀오족에게 고구려의 다물정신이 결속의 큰 구심점이 되기를 기대해 본다.

[참고 문헌]

찰스 펜, 『호치민 평전』 자인, 2001
윌리엄 J 듀이커, 『호치민 평전』 푸른숲, 2003
마이클 맥클리어, 『베트남:10,000일의 전쟁』 을유문화사, 2002
유재현, 『메콩의 슬픈 그림자, 인도차이나』 창비, 2003
유재현, 『아시아의 기억을 걷다』 그린비, 2007
임봉길, 『아편을 재배하는 사람들』 서울대학교출판부, 2005
김인희, 『1,300년 디아스포라, 고구려 유민』 푸른역사, 2010
김인희, 『치우, 오래된 역사병』 푸른역사, 2017
김선자, 『만들어진 민족주의 황제신화』 책세상, 2007
제임스 스콧, 『조미아, 지배받지 않는 사람들』 삼천리, 2015
제임스 스콧, 『농경의 배신』 책과함께, 2019
피에르 클라스트르, 『국가에 대항하는 사회』 이학사, 2005
에드먼드 리치, 『버마 고산지대의 정치 체계』 황소걸음, 2016
신상웅, 『쪽빛으로 난 길』 마음산책, 2016
신상웅, 『1790년 베이징』 마음산책, 2019
클로딘롱바르-살몽, 『중국적 문화변용의 한 예: 18세기 귀주성』 세창출판사, 2015
정문태, 『전선기자 정문태 전쟁취재 기록』 푸른숲, 2016
정문태, 『국경일기』 원더박스, 2021
박태균, 『베트남전쟁』 한겨레출판, 2015
권성욱, 『중일전쟁』 미지북스, 2015
소병국, 『동남아시아사』 책과함께, 2020
강희정 외, 『도시로 보는 동남아시아사』 사우, 2022
후루타 모토오, 『동남아시아사』 에이케이커뮤니케이션즈, 2022
보응엔지압, 『디엔비엔푸』 길찾기, 2019
올리버 스톤 외, 『아무도 말하지 않는 미국 현대사 II』 들녘, 2015
션충원, 『변성』 황소자리, 2009
션충원, 『중국 고대 복식 연구』 소명출판, 2022
양정문, 『묘족복식문화』 경인문화사, 2002
도박투이, 『영주』 한세예스24문화재단, 2022
이성시, 『만들어진 고대』 삼인, 2001
리쉐친, 『의고시대를 걸어 나오며』 글항아리, 2019
윤기묵, 『만주 벌판을 잊은 그대에게』 작가, 2021
김용한, 『한 글자 중국 중국의 확장』 휴머니스트, 2018
김수진 외, 『세상 사람의 조선여행』 글항아리, 2012
박장암, 『호저집 1, 2』 돌베개, 2022
전호태, 『고구려 벽화고분』 돌베개, 2016
라빈드라나트 타고르, 『기탄잘리』 무소의뿔, 2017